GOOD BUSINESS:
Leadership, Flow, and the Making of Meaning

フロー体験とグッドビジネス

仕事と生きがい

Mihaly Csikszentmihalyi
M.チクセントミハイ［著］
Hiroshi Ohmori
大森 弘［監訳］

世界思想社

GOOD BUSINESS

by Mihaly Csikszentmihalyi

日本語版への序文

それほど遠い昔のことではありませんが、国の権力を手中にしていたのは、広大な土地を所有する貴族、将軍、また時には、大きな修道院や教会を支配する宗教的指導者でした。そのような時代がすぎ去り、今やその権力はソニーやトヨタ、ゼネラルモータース、ＩＢＭといった巨大な多国籍企業の手中にあります。企業は規模の大小を問わず、今や私たちの給料を支払い、ＧＮＰのますます大きな割合を獲得し、国内外の政治に影響を及ぼしています。

見識もなく無責任な権力は、いつの時代でも危険なものです。聖職者や貴族や大地主が、自分たちは権力をもっているので、自分たちもその一部であるコミュニティの幸福をなおざりにしてもかまわないと感じたとき、紛争と革命が起こりました。ビジネスも例外ではありません。企業の成功は社会の幸福に役立つと信じるからこそ、人々はビジネスに従事している人々に権力や特権を進んで与えるのです。しかしビジネスマンが、社会の行方がどうなろうと気にかけず、自分たちの利益だけに関心を示すように見えたら、彼らの特権は取り上げられ、結局、ビジネスも社会もうまくいかなくなるでしょう。

アメリカ合衆国では、ビジネスはしばしば悪評を買いました。一九世紀の「悪徳資本家」はあまりにも非情で虚飾に満ちていたため、一九二九年の世界大恐慌の後、人々はすぐにF・D・ルーズベルトのより社会主義的な政策を支持しました。その後、現在までの約五〇年間、アメリカのビジネスはもう一つの信頼と特権の時代を楽しんできました。しかしながら、最近は暗雲が垂れ込めてきています。マネージャーとワーカーとの収入格差は着実に広がってきています。エンロン、アーサー・アンダーセン、グローバル・クロッシングのような巨大企業はスキャンダルの噂のなか倒産し、CEOとその取り巻きたちは損害にたいする責任がありながら数億ドルもの金を手にして姿をくらます一方、ワーカーや株主を貧窮に陥れてしまいました。

しかし、アメリカ合衆国はビジネス社会において信頼の危機に直面しているだけではありません。ベルリンからソウルまで、一部の財界のリーダーの無神経で強欲な行為を含むスキャンダルのために、ビジネスが過去数十年間に与えられた自由裁量権について、人々は不快な思いをしています。状況がすぐに変わらないならば、関係する者すべてに害を及ぼすような争いが生じるという政治的影響が現れるでしょう。

本書は、そのような争いは避けることができるという希望をもって書かれたものです。働く人々——最も階層の低い組立ラインのワーカーから、権力のある企業リーダーにいたるまで——が、自分たちの幸福は互いに依存し合っていると理解し、また職場はストレスの多い刑務所でなく、むしろ喜びに満ちた活躍の舞台になりうるのだと理解すれば、生計を立てるために行うことはまた、人生の最も楽しくて満足できることの一つになるでしょう。

本書では二つの基本的なメッセージを述べています。第一は、仕事をできるだけ楽しくする方法です。第二は、成功もしたいし、仲間や従業員、また顧客にも信用されたいと思っているビジネスリーダーの責任とは何かということです。この第二のメッセージは主に管理職の地位にいる人々の関心事であり、第一のものは働く人誰にでも関係があります。

本書を上梓する準備のために、ハーバード大学、スタンフォード大学、そしてクレアモント大学院大学により、「グッドワーク（Good Work）」プロジェクトが組まれ、そのスタッフがインタビューを行いました。ビジネス専門家一四人によって推薦された四九人のビジネスリーダーがインタビューに応じてくれました。彼らは「高い業績と……コミュニティや、それに属する人々、人類全般の利益を増進するという目標への長期的貢献」を兼ね備えているとして推薦されたのです。そのなかには、ロッキード・マーティン、テキサコ、シェブロン、マクドナルド、リットン・インダストリーズ、モンサント、ジレット各社のCEOや元CEOの人々も含まれています。

このインタビューでは「グッドビジネス」を構成するものについて――経済的利益という点から、また社会への貢献という点からも――注目すべき一致した見解があります。このリーダーの人々はワーカーが誇りをもち顧客が満足するような労働の場を提供するために、必要なものとして正直、信頼、ぬきんでること、従業員、顧客、コミュニティへの気遣いを強調したのです。彼らは自分の会社にそのような場をつくり上げることができたやり方について、多くの具体的な事例を提示してくれました。そして驚くほど多数の人が、もしより多くのリーダーが自分たちの例にならわなかったら、ビジネスはまたも有害な結果を多々もたらす「暗黒時代」に突入するだろうという危惧の念を示したのです。

私は、日本の状況についてはそこまで調査していないので、日本でのグッドビジネスの実践にたいする危機が、世界の他の多くの地域で存在するほど大きなものであるかどうかはわかりません。しかし、人間性は同じなので、権力の誘惑は他のどんなところとも同じように、日本においても働いているのではないかと考えています。「権力は腐敗しがちであり、絶対権力は絶対的に腐敗する」とイギリスの歴史家、アクトン卿は一八七七年に述べています。日本は産業化された世界の一リーダーとして、エンジニアとビジネスリーダーの洗練された指導者集団を発展させてきました。彼らの権力は絶対的なものではありません。しかしそれは偉大なものです。それゆえに、彼らが腐敗にたいしてとらなければならない予防措置も、等しく偉大なものでなければなりません。私は、本書が有益で、しかも国民の幸福に、また私たちすべてを守ってくれる自然の安寧に貢献する職場環境を築き上げるために、有効なアイデアを少しは提供できるのではないかと願っています。

ミハイ・チクセントミハイ

二〇〇八年　カリフォルニア、クレアモントにて

謝　辞

本書を完成させるにあたり、アイデアやインスピレーションをご提供いただいた方々すべてを紹介するとなると、さらにもう一章が必要となる。そのため絶対に欠くことのできない助力をいただいた方々を選び、その氏名のみを挙げることにしたい。まずそのなかでも、以下のページでインタビューから多くの引用をさせていただいたビジョンあるリーダーの方々については、巻末の最初の注に氏名をリストアップしている。本書で多くの考察を提示することができたのは、これらの方々の英知や経験の賜物である。

私とともに本書の基礎となる構想をまとめ研究したのは、友人でもある研究者、ハーバード大学のハワード・ガードナー、スタンフォード大学のウィリアム・デーモンである。長年にわたって協力して知的な仕事をなし遂げてこられたのは、永続的な友情というすばらしい支えがあったおかげである。クオリティ・オブ・ライフ・リサーチセンターの若き研究者ジーン・ナカムラとジェレミー・ハンターには、インタビューの収集を手伝ってもらい、またいつも励まされ、支えてもらい、はかりしれないほど助けてもらった。ビジネスにおけるグッドワークの研究自体はテンプルトン財団からの補助金があってはじめてできたものである。ジョン・テンプルトン卿ご自身をはじめ、プログラムオフィサーとしてご助力いただいたアーサー・シュワルツにも感謝の意を表したい。いつものようにお二人の寛大なご配慮により何の付帯条件もなく、自由に研究活動を推進できた。研究結果がお二人に満足いただけることを祈るばかりである。

クレアモント大学院大学のステッドマン・アップハム学長と経営学部のコーネリウス・ド・クルーバー学部長には当初からこの研究に参加していただき、力強くご支持いただいてきた。その知識や経験でお世話になったクレアモントの多くの同僚のなかでは、まずピーター・ドラッカーを筆頭に、ついでジーン・リップマン－ブルメン、リチャード・エルスワース、そしてジョセフ・マキャリエロの名前を挙げたい。さらに経営幹部プログラムで私のコースを受講し、本書の初期段階で草稿を読んでコメントしてくれた生徒の皆さんにも感謝したい。これらの方々の現場体験から、私が取り組んでいる課題は実にさまざまな分野のビジネスに関わる人々にとって重要かつ意義あるものだという確信を得た。ローレン・ブライアントには原稿がうまく仕上がっていることや、許諾事項もすべて問題ないことをご確認いただくなど、すばらしい仕事をしていただいた。

シカゴ大学ではバーバラ・シュナイダーに大学の共同研究として継続支援していただいた。ペンシルバニア大学のマーティン・セリグマンからも同様のご協力をいただいた。またヨーロッパの多くの研究者の方々、なかでもミラノのファウスト・マシミーニとアントネラ・デル・ファーヴェ、ベローナのパオロ・インギレッリ、アレンスバッハ世論調査研究所のエリザベート・ノエル－ノイマン、ストックホルムのジョージ・クライン諸兄のご好意にも感謝の意を表したい。

また今後も引き続きお願いする編集責任者のリック・コットには、短い文章を簡潔で洗練された散文体にまとめ上げていくのに繰り返し協力していただいた。さらに過去一五年間も私の著書のエージェントをしてくれているジョーン・ブロックマンとカティンカ・マットソンにも、この原稿が出版社に喜んで受け入れてもらえるようご配慮いただいた。三人のこのような専門家からアドバイスとご支援をいただいたことで非常に安心できた。

最後に家族、なかでも最愛の妻イサベラに、またマークと彼のすばらしい家族に、さらにクリストファーにも深く感謝の意を表する。家族の心温まる支えのおかげで本書が出版できたことを申し添えたい。

二〇〇三年　クレアモントにて

目次

凡　例

訳文中の記号はつぎの要領に従った。

1　原文中の引用符は「　」、イタリック体は太字で示し、（　）は（　）のままとした。

2　書名は『　』、訳者注は〔　〕でくくって示した。

第Ⅰ部

フローと幸福

第1章　未来を導く

仕事は人生のあり方の大きな部分を決めているものである。生活のために仕事をすることが自分自身に悪い影響を及ぼしているのではないだろうか？　仕事がより十分に自己実現した人間になることを疎外しているのではないだろうか？　仕事でしなければならないことを恥ずかしく感じていないだろうか？　そのような質問にたいする答えはほとんどの場合、「その通り」である。しかし、そうでなければならないというわけではない。仕事は人生の一番の喜び、一番やりがいのあることの一つにもなりうるのである。そうなるかどうかは私たちみんながとる行動による。もし増加する人口の大部分を雇用する企業が、労働条件・コミュニティの安定性・健全な環境を犠牲にしてまで、ただそのオーナーの私利私欲を満足させるためだけに経営されたとしたら、生活の質は――子どもたちの生活の質までも――現在より一層悪くなるきっかけとなるだろう。

幸運にも、今世紀始めビジネス社会を動揺させるスキャンダル〔二〇〇一年に破綻したエンロン社、二〇〇二年に破綻したワールドコム社の事件などを指す。それぞれ破綻時にはアメリカ合衆国史上最大の経営破綻となった〕が発生したにもかかわらず、生きるために必要な条件を破壊するような行為をするのではなく、むしろ一般の人たちが期待する改善を行う特権をひたすら保ち続けようとする企業リーダーが、まだ存在している。本書は企業リーダーの価値観や目標、また経営のやり方についての概論、すなわち成功できて、人道的でもあるビジネス経営の方法についてのガイドブックである。

本書は主として一流企業のリーダーの人々の経験にもとづいて述べたものだが、実際は用務員だろうとマネージャーだろうと、あらゆる地位の人々の職場生活を改善する方法について述べたものである。その人に適した仕事と経済的報酬が得られるような、意味ある人生のために役立つ内容を示せるよう試みている。インタビューしたのは、男女を問わず、成功し、さらにそれ以上のものに心を配っている人々で、仲間から尊敬され、利己的な利益が唯一のモチベーションではないことを何らかの形で明確に示した人々である。これらの人々の蓄積された知恵は、物質的にも精神的にも両方の意味においてよいビジネスを遂行するための青写真を提供する。

今や国民すべてが、卑劣なCEO〔最高経営責任者〕たちの虚偽を暴こうとしているため、ビジネスリーダーは誰もがほんとうの優先事項を隠して、善行であると声を大にして喋りたがっている。巨大企業のエンロン社が倒産し、無責任経営の世界的代名詞になった。その代表的幹部の一人であるジェフ・スキリングは自分の仕事を「神の仕事」と表現した。また同社CEOのケネス・レイはその前につぎのように言っていた。「今まで、そして今も強く思っているのだが、人生でもっとも満足いくことの一つは、すべての人が神に与えられた潜在能力を現実のものにすることが許され、またそのように勇気づけられる、非常に道徳的で倫理的な環境を創造することだ」。

これらは立派な考えである。しかし仮に行動が考えと異なっているとしたら、無益という以外の何ものでもない。言葉をただたんに隠蔽のために使う、そのようなリーダーにたいして、本書の基礎となる経験を述べた人々が実際に行ってきたのは、人が自分の潜在能力を現実のものにできる倫理的環境を熱心につくり上げることである。ただ、彼ら自身も明言した思いをいつも実現しているわけではない。だがそのアイデアや言葉、事例によって、ビジネスを行うことは、私たちのほとんどが思っているよりも、ずっとやりがいのあることになりうるということがわかる。したがって本書では、主にこれらの手本とすべきCEOたちの経験に基づいて、よいリーダーとは、よいマネージャーとは、あるいはよいワーカーとは何なのかということについて議論していきたい。

有能なマネージャーや成功したリーダーになるための有益なアドバイスを載せている書物は書店にあふれている。そのような書物は往々にして権力と略奪をなし遂げる方法として、マキャベリの皮肉な知恵やジンギスカンの情け容赦のない軍事行動、またはフン族の王アッティラの冷酷さを行動のモデルとするように読者に説いている。しかし、本書はより控えめな抱負をもっている。本書では**ビジネスの成功とより広い社会的な目標にたいする責任**のために、仲間に感銘を与えてきたリーダーがどのように仕事を進めているのか、すなわち、どんな志をもってやる気を起こし、理想を追求してどのような組織を発展させようとしているのかをさぐっていきたい。

このような課題を検討することが必要な理由は単純である。それは、今日ではビジネスリーダーが社会のなかでもっとも影響力のあるメンバーだからである。彼らは皆、利益を生み出すよう訓練されているが、他方、新しい社会的リーダーシップに伴う他の責任については無頓着である。本書ではビジョンあるリーダーが何を自分たちの義務であると考え、どのようにその義務を果たしていくのかを説明する。彼らの哲学と実際の応用を検討する過程では、すべての組織のリーダーやマネージャー、従業員が、人間の幸福全体に、また意味のある楽しい人生の発展に、そして正しく進化し続ける社会に貢献することをどのように学べるかということに、とくに焦点を当てたい。

こんなことは人間の手が届かないような目標で、ビジネスを扱う書物の範囲を超えているように思われるかもしれない。しかし生計の立て方ややっている仕事、また仕事の報われ方は、人生を刺激的でやりがいのあるものにするか、逆に退屈で不安なものにするかという点で、私たちの人生と非常に大きな関係がある。その理由のためだけに、職場の責任者は誰もが「自分は人間の幸福にどのように貢献しているのだろうか」という問題を考えさせられる。これはたしかに、ジンギスカンやマキャベリの心を動かした関心事とは異なるものである。しかしそのような社会の略奪者の事例に従うと、ビジネスリーダーの全能力を引き出すことはできなくなる。もちろん一途に野心的で、トップに上りつめることにしか関心のない経営幹部は、いつの世にも存在している。しかしそんな行為がほんとうに社会で望まれているリーダーシップといえるだろうか。事実、ビジネス社会には幸福を促進するほんとうに価値ある組織を誠実に運営している人々は数多く存在しており、本書がそのような人々の役に立つことを願っている。

最初のステップとして、まず成功したリーダーになるということは、過去では何を意味していたのかを検討したい。それによって将来にどんな選択肢があるのかが、よりよく把握できるだろう。

人間は希望なしでは生きていくことはできない。生物学的に神経系統に組み込まれている衝動がなくなり、生きる理由を失ったとき、私たちはたちまち動物の存在レベルへ戻り、ただ食べ、休み、セックスするだけの状態になる。対照的に、いくつかの偉大な世界文明がたまたま勝ち得た優れた文化は、二つの大きく異なった必要条件によって可能になった。その一つは、物質的余剰をもたらす適度な水準の資源とそれらを活用する技術である。もう一つは、人々が生きるうえで避けられない障害や悲劇を克服するのに役立つ明確な一連の目標である。もしこの条件のうちどちらか一方がなければ、人生は利己的な争いに陥る。両方ともない場合は、まったく絶望的なものになってしまう。

社会が発展するにつれて、ある特別な階層の人々が民衆の物質的な状態を改善することを約束して台頭し、その生活エネルギーを向ける一連の目標を提示する。もしこれらの人々がその計画のために信頼できる主張ができれば、他の人は彼らに従うことに同意するだろうから、彼らはおそらく社会のリーダーとなるだろう。幾千年もの間、これらのリーダーはふつう、一族のもっとも優秀なハンターであり、従ってくるものたちに獲物を分け与え、つぎに見つかるであろう幸運な狩猟場についての話をして士気を鼓舞していた。しかしながら食物の生産と戦争の技術が進歩するにつれ、軍司令官のグループや、また宮廷の取り巻きや聖職者に囲まれた王族のグループがリーダーシップを取るようになった。ある時期には聖職者や貴族――たいていは大地主である――は共同して権力を分かちあった。さらに近年では商人や製造業者が社会のピラミッドの頂点に立った。

現在では、二つのカテゴリーの人間が、コミュニティの物質的、精神的な必要性を満たす明確な資格をもっている。一つは科学者で、より寿命を延ばし、より健康な人生を送れるという希望をもたせてくれ、人間の野心を太陽系にまで拡大し、また最終的に生物、無生物にかかわらず、すべてをコントロールできることを期待させてくれる。もう一つのより大きなグループはビジネスに従事し、市場の力をもっとも効率的な方法で生産と消費に向けさせ、生活を豊かで、快適で、わくわくするようなものにしてくれる。科学者とビジネスリーダー——新しい知識労働者のエリート——が、かつては貴族階級と聖職者の占めていた偉大な地位を勝ち取ったのである。これらのグループに属さない人も、結局、彼らエリートの努力によって社会全体として利益を得ることになると信じて、このような人に富と権力を快く与えるのである。この考えは間違っているだろうか。

もちろん正確どころか、客観的にさえ、その質問に答えるのは難しいことである。しかし、科学（その補助としてのテクノロジーも）とビジネスとがほんとうに、いまだかつてなかったほど望ましい生活状態を創造したということに、ほとんどの人が同意するだろう。そのような物質的恩恵が無限に、いや、つぎの一〇年間さえ持続可能かどうかというまさにほんとうの論点を、ここでは後回しにしよう。だが、私たちは大きな問題に直面している——乏しい自然資源の枯渇は避けられず、ライフスタイルはますます厳しくなって多くのストレスを引き起こす。また、富裕層と貧困層との間の資源分配が不公平なせいで、社会のなかでも、社会と社会との間でも歪みが生じている。また、私たちは進歩のほんとうの代価——テクノロジーが進歩した社会に特有の病弊である麻薬中毒や暴力、うつ病など——を見落としてしまっている。そして、科学者や企業家がリーダーとして、より望ましく物質的な生活を手に入れるという約束をほんとうによく果たしてくれたと認めている。

しかしながらこのことは、よい人生の第二の条件についての論議を起こすことになる。成功したリーダーが、従う人にもたらすと思われる希望についてはどうなっているのだろうか。この部分については、結果がよりわかりにくい。基本的に科学とビジネスは、ともに経験的で、実際的で、価値判断には影響されない方法に従っている。自分の仕事にたいして、外見上はやや宗教的な立場を取る科学者やビジネスリーダーも存在するが、ふつう、精神的、道徳的伝統によってそうした立場を取っているのであって、彼らの職業はどんな教義によるものでもないのである。科学は真実を約束することができるものの、その真実の解釈は、心が落ち着く場合もあるが、往々にして不快な場合もある。ビジネスは効率と利益を約束するものの、達成したからといって、喜びと意味で満たされた人生のためにどれほど役に立つのだろうか。

ビジネスと科学分野のリーダーのほとんどは、「社会の精神的な必要性を満足させるのは自分の責任ではない、それは聖職者か政界のリーダーにでも与えられるべき役割だ」と主張するだろう。しかし多くの人々にとって、伝統的な宗教や政党は、世界規模のリーダーシップが取れるほど十分なビジョンをもち合わせていないように思われる。もしその役割を担うものが他に誰もいなければ、ペテン師や民衆扇動者たちに屈する危険にさらされることになる。それは多くの強大で富裕な社会に降りかかってきた宿命である。

そこから学び、先人の過ちを繰り返さないようにするために、歴史のパターンを振り返ってみることが大切である。過去、社会を先導したエリートはふつう、大多数の人々の生活を改善する約束をしたためにリーダーになれたのである。その時点では、少なくともそのリーダーのエネルギーの一部は外に向けられ、人々の利益のために働いた。たとえば初期のキリスト教の教会は、ローマ帝国の圧制に虐げられた一般大衆が、生きることの意義と尊厳を見つけることに貢献した。しかしながら、これがまさにうまくいったために、非常に多くの聖職者が、もっぱら居心地のよさと権力への利己的な願望に魅了されて教会を占拠する結果となり、徐々にコミュニティからエネルギーを取り去り、代わりに自身の利益のために利用したのである。何世紀にもわたって、中世の小作人のあばら家が暗く汚いままだった一方、教会の大物の館はますます輝かんばかりになっていった。そしてついには、信頼できる希望のメッセージを携えたリーダーたちは、聖職者のヒエラルキーから離脱するにいたった――まず聖ベルナルドゥスや聖フランシスコのような精神的改革者が、ついでそれに反対してルターやカルヴァンが……。

同じような希望と幻滅のサイクルは世界中のほとんどの社会で繰り返されてきた。イギリスの首相アスキス卿はかつて「すべての文明社会は貴族政治の産物である」と言った。それにたいしてウィンストン・チャーチルは「貴族政治は文明社会がそのために働かなければならなかったものであると言うほうがより正確である」とやり返した。それらの警句はその一時代の別の局面について述べたものだが、ともに妥当なものである――アスキス卿は短い夜明けを語り、チャーチルはそれに続くはるかに長い期間について述べているのである。

現代との類似点はまったく明白である。この一世紀の間、ビジネスリーダーは社会的、政治的な規制を開放して自由市場の活動を認めることが、すべての人々の生活の質の改善をもたらすことになるという説得力のある主張をしてきた。結果として、世界の動き方についての私たちのメンタルモデルは、経済学の対概念である生産と消費を、繁栄と幸福の基準とするものになった。消費の落ち込みは、どんなわずかな比率でも投資家たちを避難場所へ急がせる苦悩の旗印になる。二〇〇一年九月一一日のテロリストによる襲撃の後、政界やビジネスのリーダーからもっとも頻繁に聞かれた反応の一つは、「物を買いに出かけよう。敵に生活様式を脅かされないようにしよう」というものだった。この世界観は簡単な解決策を教えてくれるし、供給者側の権力ピラミッドの高位にいる、それによって利益を得る人々にとっては都合のよいものである。しかし、消費を最高の目標とする生活様式は、ほんとうにそれほど満足感が得られるものだろうか。

前世紀のほとんどの間、資本主義のメッセージは、多くの人が社会主義国の同じくらい力強いビジョンだと思っていたものと対比されていた。社会主義国では中核的に優先順位づけされた必要性によって生産と消費が強制されていたのだが、社会主義者の解決策は決定的な欠点を有していることがわかった。一つには期待された物質的恩恵を生み出すことができなかったため、さらにもう一つには、その政治的組織がかつて教会の聖職者政治や貴族政治、また商業に従事するエリートがそうだった以上に、そのリーダーたちの強欲に屈しやすくなったために崩壊したのである。

資本主義者のビジョンは今や世界の舞台で一人勝ちしている。それを推進する人々は与えられた特権に伴う責任を理解し、受け入れているのだろうか。あるいは彼ら以前の多くの指導階層のように、権力は公正に勝ち取られたのであって、より幸運に恵まれない人々に負うところは何もないと信じているのだろうか――その人々の労苦によって、彼らのボーナスやストックオプションが積み立てられたのだが。

皮肉な見方をすれば、人間性相応の欲望は例外なく蔓延し、今日の財界のリーダーが富を蓄積し続けた結果、国内的に収入格差が目に余るようになり、社会体制が耐え切れなくなるか、あるいは世界的な絶望感のいたるところ、カール・マルクスが実際には正しかったと証明することになるだろうと結論づけるのは簡単なことである（労働者階級が、かつて一九世紀に資本家階級が占めた役割を取り上げて、資本主義国家に非難を浴びせるほど真に国際的になるとは、彼は予測できなかったけれども）。しかし、歴史の記録がどんなに悲観的に思えても、実際のところ人間性は欲望のみで成り立っているわけではない。歴史上のいつの時代においても、自分自身の利益以上のものに関心をもち、公共の福祉の発展に生涯をささげて満足感を覚える人々はいるのである。利己主義と利他主義との闘争は、夏の午後の光と影の周期のように、歴史のなかをくまなく駆け巡ってきたのである。

今日のビジネスリーダーの多くは、自分の仕事にはより広いコミュニティに幸福をもたらす責任が伴っていることを認識している。彼らは自分自身を、唯一の存在理由が目の前の利益を求めて増大しつづける期待を満足させることにあるような、利益製造機とは思っていない。この時代に生きるすべての人のために、同様に、ビジネスに関わる人のために、どんな知恵があるかということを学ぶために私たちが目を向けたのは、そのようなビジョンあるリーダーである。彼らは自分の使命は何だと考えるのか？自分のため、そして他人のためによりよい人生を目指して何をするのか？　彼らが示す事例のなかに、社会全体のための希望はあるのだろうか？

一〇〇年間マネージャー

最近、アウトドア用品メーカー、パタゴニア社の設立者であるイヴォン・シュイナードと会った。ひっそりとした袋小路の、ユーカリとジャカランダの木々に隠れるように建っているパステルカラーで塗装された漆喰の建物のなかに、オフィスがあった。部屋は古い堅木やガラスなどで内装され、むき出しの梁《はり》からはシダがぶらさがっていて、シンプルで落ち着いていた。半ズボンとサンダル履きの従業員が、自宅の台所から寝室へ歩いているかのように、オフィス内を気楽に動き回っていた。陽の光は藤棚の間からちらちらと揺れ動き、洋上にはチャネル諸島が水平線に浮かび、西の方に向かって静かに広がっていた。ときに小さな子どもの笑い声が、下のフロアにある託児所から、どっと聞こえてくることもあった。おおよそ築一〇〇年にもなる放棄された産業用建物を、シュイナードがあれこれ手入れしてこれほどすばらしい環境に仕上げたことを、私は賞賛した。

それについて、彼はこう答えた。「そうですね。もし三年で株式公開してお金に換え、どこかに行ってしまうつもりなら、こんなものはつくらないですよね。実際、私たちはまさに、この会社が今から一〇〇年後もここに存在するように行動しようとしているんですよ」。

シュイナードの計画は人間性の基本的な一面、すなわち人は人生において、何がしかの安定性を必要としているということを示している。しかし、ただ太陽は翌朝も昇り、また駒鳥たちは春になれば戻ってくるだろうということを知るだけでは不十分である。混沌とエントロピーのなかにあっても、人間の関係性にはある種の秩序と永続性があるのだということ、そして人生は空費されるものではなく、何らかの形跡を時の砂原のなかに残すものだという感覚もまた、身につける必要がある。つまり、私たちの存在は有用な目的に役立ち、価値があるということを確信しなければならないのである。過去においては、家族が日々の生活の中心だった。その後の数世紀間は、コミュニティが自分たちのことに責任をもっていたのと同じように、教会がその役割を引き受けた。さらに最近では、優れた個々のビジネス——

工場や銀行、立派な老舗など——が文明開化と社会的責任の標識として設立された。今日、もしビジネスリーダーの唯一の関心事が利益を生み出すことであれば、プラス方向の体制の風土が育ち始めることはない。人生を意味あるものにするビジョン——人々に自分自身と子どもたちの未来への希望を与えるビジョンをもたなければならない。これまで私たちは、五分間マネージャーを、そればかりか一分間マネージャーをも育成する方法を学んできた。しかし、よりよい未来を築き上げるのに役立つ経営幹部になるためには何が必要なのか、もっとよく考えたほうがいい。何よりも、企業の頂点に立つ**一〇〇年間マネージャー**が必要なのである。

　世界を半分まわって、ミラノ、スカラ座からほんの数歩のところにある上品なアパートで、エンリーコ・ランドーネは経歴を語ってくれた。父親がおらず、母親と数人の弟妹を養わなければならなくて、ティーンエイジャーのときから、ゼネラリ保険会社というイタリアの保険会社で働いてきた。現在は八〇歳で、社長兼取締役会長の職に六九歳で就き、現在にいたっているが、この会社の二五〇年の歴史のなかで、もっとも若くしてその職に就いたとのことである。ローマの主な広場の一つ、ヴェネツィア広場に立って、ムッソリーニがかつて世界を脅威に陥れたバルコニーを見上げると、背中側にゼネラリ保険会社の豪壮な社屋がある。ヴェネツィアではこの保険会社の社屋はサン・マルコ大聖堂に面しており、他のほとんどすべてのイタリアの都市でも、オフィスは町の中心地にある歴史的建造物のなかにある。教会や政府、その他世界中のどんな組織団体にもまして自分の会社に畏敬の念をもっているランドーネは、つぎのように言っている。「発表する方針は、すべて金《きん》または不動産で保証されています。二万人の従業員すべてが会社の一員であることを誇りに思っているということは、すばらしい信頼感によるものなのです」。

今日の社会では、生活を快適に、そして安全なものにするために権力や責任をもっているのは、主として企業である。しかし一体どれくらいの企業が、実際にこのチャレンジを受けて立っているだろうか。「最終損益」がただたんに財務にもとづくだけなら、悲しむべき単純化だが、このことを、どれくらいのＭＢＡ〔経営管理学修士〕が教わっただろうか。企業が解散して新しい形に変貌していくとき、その過程で従業員と関係者がふるい落とされるが、そのような責任について真剣に考える人はますます少なくなっていくように思われる。それどころか、つぎの五分間ばかりか一年間、一〇年間のマネジメントさえ、自分の仕事として見なさない経営幹部がいるのである。エンリーコ・ランドーネのように、生涯、さらに後世にも自分の態度を明確にしている人もいる。さまざまな点で、まさに未来はそのようなビジョンある人に依存しているといえる。

イヴォン・シュイナードの職歴は、山に魅せられて渡り歩く鍛冶職人から始まった。できるだけ毎日、目まいがするほどのシエラ山脈の尖った山頂群でもっとも危険なルートを計画的に登ってすごした。登山家の間では伝説的な人になった。幸福感にあふれていた一九六〇年代には、異常なまでの高揚感で山岳の湖畔で眠ったり、ヨセミテの磨り減った岩壁を新たに登攀《とうはん》してすごした。そんなことで一銭も稼げたわけではなかったが、十分満足できる生き方のように思われた。シュイナードはこの期間のことをつぎのように述べている。

人生で何をしたいかということを考えたことはありませんでした。一職人として出発したんです。

できることといえば山を登ることでした、ほんとうに。そのときたまたま登山の道具に大変興味が出てきたんです。その頃、ヨーロッパの登山用の道具類を買うのは非常に難しいことでした……。それで、自分のものは自分でつくってやろうと決心したんです。

彼は自分がもっている金属加工技術を使って、他のものよりも優れた登山用具をつくり出すことができた。使い古しのステーションワゴンの後部を使って、キャンプ場でハーケンやスナップリングを売り始め、二、三年のうちに、この登山用具のビジネスは大いに繁盛した。

しかし成功したといっても、楽しくもあり、苦しくもあった。というのは登山というスポーツに人気が出てくるにつれ、荘厳な岩壁には、打ち込まれた登山用具のために穴があき、傷がつき始めたのである。これを進化の代償と思って、そのような器具をどんどん製造し続けた人もいる。しかしシュイナードは、愛する山々が崩壊するのに自分が一役買っているのだと気づいたとき、進む方向を変えないかぎり生きていけないことを悟った。そして山をきれいな状態に保つことができるよう、すでに割れ目があるところにはめ込み、後で簡単に取り除ける用具を使って登山ができる新しいやり方を開発した。最終的には完全に金属製品から離れ、衣類、といっても鍛冶屋の人間でさえ満足するほど丈夫な衣類の製造を始めたのである。

最初につくった半ズボンはレザー用のミシンで縫製しなければならないほどのものでした。とても重い粗布を使ったからです。実際、縫った女性がそれをテーブルの上で立てたら、ずっと立っていたくらいです。それが「スタンドアップ・ショーツ」の誕生でした。衣類をつくる鍛冶屋だったわけです。

金属製品から衣類に変わっても、会社が向かっている方向は変わったわけではない。シュイナードは、「つくる商品の一点一点すべてが、世界中で最高のものであるように努力するというポリシーをもっています」「最高のものの一つというのではなく、最高**そのもの**なんです。すべてのものが、ズボンであろうとシャツであろうと何でも」と言っている。永続する企業をつくり上げるためには、自分の仕事の価値を信じなければならない。もし企業がその業種で一番になりたいと強く望まなければ、そこには二流の従業員しか集まらず、やがて忘れ去られる運命にあるだろう。

エリザベート・ノエル－ノイマンは、南ドイツにあるコンスタンス湖を見下ろす丘のウォーキングコースで、四〇〇年前の農場の中心部に建設した世論調査研究所（アレンスバッハ研究所）の建物を見下ろすことができる地点にやってきた。そこで木々に隠れたタイル屋根を指さしてこう言った。「生涯でもっとも大切なことは、私が死んだ後も、皆がそこでしている仕事が続くことを確信することです」。エリザベスは、民主主義政権で働くには、人々の思想と願望に耳を貸さなければならないという強い信念をもっている。したがって世論調査は、とくにそれが研究所の労をいとわないプロ意識で実施されるときは、自由を守る防波堤となっている。半世紀前、第二次世界大戦の終戦直後に最初の夫と研究所を設立し、夫の死後は自身でそれを運営した。その調査は非常に正確なものだったので、すぐに有力な政治の手段になった。激変する戦後の時代には急進派によって、保守主義の要人の支持者としてしばしば威嘲され、公然と批判された。エリザベートは傷つき怒りに燃えたが、自分の仕事は必要不可欠なものだと信じ、その手法をさらに改善しようと努力する信念は、何ら揺らぐことはなかった。

企業の株式を公開するのは資本主義の限界を広げるためである。しかし株主の投資企業にたいする関わりは、人間味のないものになりがちである。安物の武器だろうと有毒な防虫剤や無意味な娯楽物だろうと、企業がつくっているものにはめったに関心を示さない。企業がその製品をどのように市場に売り込み、どのように顧客を扱い、操業している地域社会にどのように影響をおよぼしていくかについては、ほとんど注意を払わない。企業が利益を生み出すかぎり、その経営を承認するのである。しかしCEOの業績が四分の一減少すると、急いで投資金を他にもっていってしまう。驚くほどのことではないが、若い経営者は四半期レポートが大きな力をもっていることを素早く悟り、その暗い影がいつ繰り返し起こってくるかもしれない脅威のなかで、その後ずっと生きていくのである。

前世紀の始め、インディアナポリスの四〇マイル南東にある中西部の小さな町で、一人の銀行家が自動車を購入した。それには運転手が一人ついており、おまけにたまたま賢いエンジニアだった。運転手はディーゼルエンジンが明るい未来をもたらすだろうとその銀行家を説得し、二人でディーゼルエンジンの実験に取り組むことになった。小さな工場を建て、銀行家は家族の蓄えをどんどんつぎ込んでいった。二〇年間利益の兆しはみえなかったが、それからが儲かり始めた。今日、ディーゼルはインディアナ州コロンバスのカミンズ社で製造され、国中を東奔西走する多数の大型トラックなどに搭載されている。そのビジネスは決して容易なものではなかった。ほとんど毎年、新しい危機、たとえば競争メーカーの改良品や金銭的危機、石油取引停止、新規排出ガス規制等々が会社の存続を危ういものにした。市場が会社を過小評価し、乗っ取られやすくなったときはいつも、家族が株を買い増して会社の自主存続を守ってきた。

その第三世代の経営者メンバー、Ｊ・アーウィン・ミラーはこう説明している。「依然としてこのように経営している理由は、地域社会に尽くすべき義務があるからです。労働力がもっと安いところに移ることもできましたが、そのせいで自分を信頼してくれている知人を何千人も路頭に迷わせることになるとしたら、もう少しお金を儲けられたからといって、どんな意味があるでしょう？」。毎日、ミラーは仕事に行くとき、世界中で一番美しい近代的な建物のいくつかのそばを通っている。彼の会社はその町とある約束をした。それは教会や学校、消防署、刑務所などの建設が新しく必要になる場合は、彼の会社が必ずその建築技師の報酬を支払うというものである。コロンバスは今やエーロ・サーリネンによる教会やＩ・Ｍ・ペイによる図書館などで有名な場所となり、建築ツアーでニューヨークや海外から何千人という見学者が訪れ、トウモロコシ畑に建つモダニズム建築が驚嘆の的になっている。この会社は創業以来一〇〇年近くにもなるが、利益と拡張への熱狂と闘いながら、今後どれくらい長く存続できるだろうか。

どんなビジネスマンも知っている通り、会社の存続は決して保証されているものではない。たとえ利益達成だけが目標の場合でも、年ごとに、月ごとに、さまざまな障害と立ち向かわなければならないのである。企業がたんなる会計上の収益以上のものを達成することに専念しているときは、なおさら状況が困難になる。イヴォン・シュイナードが、山を傷つけないためにパタゴニア社を登山用の金属製品製造から衣類の製造へ方向転換したとき、まず綿花に目を向けた。しかし、工業的なやり方で綿花を育てると、世界の防虫剤の使用量の二五パーセントが必要になるということが次第にわかってきた。一枚の綿シャツをつくるのに、防虫剤の原料になる石油が二ガロン以上も必要なのである。供給業者を訪問する途上で、彼は別の良心の危機が迫ってくるのを感じた。

セントラルバレーを歩いているとき、向こうのほうに大きな池がいくつかあり、そこに綿畑から水が漏れ出ていました。そこには鳥たちをびっくりさせて追い払うために、鉄砲や猟銃を持った人々もいましたので、鳥たちは怖がって水に下り立つことはありませんでした。すべてがわかって、農場主と話をしますと、がんの発生率が通常の一〇倍に達しているということでした。私は「それですよ。もう一本たりとも工業的手法で栽培した綿花は使いませんよ」と言ったんです。……それはある日目を覚ますと、自分が地雷をつくるビジネスをやっていて、供給業者が何をしているかに気づくようなものです。さてどちらかの選択です。それをし続けることもできるし、中止しなければならないかもしれません。私はこう言いました。「そうですね。撤退です。もう続けるのはやめて、ここは閉鎖しましょう」。

しかしすべてのビジョンあるリーダーたちと同様に、容易に屈しない粘り強さをもつシュイナードは、工場を閉鎖しなかった。その代わり、より高価ではあったが、有機栽培による綿花を自社の布地に使用し始めたのである。工場からの要請で、有機栽培の綿花の栽培量が増え、長い間には、部分的にではあるがパタゴニア社の例にならう製造業者――ナイキ、ギャップ、リーバイ・ストラウスといった――が増えていった。有機栽培の綿花はまだ全綿花生産のなかではほんのわずかな比率にすぎないが、その使用量は増加している。この事例は、ビジネスがより重要な目標と対立したとき、盲目的に欲深さとご都合主義に走ることはないということを明確に示している。

しかし、自分のしていることを正しいと信じ、長期的展望をもつためには、ビジネスリーダーになる必要があるというわけではない。それはエリートのぜいたくや特権ではないのである。仕事に縛られている発送係やカフェテリアの料理人でも、うまくやって成功する可能性がある。そしてより重要なことだが、仕事を楽しみ、仕事をしている間、自分自身に満足することもできる。それが、ただ利益だけでなく、ビジネスを含むすべての人間活動の本質の、真の尺度だといえる。

成功した企業でさえ、一般の労働者の勤務年数よりも短い平均三〇年間で破産することをみると、長期的な展望をもつことは時代錯誤のように思われるかもしれない。また脱工業化、脱近代主義の時代においては、変化は安定よりも価値あるものではないだろうか。安定は平凡な堅牢さの印ではないだろうか。実際問題、ビジネスは年とともに硬直化していくということを、あまり心配する必要はない。よかれと思ってやっていても、大部分の企業は形を変え、事業を手放し、あるいは失敗するものである。前世紀の始めにあった数百という自動車メーカーのうち、たった三社しか生き残っていないという事実を考えてみよう。同様の運命が、新しい経済の最前線に存在する何百という新規事業に降りかかる可能性がある。

シュンペーターがかつて記したように、「創造的破壊」は生産性への道である。株主価値を生み出すことにかんしては、彼は正しいかもしれない。しかし何が幸福を形成しているのかについてより広く見たならば、創造的破壊は、価値観の持続を考えて、なるべく避けなければならないものだろう。さらに「破壊」が会社を壊滅させ、従業員を無用の籾殻《もみがら》のように風にまき散らすことを意味する場合、言葉でどのように表現しようとも「創造的」ではない。それはたんに強欲を追求するための便宜的な策略である。こうしたエントロピーの力を阻止するために、長期的展望を重視するリーダーが必要なのである。

次章では幸福、とくに人間の幸福すべてを増大させるためにビジネスは何ができるかについて述べる。これはビジネスリーダーが圧政的な貴族政治と闘っている間は、目を向けなくとも仕方がない問題だった。しかし今やビジネスが社会の先導的役割を担っているために、もっとも基本的な問題「ビジネスは人々の生活をより幸福にすることができるのか」に答える仕事を、圧政と闘う力とともに引き継いだのである。

私たちみんなが思うように、また最近の研究でも確認されているように、この問題にたいする答えは物質的な報酬のみではありえない。金銭や安全、そして快適性は幸福になるために必要なものかもしれないが、それらだけではまったく不十分である。人はまた、自分の才能が十分に活かされており、潜在能力を開発することができ、日常生活はストレスが多かったり退屈したりするようなものではなく、そこで深く楽しめる体験ができると感じなければならない。第3章ではどのようにすればフロー――人生と密接に関連するこの主観的な体験をこう呼んでいるのだが――が達成できるかを述べる。

しかしながら、よい人生とはたんなる楽しい体験の積み重ね以上のものである。人生にはまた意味あるパターン、すなわち次第に増大し、感情的、知的、また社会的な複雑さに発展していく成長の軌跡がなければならない。第4章でこの発展過程におけるステップとは何かを述べ、またフローと複雑さが増える環境を提供するためにビジネスリーダーはどんな役割を担うかについて提言したい。

残念ながら、ほとんどの企業は従業員を幸福にするような仕組みをもっていない。第5章では、ビジネス組織においてよくフローの妨げとなるものについて述べる。本書のためにインタビューをお願いしたビジョンあるリーダーたちは皆、一つか二つ、あるいはより多くのこのような落とし穴に気づいていた。この章でそれについても同時に検討して、一〇〇年間マネージャーが何を回避するよう努力してきたかについて、警告として役立てられるようにしたい。

第6章では、フローを最大限起こしやすくする条件をどのようにして組織に導入できたかを明かすために、ビジョンあるリーダーたちの専門知識が再び登場する。後でわかるが、仕事を楽しくすることは生産性を高め、勤労意欲を高め、そしてもっとも重要なことは、ワーカーの幸福の支えになるということである。

最初の六つの章は、幸福と、幸福が職場でどれほど抑制され、また逆に増進されうるのかを理解するための基礎を確立する。第Ⅲ部の三つの章では、結局何が人生に意味をもたらすのか、この課題に取り組むなかでのリーダーの役割は何かという問題について、深く掘り下げていく。第7章では、仕事と生活の両方での永続的なビジョンが、**魂**――人や組織が自身を超えて目的に向かっていくエネルギー――からそのパワーを得るということを論じる。この研究を始めた段階ではまったく予期しなかったほど、すべてのビジョンあるリーダーは、ＣＥＯとしての地位に法的に求められる範囲を超えた目標から、力と指針とを引き出している。

第8章では、どのようにすれば人生すべてを楽しいフロー体験の連続にできるか、首尾一貫したビジョンで統一されたものにできるか、という問題をさぐる。今日のビジョンあるリーダーは、いにしえの知識を忠実に模倣している。それは、人生を幸福にすごすには、まず自分自身を知ろうとしなければならないということである。自分の強さや弱さがわかるようになると、フローを体験するのに欠くことのできないスキルとチャレンジの釣り合う点を発見することができる。意識を支配すること——自分の注意力をコントロールする方法や時間の使い方を知ること——は、組織の他のメンバーの幸福と同じく、リーダーの幸福をも高めるリーダーシップのスタイルに導くつぎのステップなのである。

関係するすべての人々のために生活の質を高める組織を導くには何が必要か。私たちはそれを知るべき立場にいるということを踏まえて、第9章で本書の議論を総括し、要約している。研究が示しているように、この知識を実行し、日々の行動に生かしているCEOやマネージャーはかなり多い。しかし、より多くのリーダーが彼らの例に従うには、強力な圧力が数多く存在する。何よりもまず、会計上の利益を増加させることへの過度の期待である。そのために株式会社においては、もし収益性向上という唯一の目標からはずれて資産を他に使用したときは告訴されるかもしれないという恐怖感によって、マネージャーたちの自由な活動が実際には阻害されているのである。誰が告訴するのだろうか。基本的に、それは私たちである。結局は、年四回の多額の利益以上に、ビジネスからより多くのものを要求すべきだということに大多数の人々が同意するようにならないかぎり、グッドビジネスは存在しないだろう。おそらく、本書はその理由について答えるものである。

第2章　幸福のビジネス

幸福は存在の究極の目標であると、哲学者は長い間確信してきた。アリストテレスはそのことをスームム・ボーヌム（summum bonum）――「最高善」――と呼んだ。私たちが金銭や権力といった他のものを欲しがるのは、それで幸福になれると思っているからであり、自己目的化した幸福を求めているのである。しかし数世紀にわたる議論にもかかわらず、幸福とは実際に何なのか、また実際に存在するのかという問題は解決されなかった。おそらく、望むものがもう他に何もないような得がたい状態をそう呼んでいるだけなのだろう。たとえ完全な幸福の状態が幻想であるとしても、相対的にいって、他人と比べてより満足して、充実して、喜びに浸っているときもあると、誰もが認めるだろう。これは、各人がスームム・ボーヌムを形成する、そのような瞬間のための研究である。

大部分の人にとって仕事はよくみても必要悪であり、悪くみれば重荷であるので、幸福とビジネスとが互いに関係があるという論を唱えるのは、一般には受け入れがたいように思われるかもしれない。しかしこれら二つは手がつけられないほど絡み合っている。基本的にビジネスは人間の幸福をより大きくするために存在する。琥珀をバルト海から地中海に、塩をアフリカの海岸からその内陸部へ、また香料を極東の島々から世界のあちこちへ運んだ最古の商人たちから、毎年紹介されるニューモデルの車を商う今日の貿易業者にいたるまで、物品の生産と交易は、経験の質を向上するものだと思われる場合にかぎって意味がある。客は自分たちを幸福にしてくれると信じる製品やサービスに喜んで対価を払う。問題は、何が実際に幸福に導いてくれるのかということである。哲学者は遠い昔に、幸福に向かう道はただ一つだけではないと気づいていた。ある人に喜びをもたらすことが、別の人にとってはどうでもいいことかもしれないのである。

ほとんど一世紀にわたり無視されていたが、その後、心理学者たちはこの古めかしい不可解な難題に取り組むために、ついに勇気を奮い起こし、そして、いくつかの予期せぬ結果がもたらされた。たとえば常識に反して、金銭と物質の所有は、最低限の基準点を超えると幸福を増加させるとは思われないというものである。言い換えれば、もし非常に貧しければ金銭があればもっと幸福だと思うけれども、一方すでに金銭を十分もっている人の場合は、余分の金銭はたいした恩恵をもたらすとは思わないのである。失明したり麻痺症のような苦しみに陥った人々は、二、三カ月は大変なことだと思うのだが、すぐその後、通常の幸福のレベルに回復することが別の研究で明らかになっている。予期しない富を手に入れた人々にとっては、反対のこともまた当てはまる。たとえば宝くじに当たった人は数カ月の間はそれまでより幸福だと感じるが、その後はもとの状態に戻るか、それよりも落ち込んでしまう。遺伝学に関心をもつ心理学者たちは概して、それらの研究によって、個々人は祖先から幸福にたいする「基準点」を受け継いでおり、外部的な出来事にほとんど左右されないことが示されていると言っている。

安定した結婚や多くの友人といった強い人間関係は、宗教的なコミュニティに属しているのと同様に、幸福と関連している。社交的で楽観的な気質は役に立つ。仕事、それもできれば好きな仕事に就くことも同様である。安定した民主主義国家、たとえばオランダやスイス、ニュージーランドなども概してもっとも幸福なところである。一九九四年に南アフリカで自由選挙が導入されたとき、居住者、とくに黒人の幸福はかなり増大したのだが、その後はほとんど以前のレベルにまで戻ってしまった。

それではこれらの研究結果はビジネスと関係があるのだろうか。答えは簡単である。つまり、価値ある製品やサービスは、自分たちをより幸福にするものだと客は思う――その判断が正しいか間違っているかはわからないが。この切望に応えて新しい手法を見つけられれば、起業家に好機が訪れるのである。もっとも高度な技術的進歩さえ、幸福に役立つことが証明できなければ、ほとんど価値はない。たとえばベル研究所で開発された最初の電子技術のトランジスターは、市場価値が取るに足らないものとみられ、そのためその特許はわずか数千ドルで、それをポータブルラジオに組み込むアイデアをもっていたソニーに売却された。人々は音楽を聴いているときのほうがそうでないときよりも一般には幸福で、もし好きな音楽を歩きながら聴くことができれば、きっとふだんよりもっと幸福に思うだろうと、ソニーは的確に予測した。こんな方法で先進の電子技術のまったく新しい市場が、幸福への願望をもとに創造されたのである。同様のシナリオは数え切れないほど何回も繰り返されてきた。たとえば自動車は最初はよい遊び道具になると思われ、飛行機は役に立つどんな機能があるのかも想像できない時代は、地球の上を滑空したいという願望を満足させるためだけのものだったし、パソコンは最初はただたんに時間が節約できるというのみならず、面白いゲームがすべてできるという理由で、爆発的な人気が出たのである。ふつう思われている以上に、技術の進歩は、虹の端にある幸福に導くだろうという希望によって動機づけられているのである。

しかしながら自分を幸福にしてくれると信じる多くのものが与えられても、この多様性を意味づける方法は何かあるだろうか。心理学者のアブラハム・マズローが論じているように、もっとも基本的なニーズは生存を保障するもの、すなわち食物、衣類、住居である。世界中の多くの人々はこれから口にする食物はどこからくるか不確かだが、彼らにとっては、飢えを満たすことが幸福の尺度なのである。しかし、生存することについて心配しないですむ幸運な人々にとっては、食物や衣類をさらに与えられても、たんにわずかな価値が加わった程度なのである。大理石造りの七つのバスルームがついた一万五〇〇〇平方フィートの豪邸ですら、広い空きスペースといった感覚である。

ところで今、安全にたいする関心、すなわち現状を維持し、新たな危険を回避することへの関心がさらに高まり始めている。強力な軍隊、頼れる警察官と消防隊員、公正な法律、また安定した通貨が求められている。しかしそのような安全にたいするニーズが叶えられたとしても、それで幸福だろうか。いや、そうではなさそうである。むしろ関心は愛し、愛されたい、また地域社会や自分よりも大きな存在に帰属したいという感情に変わり始めるだろう。そして、自分をより魅力的にしてくれる製品やサービス、たとえば衣類や化粧品、ビーチでボール遊びをしている大勢の華麗なモデルたちのなかに加わるための手がかりとして宣伝されているソフトドリンクといったようなものをさがし始める。あるいは教会やクラブ、またはより高度な目的に到達しようとして他の組織に加わるのである。

多くの人々はこのレベルに達して、満足な、比較的幸福な生活を送っている。しかしある人々にとっては、愛や帰属意識はただかぎられた満足の提供の始まりにすぎない。達成の境地へと手招きするつぎの関門は自尊心である。自尊心を名誉ある職業に求める人もいれば、仕事をうまくやり遂げることや立派な家庭生活に見出そうとする人もいる。また別の人は権力や名声、名誉といったもの、あるいは少なくともそれらの象徴、たとえば高級住宅地や高価な自家用車、また「やったぜ！」と誇らしげに示すようなライフスタイルなどにさがし求める。自己満足することは一つの到達点ではあるが、それでその道は終わりとなるのだろうか。それですべてだろうか。繰り返すが、ある人にとって答えはイエスである。しかし他の人にはもう一つの選択肢がある。それはマズローがいう自己実現である。

すべての人はある程度の才能をもって生まれてきているが、その大部分は自分に備わっていることさえ気づいていない。ある人は、最高レベルの幸福——自己実現——によって有機体に本来備わっているすべての潜在能力が示されうると言っている。まるで進化によって神経系統に安全装置がかけられているかのように、一〇〇パーセントの状態——天賦の肉体的、精神的な能力を十分に活かしているとき——で生きているときにのみ、最高の幸福を感じさせてくれるのである。このメカニズムは、他のすべてのニーズが処理された後も依然としてもてる才能のすべてを活用しようと努め、それによって現状を維持するのみならず、革新し、成長していくことが可能になることを保証する。

最高にうまくいっているときが最高の幸福であるのは人間だけではない。すべての有機体は自己実現に向かう傾向がある。羊の番のために育てられた犬は羊が群れをなしているときに一番満足しており、あらゆる振る舞いが一変する。そう、精神を集中し、油断なく気を配り、誇らしげに振る舞い、そして品よく目的意識をもって動き回るのである。狩猟犬は獲物に（他に何もなければテニスボールに）忍び寄るとき、これと同じように行動する。番犬は侵入者らしきものを見て吼えるとき、最高の生きがいを示している。偉大なる詩人、ダンテ・アリギエーリはおよそ七世紀前にこのように記している。「……すべてのものは、つまりそうありたいという願望そのものである。行動するとき、自分の存在そのものを明らかにする。楽しみは自然についてくる。願望されたものはつねに歓喜をもたらすからだ」。

これらの形すべてにおいて幸福に貢献する製品やサービスを供給できれば、ビジネスは成功する。たとえば、こんな車を売るかもしれない——新たに再生されることのないわずかな資源を最小限しか使わずに、長持ちすることを保証し、安全性と安心感を与えてくれ、持ち主に帰属意識をもたらし、自尊心を高め、運転者にその人独自の美的感覚や運転技術、独特のライフスタイルの表現を可能にすることによって自己実現の感じさえ与えてくれる車である。同じことが市場に出ているいろいろな商品にも当てはまる——食物から書物にいたるまで、また飛行機旅行から銀行業務にいたるまで。その市場価値は究極的にはそれらが与えてくれるだろうと期待される幸福によって決まる。

幸福とビジネスとのもう一つの重要な関係は、人はつねに生産と分配にたった一人で関わることは不可能だということである。すなわち、その事業が小さな食料品店や伝統工芸店であるにせよ、数千人の従業員を雇っている巨大なコングロマリットであるにせよ、つねに一群の人々が関係しているということである。そこの従業員が幸福だと感じているビジネスや組織は、生産性と勤労意欲は高く、離職率は低い。したがって、自分の組織の繁栄を願うマネージャーなら誰でも、何が人々を幸福にするかを理解し、その知識を可能なかぎり効果的に使うべきだといえる。

真実の価値と偽りの価値

この観点から「グッドビジネス」は、たんに利益を生み出すだけのものではない。むしろそれは「バッドビジネス」とは反対に、人間の幸福に真に役立つ仕事のことをいっているのである。これら二つの違いを正確に説明するのは難しい。というのは、ほとんどどのような製品やサービスでも、そのおかげで以前よりも幸福に感じる人が少しはいるからだ。そうはいっても、比較的価値の高い貢献をしてくれるものと、たんに「グッド」なビジネスの真似をしているだけでほんとうの満足を継続的に与えてくれないものとを区別することは、大切なことである。

商品に対価を払う人々は、それを手に入れて幸福を強く感じたい思いで買うのだが、多くの人はまやかしの見かけにだまされる。哲学者のジョン・ロックがこう書いている。「幸福と不幸という事柄については……人は往々にして、よいことよりも悪いことを好み、自分がみじめになるようなものを選ぶようになると告白している」。この理由についてロックは、「まがいものの見かけのために、願望がものにどう表現されているか」によって、間違いを起こすのだと考えた。

動物の世界では、欺くことは生き残りのための基本的な戦略の一つである。つねに誰かがだまされ続けているのは人間だけのことではない。熊は蜂蜜に誘われて罠にかけられ、コヨーテは発情期の雌を放って雄犬を民家からおびき出し、待ち伏せする。蛾は燃え盛る炎の誘惑に耐えられずそのなかに飛び込んでいく。私たちは仲間の願望をネタに儲けるための工夫をして、それほど極端でないにしても実にうまく人を欺く方法を無数に見つけてきた。

詐欺のもっとも見えすいたやり口に、治癒力のない薬品や水の出ない土地区画を販売するといった不正な商売がある。そのようなときはいつも、賄賂やその類のものを差し出したり、取引上禁止された密約を結ぶような不法手段を取ろうとする誘惑の魔の手がある。そのような不法行為から保護するための法律があるので、あまり考える必要はなく、誰もがそれをバッドビジネスだと認めている。ユーザーに一時的な幸福状態を実際に生み出す製品は、さらに油断ならないものである。そのような商品、たとえばタバコ、アルコール類、ギャンブルなどには合法的なものがあるが、一方、多種多様な「気晴らし」のための麻薬類はそうではない。それらの「もの」は適度に用いられると生活の質を改善するかもしれないが、中毒になると結局は幸福を損なうことになる。

バッドビジネスのもう一つの種類に、人間の幸福にはあまり重要な貢献をしない新たな願望を刺激するものがある。かなり明白なことだが、よい人生のシンボル——より新しい車、より大きな家、より豪華なバケーション——を切望する結果、中流の人々の多くがますます長時間働くようになり、近頃のライフスタイルはストレスが多くなっている。それと同時に、彼らは人間として成長し、価値ある自尊心を獲得し、親密な人間関係を結ぶ機会を喪失している。

「バッドビジネス」のより広がっている形態の一つは、合法ではあるが継続不可能なのに、誇張された保証によって、たとえば今世紀初頭に破産した多数のハイテク新規事業のような実現不可能な計画への投資に勧誘するようなものである。アルテミス・ベンチャーズ社のクリスティン・コマフォード - リンチはこの問題についていくつかのことを強く述べている。

どんな犠牲を払っても、どんなやり方や形式においても、ハイリターンを得るなんてことにまったく関わりたくありません。ただ会社の創設者になりたいんです。また自分の考えを宣伝したくもありません。絶対にそんなことはやりたくありません。それほどご都合主義になりたくはないんです。ひとたび株が暴落して未亡人や子どもたちをだますようなことになる前に退場します。そんなことをしたくないんです。そんな馬鹿げたことが起こったのをいやというほど見てきました。そういうことはだめです。それは他人をダシにして金持ちになろうということです。それはよくないことです。

経済は「創造的破壊」――それはシュンペーターが主張しているように、経済の強力なエンジンなのだが――を必要としているといってもよいだろう。しかし立派な信念で始められたにもかかわらず失敗する新規事業と、失敗するように企てられてそうなった企業とを区別することはできるはずである。自由市場に悪い面などないと信じることは、世間知らずである。すべての制度は、教会だろうと政府だろうと、また医療だろうと教育だろうと、真に必要なものを個人的な利益のために食い物にする寄生虫的な一団によって侵されないように、つねに警戒して守られるべきである。自由市場は今までに発明されたもっとも経済的な制度かもしれないが、その弱点は、ほんとうの利益とは関係なく、十分な需要があればどんな製品でも供給することである。このように多くのビジネスは、より多くの物をもつことが生活の質を向上させるという考えを利用しており、これによって今日の文明に、一方的な物質主義をもたらすことに一役買っている。

物質主義それ自体が悪いということではない。安価で大量の製品を所有し使用することが、ある程度たしかに、人をより幸福にするのだから。ある程度は誰もが物質主義者であり、もしそうでなければ人間ではないだろう。しかしつい最近の研究で、物の所有に関心をもちすぎると不健康になるということが報告されている。物質主義的な価値に高い評価をつける人々は、他の人たちに比べてより落ち込みがちで、友人も少なく、安定した人間関係を失っている。また好奇心にも乏しく、人生への関心が薄く、飽きっぽい性格である。幸福を求めて物に頼るために、どこまでもエスカレートし続けるゼロサムゲームに導かれていく。つまり、まるで麻薬中毒のように、絶えずある量の物を獲得し続けなければならなくなり、周りの人より多くの「くだらないもの」を手に入れないかぎり、結局そのどれもが、何の値打ちもないのと同じことになる。

過激な考え方をするなら、商品をつくって売るというビジネスは、もともと幸福とは正反対のものだといえるかもしれない。幸福かどうかという最高の証しは、もう何も欲しいものがないという状態にあることが一般に認められている。何か不足していると感じるかぎり、幸福だと思うことはできない。ビジネスの目的は、今ある欲望を満足させるか、または新しい欲望を掘り起こすことなので、もし誰もが純粋に幸福なら、もはやビジネスの必要性はないだろう。しかしながら実際、欲望から解放された状態の幸福の水準に達した人がいたとしても、ごく少数の人だけである。予測可能な将来において、現状が変化すると考えられる根拠はないので、ビジネスはおそらく幸福を増幅させるために絶えず必要とされるだろう。

幸福の二つの柱

人間の潜在能力——通常これが幸福を生み出すのだが——を完全に実現することは、二つのプロセスが同時に存在するかどうかによる。もしそれらがどう働くかがわかれば、幸福にたどりつくことはかなり簡単になる。その第一は**差異化**のプロセスである。それは、私たちがそれぞれ違った個人であり、自分たちの生存と幸福に責任を負っていることや、行動によって自分の存在を表現することを楽しみ、個性が導くところならどこででも進んでそれを発展させる存在であることを理解するということを含んでいる。第二は**統合化**のプロセスに関係する。つまり、人がどんなに個性的な存在だろうと、他者や、文化的シンボルや遺物、さらに周囲の自然環境といったネットワークにしっかり組み込まれていることを理解することである。完全に差異化され、統合化された人は**複雑な**個人——幸福で、活力に満ちて、そして意義深い人生を送る最高の機会をもつ人——である。

ロッキード・マーティン社の前ＣＥＯ、ノーマン・オーガスティンは自分の人生哲学をつぎのような言葉で表現している。

> つねに成功者でありたいと思ってきました。私が定義づける成功とは、何か世のなかのために貢献することであり……それを行っている間は幸福です……。今やっていることが楽しくなければばなりません。もしそうでなかったらあまりよいとはいえません。つぎに何か価値あることに役立っていると感じなければならないんですが……。もしこれらの構成要素のどちらかが欠けていると、たぶんその仕事に意味を見出せないでしょう。

複雑さの二つの構成要素である差異化と統合化は、前記の内容以上に明確に表現することはほとんどできないだろう。模範的なビジネスリーダーたちとのインタビューでは、この同じ内容が繰り返し話題にされた。すなわち成功するためには、ベストを尽くすことを楽しいと感じると同時に、何か自身を超えたことに役立っていなければならない。この主題の大部分はアップルコンピュータ社の共同創業者の一人、マイク・マークラが仕事に向かう姿勢について述べていることと一致している。

興味あることをずっとやっているのですが、それがどういうわけか多額のお金を生み出しています。でもそれは、創業の場所で仕事をしている理由ではありません。会社を設立した理由でもないし、またインテル社で働いていた理由でもないんです。やっていることを心の底から楽しんだからそうなったんです。そしてそこから、お金よりももっと大切なもの、大いなる個人的満足感を得ています。

明らかに、これらの企業家のリーダーたちが仕事に見出している満足感は、どんな人でもなし遂げたいと希望できる程度のものである。しかし、より低いレベルの仕事に就いているワーカーがこのように感じられる仕事は、どれくらいあるのだろうか。ほとんどの仕事はあまりにも単調で退屈なものなので、ベストを尽くしても潜在能力の一〇パーセント以下しか使っていないか、あるいはあまりにもストレスが多いので、ワーカーの生きるためのエネルギーをすっかり吸い取ってしまう。そしてたとえそれらの仕事が個人の差異化を可能にするとしても、多くの仕事はコミュニティの幸福の増大にはいたらないのである。

以下の各章では、人間の成長と幸福を実際に高める日常生活と職場を築き上げる方法をさぐってみたい。また本章の残りの部分で、複雑さ、つまり差異化と統合化が人生における質を高めていくために根本的な要素である理由を、より詳しくみていくことにする。

複雑さの進化

地球という惑星で何が起こっていたのかを数十万年間隔でスナップ写真に撮ることができたとしたら、初期段階では膨大な量のガスの混合体から始まって、そこに見られるのは、物質構造において複雑化が進み続けていく動きである。無機質の分子がつぎつぎと合成され、初めての単純な生命をもつ有機体を生み出す。その後、単細胞の生物が特殊化した内臓を有する多細胞組織に変わり、さらにこれまで以上に差異化し、また統合化した神経系統を形成するにいたる。そして最後に、人間の大きな脳となって、人間に新しいレベルの進化をもたらした。すなわち、ますます複雑になった情報をもはや遺伝子で暗号化する必要もなく、ミーム〔思想的因子〕――物語や書物やコンピュータのようなメディアに含まれている学習の単位――の形に圧縮することが可能になった文化である。

もちろん、この桁外れに単純化された筋書きは、すべての地球上の有機体が、約一〇〇万年前の状態に比べて、より複雑になったことを意味するものではない。ある種のものは、単純な生態的地位にうまく適合したために、さらに複雑な状態にはなろうとしない。つまり、実際は、以前の状態よりも差異化や統合化をせずに、よりうまく生き残れることに気づいているものもあるのである。複雑になるにはかなり努力が必要で、また多くの点でより壊れやすい状態になるため、できるだけ単純な生物学的構造のままでいる種も、少数だが存在するだろう。

そしてまたこの筋書きは、より複雑になった形態が今は大多数を占めているということを意味するものでもない。昆虫は、明らかにその数で人間をしのぎ数多く存在している。また現存する昆虫の総重量は人間より数倍も大きい。さらに海にはプランクトンがいるし、食べたり育ったりするための場として人間を利用しながら、自分たちの仕事に楽しそうに精を出している膨大な種類のバクテリアやウイルスがいる。

最後に、これまでの複雑さの進化は、永久に、またはつぎの年までは続くだろうという保証を示しているわけではない。組織が複雑になればなるほど、より発生が困難となり、そのために物事はそううまくいかず、衰退を防ぐのにさらに努力が必要となる。たとえば二〇〇一年九月一一日のテロリストの行為により、ビルが滝のように崩落した出来事は、複雑な社会がどれほど攻撃目標になりやすいかということを、はっきりと警告している。政府や交通、情報の各機関、また水や食物の供給などを特殊化し、集中化したために、十分に訓練された人間が二、三人いさえすれば、それらはますます心をそそる攻撃目標になってしまう。そして複雑になった人間の脳は、幸福になるためにますます大量の物質資源が必要だと確信するので、ずっと単純な有機体——最高に環境適応したゴキブリのようなもの——のみしか生き残れないような環境破壊を、簡単に引き起こしてしまう。

とはいっても、数千年間に撮影された一連のスナップ写真のなかで、それ以前の時代のいかなる時点においても、最後の一コマのなかに存在するものより差異化され、統合化された有機体の存在は見つからないということは間違いない。言い換えれば、進化は極限の複雑さに向かって進んできている——そして好むと好まざるとにかかわらず、現時点の極限は人間なのである。進化が将来、さらに複雑な形態を生み出し続けるかどうかは、今や人間にかかっている。この世のなかをかつてないほどすばらしい場にすることができるのか、または加速して無生物の塵《ちり》に帰していくのか、どちらかなのである。

複雑さとライフサイクル

複雑さがそのような重要な役割を果たしているのは、想像を超えた惑星の進化の規模においてだけではない。それはまた私たち自身の経験においてより身近なもので、各個人の人生に長年にわたって起こってきた不可欠の要素でもある。人間の進化は独立と共同との間を、あるいは独自性をさがし求めることとより偉大で強力なものに属したいと求めることとの間を、揺れ動き続ける振り子の揺れとみることができる。この成長過程の最初の段階は、赤ん坊が、自分がどんなに弱くて傷つきやすいものかを初めて知るときから始まる。その時点で——人生で初めての年のあるときに——母親かまたは親のような力強い人間に触れることが、赤ん坊にとっては非常に重要になる。

しかし一年ほどの極度に依存した時期がすぎると、幼児は自立したいと思うようになる。そしてある段階で、自分の行動に責任をもち始めないと、十分役に立つ人間に成長できないと気づく。その結果、幼児は自分自身のやり方で行動したいとせがみ始め、邪魔されるとすぐにかんしゃくを起こす——それは「恐るべき二歳児」と昔から言われる年齢である。ある人はこの時点で発達が止まってしまうが、自分本位で衝動的なために、大多数の人の目には、ふつう、未熟な人格障害者として映る。

ほとんどの子どもたちは、家庭の外の世界の広大さを知るようになるにつれて、自分自身が取るに足らないもののように思え、結局また臆病になってしまう。その時点で仲間たちとうまくやっていくことに、あるいは家族よりも大きいコミュニティに受け入れられ、認められることに関心をもつようになる。これが順応の段階であり、圧倒的多数のものにとっては個人的発達の道程の終点である。

しかしながら思春期の生物学的変化が始まるまでに、ティーンエイジャーの多くのものは、もはやたんなる順応者であることに満足しなくなる。個性は再び重要な目標になり、それが難しすぎて達成できないと反抗的になる。結局無難な順応の状態に戻るものもいれば、反抗者と順応者との間を行ったり来たりするものもおり、また、ごく少数のものはかぎりなく自分の個性をさがし続けるのである。

つぎに続く各年齢のグループにおいては、その人数は減少してくるが、個性を主張することから集団の価値を受け入れる方向へと進む、振り子のさらに大きな振れに従うことがある。ある心理学者はそれを一〇段階にも区分けしており、各段階では外面的または内面的な優先順位があり、それぞれより著しい個性の形成と深い統合化を含んでいるので、その前の段階のものよりもさらに複雑になっている。最終点――発達が最高に達した段階――は、自分自身の独自性に磨きをかけ、自分の思想や感情、行動をコントロールしているが、同時に人間の多様性を享受し、無限の宇宙と一つになると感じるような状態となる。この段階に到達した人は、これ以上何も必要としないので、真に幸福だといえる。

ビジネスと人間の発達

典型的な組織のなかでは、前述のいずれかの発達段階に達している人がいるだろう。少数ではあるが

──ときに会社のリーダーを含むこともあるが──恐るべき二歳児の衝動的な段階以上には発達しない人もいる。そのような人は、無情でリスクを冒すことが価値あるような環境では、しばしば成功する。カリスマ的な姿を偽ってみせるほどの自信をもち、それで賞賛を得ることさえある。

大多数の従業員は波風を立てず喜んで規則に従う傾向にある。そのような従順さは一般に多くの組織で歓迎される。しかし、変化の激しいときには、競争的な環境ではそれ以上のものが要求される。とくに知識労働者は自立性を重んじ、自主性をもって成長できる場を必要とする傾向にある。そのあるものは個人主義者で、あるものは反逆者であり、また個人的な発達が最終点に達して完成し、個性と協調性の見事な融合に到達している人も少しはいるだろう。

会社の構成がどんなものだろうと、グッドビジネスを行うためには、会社は誰もが勇気をもって複雑化に向かって進んでいくような場であるか、少なくとも個人的な成長を妨げることのない場でなければならない。一般的な認識とは異なって、「グッドビジネス」は利益をあげる以上のことを含むと理解し、責任をもって自分の会社を生活の質を高めるためのエンジンにしようとしている経営幹部で、成功している人が数多く存在する。こういった人々はしばしば、宗教的な信条を根拠に行動しているか、非宗教的な人道主義といえるものにもとづいて価値観を展開している。

たとえばアムウェイ社のＣＥＯ、リチャード・デボスは、ビジネスを進めるための着想が得られるのは、キリスト教の神にたいする責任感からであり、そのことはすべての関係者に浸透し、従業員にも徐々に行きわたってきているという。

私には神にたいする責任があります。妻にたいしても、また家族やコミュニティにたいしても責任があり、私の会社に関わる――私たちに励ましや支援、決断や尊敬を求めている――人々にたいしても責任があります。尊敬は大きな要素であり……それは唯一正しいことで、他のことは間違っています。だからいったん尊敬が得られればほんとうに困難なことはありません。

モールデン・ミルズ社のオーナー兼CEO、アーロン・フォイエルシュタインは、数年前にマサチューセッツ州の工場が焼け落ちたときに、名士といわれるようになった。損害を被ったにもかかわらず、工場が何カ月も後に稼動を再開するまで、雇用できなくなったワーカーたちに賃金を支払い続けたのである。フォイエルシュタインは自分の行動を、ユダヤの伝統から伝えられた価値観として述べている。

ここアメリカ合衆国では混ぜ合わされることのない、二つの戦略を混ぜ合わせようとしています。その一つは株主の利益を最大にすることであり、もう一つは株主のためだけでなく、従業員、地域社会、環境などのために、この地球において価値あることをしようと努めることです……。ビジネスでは身を粉にして働かなければならず、そこには無情ともいえる類の原則があります……。それはお金のための闘い、利益のための闘いであり、善行をしようとすることにも、地球上で何が正しいかということにも、何も関係ありません。そんなことは、家に帰ったときにやればいいというような考えに追いやられています……。もしそういうことに心が傾いたら、他人にたいして慈悲深くなることができます……。しかし私はそんな風には考えません。ユダヤ教の宗教教育にそって考えることが多いのですが、よいことをし、他の人に奉仕すること、ミツバーは、人がなしうるもっとも偉大でよい行いなのです。

伝統的な宗教的価値観はしばしば、グッドビジネスとはただ利益をあげることよりはるかに複雑な計画であることに気づく礎《いしずえ》となるが、より長く複雑な個人的探求の結果として同じ答えに到達する人もいる。たとえばいくつかのビジネス企業で成功してきたジェーン・フォンダは、物理学にもとづいて成長の重要性にかんする理解をこのように明言している。

私も含め人々は果てしなく変化し成長する余地があります。すべてのものは衰退するという熱力学の第二法則——エントロピー——に逆行する、全宇宙における唯一の事象ですよ。成長し、より高いレベルに進化する可能性をもつ人間の精神を除いては、すべてのものは急降下し、腐敗し、衰退していくのです。

伝統的な宗教の知恵や、エントロピーが一時的に逆行するプロセスとして進化を理解することは、ともに論点にたいして同じ結論を導き出している。すなわち人間の成長と幸福に役に立たないビジネスは、短期的にはどれほど多くの利益を生み出しても、やる価値はない。唯一関連して議論するべきことは「幸福」の意味をどれくらい広く取るかである。厳密な自由市場の立場を固守する人々は、ＣＥＯは自分が経営する事業において、株主の金銭的な幸福についてのみ責任をもつと力説する。その他の検討事項はどんなものもCEOの義務から気を散らさせるものであり、解任の原因となる。この狭義の解釈には、インタビューしたすべての経営者から異議が出された。さまざまな意見のうち対極にあるのが、アウトドア用品と衣類のメーカー、L・L・ビーン社の会長、レオン・ゴーマンが提唱する立場である。

目標はすべての株主、……顧客、従業員、管理職グループ、オーナー等に、さらにコミュニティや自然環境にたいしても責任を十分にまっとうすることにあります。また取引業者にも……同様です。最高益を達成したり、株主の利益を最大にすることを目指しているのではありません。創造し、また経営の利害関係者のすべての人生に価値を付け加えようとしているのです。目標は商品やサービスを通して生活の質を向上させること、さらに同様に、従業員の生活の質を向上させること、すなわち個人の発達や仕事の安全性、また彼らの夢を実現することにあります。

ゴーマンの姿勢は、また私たちの研究に参加した他のリーダーたちの姿勢も同様に――世界中で働いている多くの責任ある立場のビジネスマンのうちのわずかなサンプルにすぎないのだが――たんなる宣伝目的の偽善的な決まり文句ではない。彼らは、強欲な投資家の監視下で、しばしば仕事を危険にさらしながら道を進んでいるのである。そのために他人の幸福のために苦しむ理想主義の殉教者になるのだろうか。どうもそうではなさそうである。複雑さを成り立たせることは楽しい仕事である。ベストを尽くし、最大限に広く社会に貢献したいという欲求につき動かされる人々は、自分たちがしていることを信じ、それをなすことで幸福を感じる。それで十分なのである。

第3章　行動における幸福

多くの人々が信じているのとは逆に、幸福は簡単にはやってこない。幸福は**自分たち**で起こす何かであり、ベストを尽くした結果起こるものである。潜在能力を実現するときに満たされる感情がモチベーションとなって差異化を起こし、進化へと導く。行動のなかで幸福を感じる体験は、**楽しみ**である。すなわち十二分に生きているという、うきうきした感覚なのである。喜びをさがし出すこともまたモチベーションの強い源泉となるが、喜びは変化を促すことはない。それはむしろ保守的な力であり、目下《もっか》の必要性を満たそうとしたり、心の落ち着きや慰め、くつろぎを望ませる。喜びをさがし求めることはもともと悪いことではないが、それが生きるための主目的になるような人は、もって生まれた力以上に望みを成長させることはできない。

一方、楽しみはかならずしも喜びであるとはかぎらないし、ときには非常にストレスのあるものになることがある。たとえば登山家は凍りつくほどの寒さを感じ、疲労困憊し、底なしのクレバスに落ち込む危険に瀕することもあるが、それでもどこか他のところへ行きたいなどと思うことはないだろう。紺碧の海辺の椰子の木の下でピニャコラーダ酒をゆっくりと一口ずつ飲むのは詩的でのどかなものだが、吹きさらしの尾根でその登山家が感じる興奮した気持ちには及ばない。チェスのプレーヤーは、その日の試合が終わってもほとんどテーブルから立ち上がることができないほど、弓なりに曲がった背筋とはちきれんばかりの尿意を辛抱してでもプレーを続ける。ダンサーは、巧くなるために、人間関係や親の立場、また人生の多くの喜びを捨て、その芸術の厳しい練習に全生命をなげうっている。それを行う瞬間、楽しみは肉体的な苦痛であり、同時に精神的にも負担の重いものになることもあるが、しかしエントロピーの力と衰退を超えて達成感を味わうことができるがゆえに、それは精神を豊かにするのである。楽しみは、振り返ってみて、人生を豊かにし、また未来に立ち向かう自信を与えてくれる思い出の土台となるものである。したがって人間の人生という観点からは、楽しみの重要性は、喜びから得られるものとはまったく異なるものである。

自分がすることを楽しむことなく、ビジネスにおけるリーダーとして生き残ることは不可能である。仕事があまりにもストレスに満ちたものになり、時間の経つのが極端に遅く、もっと気晴らしに時間をかけたいという衝動がずっと強まるだろう。インタビューに協力してくれた人々は、仕事にたいする自分たちの態度について、とくに詳しく語ってくれている。たとえばある世界最大の多国籍企業のＣＥＯは、つぎのように述べている。

それはとてつもなく大きな責任であり、同時にとても大きなチャレンジです。また世の中で一番楽しい仕事なんです。毎朝、仕事に来るのが楽しくて仕方がありません。ここに着くのが待てないくらいの思いです。毎日何か違ったことが起こるからなんですよ。

多くの人と同様、ブラスリング・システムズ社のCEO、デボラ・ベセマーもその楽しみゆえにビジネス人生に引きつけられた。「私は他の友人をもち始めました。その人たちは私より二、三年先輩で、ビジネスの世界を楽しんでいました。私はそれまで、ビジネスの世界がそんなに楽しいものだとは思ってもみなかったんです。そして、楽しむことは重要です」。成功したビジネスリーダーのほとんどは、一般的に、仕事に同じように熱中している。このことから、「何かを楽しむということは実際には何を**意味する**のか」という問題を深く考えてみたい。

フロー体験

この二、三〇年間、世界中で実施されてきた研究によると、どのような場面だろうと、人々が深い楽しみの感覚を感じるとき、その体験を非常によく似た言葉で表現している。年齢、性別また教育に関係なく、同じ精神状況を伝えているのである。そのとき実際に行っていることはまったく異なっている――瞑想にふけっているとか、競走しているとか、チェスをしているとか、あるいは調査活動をしているとか――のだが、しかしその瞬間に感じていることは驚くほどよく似ている。私はこの共通の体験を「フロー」と名づけた。というのは、多くの人々が最高の楽しみの瞬間を、外部の力で運ばれていったり、エネルギーの流れで努力せずに流されていくというような類似の表現で述べているからである。

つぎのいくつかの引用は、私たちが何年もかけて集めたインタビューからのもので、フローの主観的な状態がかいま見られる。最初は登山中の精神状態を述べたロッククライミングの達人のものである。

目の前の仕事はその複雑さといい、引きつける力といい、非常に厳しく、豊富にあります。没頭してしまいます……自分のまわりで起こっていることや、岩、関係する動作……つかまる所をさがすこと……もっとよい体の置き場所——あまりに夢中になっているので、ひょっとしたら自分自身が何であるかという意識がなくなり、岩に溶け込んでいくように感じているかもしれません。

つぎにこの話を、なぜ仕事がそんなに楽しいのかを述べている外科医の話と比較してみよう。

よい手術では、行うことはすべて必要不可欠なことであり、すべての動きがすばらしく、必須のものです。つまり、的確で、少しの血液もむだにせず、外傷は最小限に抑えられます。これはとても楽しいことです。とくに、グループ作業が順調に効率よく進んでいるときは。

二人ともフローの基本的な要素の一つを述べている。完全にのめり込んでしまうほど目の前の仕事が複雑なために、それに引き込まれてしまうのである。思考と行動との、また自己と背景との区別はない。重要なことは、生命がかかっている可能性があるために、できるだけうまく各動作を遂行することである。

こうした感動的な事例もあるが、フローには楽しむことのできる生死をかけた状況が必要だとはかぎらない。世界中でもっとも広く報告されているフロー活動は、よい本を読むこと、つまり、読書中に我を忘れるほど登場人物になりきり、物語に没頭することである。フローはまた、めだって多く、仕事中に体験されている。たとえば、イタリアのアルプスでまだ農業を続けている七六歳の女性が、つぎのように詳しく語っている。

外に出たり、人と話したり、動物と一緒にいることに大いに満足してるんですよ……。植物や鳥、花、動物、どんなものにも話しかけますよ。自然のすべてのものが遊び相手で、自然の移り変わりを毎日見ることができるんですよ。清らかで幸せな気分になれますね。疲れて家に帰らないといけないのが残念です……。たとえたくさん仕事をしないといけないときでも、自然はとても美しいんですよ。

この女性は、背丈の二倍もある干草を一束《ひとたば》背負って、山の牧草地から数マイルも降りた後にこの話をしたのだが、ほとんどロマンチックな田園詩ともいえる言葉で仕事について述べている。そのような状態だったにもかかわらず、自分を囲む自然界の複雑さに注意を払うことによって、自然と一体になることができ、それを楽しむことができたのである。フロー体験はしばしば他のものと密接に交流して時をすごした結果得られるものである。ある母親がそのもっともすばらしい瞬間をつぎのように語っている。

娘と一緒に行動しているとき、娘が何か新しいことを発見しているときです。娘が自分でつくって完成させた新しいクッキーのレシピ、自分でやり遂げ、誇りに思う芸術的な作品です。読書もほんとうに没頭できることの一つで、親子で一緒に読書するんです。娘が私に読んでくれ、私も娘に読んであげます。そのとき、それ以外の世界とはちょっと縁の切れたような感じがして、今していることにまったく夢中になっています。

娘に注意を払い、成長を見守り、新しいことを発見し、その個性がいろいろに変化することに的確に応えていくには、優れたロッククライマーや農婦、また外科医と同様の十分なスキルが必要である。そのような複雑な行動に没頭することで、さらに強く、複雑なものになることができるのである。

しかしそのような体験がビジネスに関係あるのだろうか。私たちがインタビューした成功している経営幹部によると、フローは間違いなく職場環境にも起こりうるのである。もし自分の仕事を楽しめないなら、その仕事をうまくできている感じがしないという理由で、フローはなくてはならないものだとさえ信じている人もいる。ベイン・アンド・カンパニー社のＣＥＯ、オリット・ガディーシュはこう言っている。「自分がすることを楽しむことは大切なことです。『さて、しばらくの間仕事をしよう。その後で楽しもう』なんてとても言えないことです」。外科医や、あるいはアルプスの農婦の仕事のように、どのようなビジネスでも注意を喚起する機会を与えてくれている。インタビューのときマイクロソフト社の人事担当副社長だったマイク・マレーはつぎのように言っている。

私は生きることはとても楽しいことで、仕事はその一要素だと思っています。仕事にとても多くの時間をかけなければならないので、仕事を愛せるようになりたいんです。もっと仕事を楽しみたいんです……。またほんとうにビジネスという仕事が好きなんです……。ビジネスは楽しみです。

ロッキード・マーティン社のノーマン・オーガスティンもよく似た考え方をしている。

現在やっていることがうまくいっていて、同時に楽しんでいるときに幸せを感じるものです……。今後のことは今後に任せてみると……行きたい方向があることがわかるに違いありません。そしてその後、好機にめぐまれ流れに乗っていくようになると思います。

しかし、彼らが述べているこの楽しみの、正確な本質とはどういったものだろうか。他の一連の研究で、私たちは世界中で、生活におけるあらゆる方面で一万人近い人々にインタビューし、純粋にその瞬間を楽しんでいる――すなわちフローを体験している――人の意識は八つの条件に関連づけて表現できることを発見した。その条件のすべてが必ずフローに付随してくるというわけではなく、またその相対的な重要性はさまざまであるかもしれないが、一般的に、フローの状態にあることはどのような感じがするものかということについての、もっとも顕著な構成要素である。それらを一つずつ概説してみよう。

フローの状態にあるとはどう感じることなのか

⑴　目標が明確　どんな活動においても、深く関わっている人にとっては、自分がなし遂げなければならない仕事は何かということを、一瞬ごとに正確に知っていることが絶対に必要である。たとえばロッククライマーが夢中になるのは、山頂にたどりつくという最終目標ではなくて、落下しないためにはつぎの動作をどうもっていったらよいのかという目の前の仕事である。チェスのプレーヤーが精神集中するのは、ゲームに勝つことが目標ではなく、つぎの一手やその後の読みによってもっとも戦略的な態勢をつくり上げるためである。母親は娘がもっと教育を受けないといけないと心配するからではなく、娘の身体や心の変化に逐一応えたいからこそ、娘と読書するとき「すっかり没頭」してしまうのである。もちろんこういった活動の最終目標——頂上にたどりつき、ゲームに勝ち、読書が好きな子どもに育てること——もまた重要だが、真の楽しみは目標を達成するために踏む過程から生まれるのであり、実際に目標に到達することではないのである。

人はよく、その道をたどる過程を味わうというよりもむしろ、関心をすべて結果に集中するので、自分のすることを楽しむ機会を逸してしまう。歌を歌っているときの喜びはどこからくるのだろうか。歌い終えることからか、あるいはそれぞれの音調やフレーズを生み出すことからだろうか。すばらしい料理を味わうのは最後に満腹するからか、はたまた一口一口が美味しいからだろうか。仕事で商談するときのほうが契約に署名するときよりも、より満足している状態ではないだろうか。

最終目標にこだわるあまり、しばしば成果に支障をきたすのである。もしテニスプレーヤーが試合に勝つことにのみ一所懸命であれば、相手の強力なサーブを打ち返すことはできないだろう。手数料を稼ぐことにあまりに気を遣いすぎ、買い手の気持ちに十分に注意を払わないセールスマンは、うまく販売を達成できないことが多い。繰り返しになるが、ここで主として論じているのは、成功という成果を引き起こすことではなく、その実行の**過程での**体験の質なのである。もし人生の重要課題が成功ではなく幸福であるならば、そのとき重要なのは過程であり、目的地に到達することではないということは明白である。

⑵　迅速なフィードバック　自分がしていることをどれくらいうまくやりこなしているかについて「オンライン」の情報がタイムリーに入手できなければ、どんな行動にも没頭し続けることは難しい。完全にフロー体験に没頭する感覚は、多くの場合、その人がしていることがどれくらい重要なことかを知ることから得られる。フィードバックは成果にたいして意見を述べる同僚や管理監督者から来ることもあるが、望ましいのはその情報を提供する行動自体から来ることである。

たとえばロッククライマーは動かず岩に安全にぶら下がっているかぎり、行動がうまくいっているかどうか心配する必要はない。外科医はより繊細だが、彼らにとっては同じくらいわかりやすい信号に頼っている。これはつぎのような言葉で表されている。「事がうまく運んでいないと何か感じます。補給が問題で組織がきちんと再結合できないかもしれません」。あるいは「的確で迅速なフィードバックが頼りです」「ものがどのように見えるかで正確さがわかります」というように。母親の場合は、娘が退屈してきたり気が散ってきたりするときの行動的なサインからわかり、子どもが再び熱中するまで付き合い方を変えなければならない。

人によっては自分自身のなかにしっかりした基準をもっているので、仕事をうまくやれているかどうかを判断するのに、他人の判断を必要としない場合がある。自分自身に客観的なフィードバックを与える能力があるということは、事実エキスパートの証拠である。楽しむのが難しい活動のなかでももっとも難しいのは、絵を描いたり物語を書いたりといった創造的な仕事である。それはその仕事を評価する標準的な判定基準が存在しないためである。作家は自身がつくり上げた作品をすばらしいと思うかもしれないが、ほんとうにそうだろうか。知識と過去の経験によって自分自身の内部基準を信じることを学ばなければ、努力にたいして満足するどころか、みじめに感じることになる。他方、以前になされたことがなかったことをなし遂げたということをはっきり知ったときの喜びは、何ものにも比べ難いほど大きなものになる。

⑶　機会と能力とのバランス　その仕事がなしうるものであると信じると、それに没頭してしまうことはきわめて簡単である。能力が及ばないと思ったときは、往々にして心配の種になり、易しすぎると退屈してしまう。いずれの場合にも、注意力はやり遂げようとしていることによって変わってくる――心配する人は結果がどうなるかという不安で気が散ってしまうが、一方、退屈する人はなすべきことを他にさがし始める。理想的な状態は簡単な原則で表現できる。すなわち**フローはチャレンジとスキルがともに高くて互いに釣り合っているときに起こる**。

しかしながら「理想」というのは状況によって変わるものだということを知る必要がある。というのは、ある人にはチャレンジと思えることでも、他の人はそう思わないかもしれないからである。切り立った崖を絶好の機会だと思う人はほとんどいないし、多くの人はそんなものに取り合わない。外科医は精神医学をチャレンジだとは思いそうもない（精神分析医は病状の改善がほとんどみられないままに、何年も患者を治療し続けなければならないかもしれない）し、その逆もまた同じである（外科医は何の思考も必要とせず、たんに手先の器用さだけが必要なのだ——自動車のエンジンを修理するのと同じスキル）。同様に、また残念ながら、多くの親は子どもを理解する機会に対応できていない——あるいはその機会を恐れている。ある好機に応じるかどうかは、ある程度、先天的にもっているか後天的に得るスキルによる。筋肉が生まれつきうまく動き運動の得意な子どもは、スポーツに引き込まれるだろう。一方、両親がニュースを真剣に聞き、夕食の席でその時々の出来事を話し合うような家庭の子どもは、報道関係や政治にチャレンジを見出す可能性がある。

よいフロー活動とは、ある程度のレベルの複雑さにチャレンジしようとする活動である。あるロッククライマーはつぎのように述べている。「ある簡単な岩場でのんびりとくつろぎたくて頂上まで行かない日もあるし、また自分自身を岩場でいつまでも過酷な状態に置き続ける日もあります」。同様に、フローを生み出しやすい活動は簡単にやり尽くされることはない。というのは、その複雑さの上限が非常に高いからである。「気持ちはいつも一歩先にあるので、岩を登っているとき、絶対に、どんな完成にも到達したという気持ちにはならないんです……。自分が踏み出せる一歩はさらに完璧なものになりうると、いつも思っていられます……。それは終わりのない成長なんです」

外科医が自分の仕事を好きな理由の一つに、立ち向かっているチャレンジの複雑さがある。「仕事には大変満足していて、何か難しいことがあれば、それがまた刺激的でもあります……。一般的ではないケースにもっとも満足しています――**とくに、患者がうまく治っていくときには**」。太字部分の心情表現には何の価値もない。というのは、この外科医にとって――またインタビューした他の人にとっても――もっとも満足いくことは難しい手術を上手に行うことである。患者の回復はほとんど付随的に重要なだけなのである。第三者には無神経に聞こえるかもしれないが、それには非常に意味深いものがある。というのは、外科医は患者の身体の反応をコントロールすることはできないが、手術自体の詳細はコントロールできるからである。そのような観点から、誰もが一番関心をもっているように、まず第一に重要と考えていることは、患者の身体の各組織が協力してくれることを願って、可能なかぎりうまく手術をしなければならないということである。

スキルが向上するにつれ、さらに大きなチャレンジに向かうことができる。実際、人は仕事が日常化し退屈するのを嫌って、そうするに違いない。したがってまさにフロー体験によって、より高い複雑さに向かって成長したいと思うのである。単独でも夫婦でも、世界中を旅するのが好きなパーディ家の二人の船乗りが、この働きがどのようなものかをうまく述べている。

スキルが向上するにつれて感じる自負心は簡単には表現できません。初めて六トン級もの船を止め具の一フィート以内に止まるように操縦したとき、初めて水が一滴も漏れないようにハッチの蓋をつくったとき、初めて修理をうまくやり遂げたとき――一つひとつが人生に輝きをもたらしてくれる成功なんです。究極的にはこの自己満足はいずれスポーツに成長します。新しい目標ができ、それを達成するんです。

日々の体験で、多くの人は、そのような「成功」をおさめることは難しいと思っている。自分の仕事を自由を制約するものと考えすぎ、家庭生活の将来はどうなるかわかりすぎてつまらなすぎると思っているのである。それにたいして、スポーツや趣味、旅行などの活動に——またはおそらく、不倫関係や「気晴らしの」麻薬のようなはけ口にも——チャレンジとスキルとのバランスをさがし求めている人もいる。しかし実際には**どんな**活動にもフローは生み出せるのである。なぜなら一番日常的な、たとえばラインで組立作業をしたり、自分の子どもに話しかけたり、食器を洗ったりするような仕事のなかにさえも、スキルを使う機会が潜んでいるからである。

もっとも恐ろしい環境においても、スキルを磨きフローに入る機会を見つける人もいる。独房に入れられ、孤独のなかに置き去りにされた囚人は、集中し続けるために頭脳ゲームを発展させることを覚えた。ソルジェニーツィンは、モスクワからアメリカまで想像上の旅行をすることで気が狂わないようにした人について描写している。その人は自分の独房の寸法を測り、歩く道筋に沿った景色を心に描きながら、壁から壁へと毎日数キロメートルの距離を歩いた。つぎの刑務所に替えられるときまでに歩いた距離は、大西洋横断の半分もあった。肉体的な逃走が不可能なとき、人はすばらしい空想の世界を想像する素質をもっているのである。

人のすべての才能のなかでもっとも貴重なものの一つが、他人には見つけられない自分のまわりの機会を見つけるこの能力である。与えられたある状況で、「何もすることがない」と言う人もいるだろうが、やることをたくさん見つけて楽しむ人もいる。真にこの世界と交わり合っている人――物事に興味をもち、好奇心が強く、刺激を感じるような人――は決してフローを体験する機会を逸することはない。

(4)　集中の深化　目標が明確で迅速なフィードバックがあれば、人は機会に反応し始めるだろう。たとえばゲームや趣味、楽しくてわくわくする会話のように、その行動自体「重要」でないものであっても、それに没頭するようになるだろう。没頭して、熱中の度合がある基準点を超えると、突然、ゲームや研究、交流の**なかに**深くはまりこんでいる自分に気づく。もはやするべきことを考える必要はなく、進行中の仕事に難しかったり危険だったりする面があるとしても、自然に、ほとんど自動的に行動できる。

毎日の生活で、朝から晩まで一日中動き回るとき、ほとんどの場合、注意の集中の度合は非常に短くかつ浅いレベルにとどまる。その代わりに一つの刺激からつぎの刺激へ、いわゆる仏教徒が表現する「心猿〔意馬心猿〕」のように絶えず注意を散らしている。そのように慢性的に注意が散漫になるため、自分の存在の全体を感じることは難しい。しかしながらフローにおいては、行動と意識とがエネルギーの絶え間ない波のなかに没入する。あるロッククライマーはそのプロセスをつぎのように述べている。

それは禅の感覚で、瞑想や精神集中のようなものです。見つめるのは心が狙いをつけた一点です……物事が自動的になると……どういうわけか、それについて常時考えなくても、あるいはまったく何もしないでも、正しいことが行われる……それが実際に起こるんです。それでもっと精神集中するんです……。

このような瞬間、自己と行動との区別は消失する。エリート競輪選手の言葉にこういうものがある。「自転車にまたがっているようには思えないんです。ちょうどともに作動している一台の機械のように、ともに生まれた機械の一部のように感じます……」。別のロッククライマーはこのように説明している。「それは完全に没頭しているときの喜びの感覚です。ロボットになり……いやもっと動物のように……運動感覚に夢中になっている……岩を勢いよく駆け上がるピューマになったような……」。これは特徴的な類の精神集中である。というのは、数学の問題を解こうとしているときのように自分の心に無理に一所懸命に考えさせる必要はなく、反対に、そのプロセスは努力を必要としないように思われるからである。詩人のリチャード・ジョーンズはそれをつぎのようにうまく言い表している。

ちょうど突き抜けていくエネルギーがあるように感じ、それをさえぎったり、邪魔したりなんてしていません。詩をつくるとき、非常に知的なエネルギーが体を流れ抜けます。そして凝縮され、詩の形に書き換えられるのはエネルギーであって、心ではないんです。フローは自分のなかにいる詩人に詩作の邪魔をさせないときに起こります。どうやって詩作の邪魔をするんでしょうか。思考を始めるときです。

「思考」が始まる時点で、詩人と詩作との融合が壊れる。言葉が自然に泡立ち整っていくのに任せるのではなく、詩人は自意識によってアイデアを言葉に形成しようとする。対照的に、フローでは命令に従うように言葉に強制するというより、詩人は心に浮かぶ言葉に集中する――においをかぎ、いつくしみ、その意味を見抜こうとしてもがくのである。あるバスケットボールのエースプレーヤーは、もっとも集中した瞬間を同じように述べている。「他に何も存在しないような――ゲームに参加しボールを操っているという行動以外は何もないような――ゲームに極度に集中していたとき、自分がそんな状態にあることに気づきました。ゲームをするために他のプレーヤーはいなければならないんですが、彼らには関心がないんです。その時点では彼らと競っているわけではないんです。理想的な場所にボールを持っていこうとしていて、勝ったり負けたりすることには関係がない状態なんです」。

フローでの精神集中は非常に深くなることがあるので、それを表現するのに時折「エクスタシー」という言葉が使われる。ギリシャ語ではエクスタシー（ecstasy）とは文字通りには「脇に立つ」という意味で、比喩的な意味では、「活動のルールや要求によって定義づけられた、切り離された現実のなかで、毎日の型にはまった生活の外側にいること」というようなことを意味する。ある人は一つの空間から他の空間への実際の移動、たとえば寺院や博物館、雄大な自然環境のなかに入ったりすることによってエクスタシーを感じる。あるロッククライマーはそれについてこのように述べている。「山に登ると大きな可能性を感じます。人々はつねに酒や麻薬、すべてのものからエクスタシーをさがしています。人がもっともそれに近づけるのは、自然を通してなんです。登山によって人の心の奥底について考えると同時に、心と体の健康が増進されます。あそこで、自然のなかでの人の真の居場所を見つけることができ、自然と一体になっていることを感じるんです」。机に向かっているとき、つまり数字や詩歌、チェスの問題、音符などが存在する違った世界に心を移しているときにエクスタシーを感じる人もいる。現代の有名な作曲家、ラルフ・シャピーはつぎのように言っている。

まるで自分が存在していないかのように感じるほど、エクスタシーの境地に入ります。これを何度となく経験しています。私自身から手がなくなってしまったような気持ちで、何が起こっていても何も関係がない状態です。畏敬と驚きの念で、ただそこに座ってそれを見つめているだけなんです。そしてただ曲がひとりでに流れ出します。

興味深い注目すべきことは、エクスタシーがほんとうは私たちのかぎられた能力を集中した結果だということである。心はあまりに多くの刺激にたいして同時に対応することができない。もしロッククライミングだろうと作曲だろうと、与えられた仕事にほんとうに注意を集中するなら、その狭い刺激の範囲の外の何ものにも、注意を留めることはできないのである。

⑸　重要なのは現在　フローでは今している仕事に完全に精神集中することが必要なため、頭を悩ませる日常生活での心配事や問題が心に浮かぶ隙はない。楽しい経験がエクスタシーの状態、異なった世界にいるという感覚を生み出すのはこのためである。この世界は、チェスのプレーヤーにとっては盤上の駒とそれぞれの駒の動ける範囲にかぎられ、作曲家にとっては紙の上の小さな黒い符号とそれが表す音から成り立っている。フローの世界は空間的にだけでなく時間的にも限定される。すなわち精神を現在

に集中しなければならないので、過去や未来の出来事は意識のなかに存在しえないのである。「現実の」生活では物理学者である登山家が、非常に具体的な説明をしている。「登山を始めるときは、記憶のインプットが切断されたかのように感じます。覚えていることができるのは今すぎた三〇秒がすべてで、これからのことで考えられることは、つぎの五分間がすべてなのです」。バスケットボールをしていた都心部のアフリカ系アメリカ人のティーンエイジャーは、同じ考えをこう語っている。「ゲームがエキサイトするとどうも何も聞こえないみたいです——世界から切り離されて、思うことはといえば、試合のことだけなんです」。

人間の心は、急ぎの用事が何もないときや注意力が散漫な状態になっているときは、怖れを感じ、やりかけの仕事や失敗、実現されていない願望などに向き合うようにプログラムされている。精神を集中する仕事がなければ、ほとんどの人はしだいに憂鬱になってくることに気がつくだろう。フローではそのように思い巡らす余地はないのである。あるロッククライマーが、自分のスポーツがどうして魅力的なのかという質問にたいして、「悩みの種が瞬間的に取り除かれるんです……。それは無我夢中で見つけ出した数少ない方法の一つです……」と言っていることからわかる。

フローのこの特徴は、「逃避メカニズム」とふつう呼ばれるものに似ているのではないかと、最初はうさん臭く思われるかもしれない。よりありふれた逃避の形態——アルコールや麻薬、乱交など——がもたらすのと同様に、フローはいやな考えに巣喰う強迫観念から解放してくれるということは事実である。しかしその結果はまったく異なっている。フローはチャレンジに遭遇し、スキルを伸ばすことができるため、成長につながっていくのである。麻薬のような刺激物が後ろ向きに導いていくのにたいして、フローは現在の事実からの**前向き**の脱出なのである。アルベルト・アインシュタインはかつて、芸術と科学は人類がつくり上げてしまった現実から脱出する最良の手段であると述べており、その洞察はフローの他の源にも同様にうまく適用できる。

(6)　コントロールには問題がない　人々がフロー体験を述べるとき、挙げられる最初の一つに、その状況をコントロールしているという強い感覚がある。日常生活において、私たちは絶えずどうにもできないような事態にさらされている。たとえば、高速道路での不注意なドライバー、風変わりな上司、急落した経済などである。それにたいして明確に範囲が限定されるフロー活動の世界では、チャレンジを尊重し、それに見合う適切なスキルを伸ばしていくかぎり、たしかにその状況に対処できる見込みが十分にある。先に引用したチェスのプレーヤーのように、他人をコントロールする能力としてそれを経験することさえあるのである。「専制君主的な権力を得、まるで他の人間の運命をしっかりとつかんでいるような、はかり知れないほどの強さを感じるんです。人殺しをしたくなることさえあります」。

だが一般的にはその感覚はずっと温和なものであり、それは環境そのものよりも自分自身の行動をコントロールする能力と、より関係していることが多い。バスケットボールプレーヤーがそれについてこう言っている。「自分がコントロールしていることを感じます、たしかに。練習してシュートが決まったときに満足感を覚えます。他のプレーヤーをコントロールしているとは思いません——たとえその人が下手で、どこでやっつけるかがわかっていても。相手にしているのは自分自身であって、彼ではないんです」。オリンピックのランナーの言葉はそれをよく表している。

自分自身の身体と、自分がどれくらい激しく走っているかを完全にコントロールしている状態にあって、また「オーケー、ちょっとスパートをかけてこの男を追い抜こう」と言って、もっとスピードを上げることもできます。また頭をかすめるものをもコントロールしています。つまり、もし苦しければ、こう言えるんです。「オーケー、いいぞ、これを待っていたんだ。問題ない。そんなことをくよくよ考えるつもりはないぞ……精神的、肉体的なコントロールは完璧だ」。

自分の心の「完璧なコントロール」は、人がフローのなかにあるとき起きていることの正確な表現としては、実際には強すぎる言葉である。重要なのは、いつでもしたいことができるということではなく、むしろ、望むように物事を起こさせる可能性は「現実の」人生ではめったに起こらないということである。詩人のマービン・ベルはこれにかんしてつぎのようにうまく述べている。

フローにあるとき、多かれ少なかれコントロール状態にあるのでしょうか。そうは思わないのです。私はこの世界の外にいるのです。では他の世界をコントロールしている状態でしょうか。それは素材をコントロールするというよりも、むしろ素材に身をゆだねていることからくる自信なので、私はそれをコントロールとは呼びません。もちろん選択をすることで「コントロール」するのですが、選択の理由は知覚的というよりもむしろ詩的なものです。

ベルが述べているのは、どんな言葉を使うべきかを命ずるのは、詩そのものの審美的要求だということである。したがって詩人は詩を表現するための導管になる。言葉が彼を通って流れてくるのである。他の多くの人はこの体験を船になったとか、鼓舞された、またミューズ〔学問・芸術の女神〕に取りつかれたというように言っている。しかしこれは芸術にのみ当てはまることではない。すべてのフロー活動にはそれ自体の明確な論理と美しさがあるので、フローのルールに従って行動するとき、誰がコントロールしているのか——役者か台本か——を確かめることは難しい。状況の要求に身をゆだねることは、コントロールが確実に必要だと思われる肉体の活動においてさえ、フローの特徴である。あるロッククライマーの言葉につぎのようなものがある。「人は実際には支配者ではなくて、何か他のものと一緒に動いているんです。それはほんとうによい感覚が生まれ出てくる部分です。人は何か他のもの、つまり、天候や景色、岩のかけらなどと調和して動いています。人はその一部分であり、そのため個々が分離しているという感覚はなくなります」。

日常生活での一般的な心構えとして、典型的に、他人に利用されるかもしれないというおそれから逃れていられるようにコントロールする必要があると、私たちは思っている。その見方からすると、インテル社の会長、アンディー・グローブの言葉「偏執病患者のみが生き残る」には意味がある。フン族の王アッティラのリーダーシップの秘訣を高く評価し、『孫子』を読み、マキャベリの戦略を採用しようとするのは、そのような世界においてなのである。権力やコントロール、支配は、生き残るために必要な戦術以外の何ものでもない。しかしまったく同じ状態が、フローの状態から眺めているとまったく異なったようにみえる。つまりもはや取引や予算、あるいは取締役会などをコントロールする必要はない。というのは、重要なことは手がけている仕事のためにベストを尽くすことであり、ベストを尽くせば十分に成功するという自信をもつことだからである。

(7)　時間感覚の変化　フロー体験の代表的な一つの要素は、時間が違ったふうに体験されるということである。これはよく、時間がさっと飛んでいくように感じられることを意味している。チェスのプレーヤーはこうコメントしている。「時間は一〇〇倍も速くすぎてしまいます。その意味で、まるで夢を見ている状態のようです。すべてのストーリーが数秒のうちに見られるような感じです」。また外科医は同じ考えでこう言っている。「時間はまったくねじれています、ずっと速く――二時間がまるで一五分しか経っていないように感じました」。

私の個人的体験はこの現象の好例である。異母兄弟のモリッツに生前最後に会ったのは、ブダペストの彼の小さなアパートでのことだった。モリッツは私より二〇歳年上で、生活は楽なものではなかった。第二次世界大戦前に、多人数になってきた家族を支えるためにやむなく、とくに好きでもない仕事に就かざるをえなかった。そして戦後はソ連の収容所に六年間捕えられ、そこで辛うじて生き延びた。解放後はジュネーブとローマの大学から学位を授与されたにもかかわらず、数年の間に就くことのできたただ一つの仕事は鉄道の釜炊きだった。彼は一言の不平も言わず、家族にたいする責任感と理想が揺らぐことは決してなかった。最終的に人生の知的な熱情、水晶の収集を思いきり楽しむことができたのは、八〇代になってからのことだった。専門誌を読み、取扱業者に会うために歩き回り、また会合にも出席し、ついには自分の居間を、その四方の壁すべてに床から天井まで棚を架けて博物館に改装し、世界のすべての大陸から集めた珍しい標本を照らすためにスポットライトまで取りつけた。

私たちがコレクションを念入りに調べたとき、モリッツは小さなりんご程度の大きさの岩石を台から取り上げ、微笑みながらこう言った。「ちょうど昨日、これを観察していたんだ。これを顕微鏡の下に置いたのは朝九時のことで、外は日が照っていてちょうど今日のようだった。すべての亀裂や貫入を、それに内側や周りにたくさんあるいろんな結晶の構造を観察しながらこの石を回し続け……それから目を上げて、ひどく暗くなっていたから、きっと嵐が来るに違いないと思った……。その後、気がついたんだ。空が曇っているんじゃなく太陽が沈んだんだと――そのときすでに夜七時をすぎていたんだよ」。

彼が手にしていた石は実際美しいもので、蜂の巣のように穴だらけでそこに小さな石筍《せきじゅん》が虹色に輝いていて、まるでミニチュアの山のようだった。私自身も五分やそこらの間なら夢中で見とれていただろう。しかし実際には数時間もそうしていたのか。そんなことはとても考えられないことだった。私とモリッツの違いはというと、モリッツには小さな斑点が、また石の粒子すべてが何を意味するかということが、明確にわかっていたということだった。不勉強の私の目にはたんに興味深い一つの石にすぎないものが、彼にとっては一冊の本と同じくらいに魅力的で、細かな情報に富んだものだったのである。彼にはその化学的構造、石を形成するときに加わった物理的な力や環境の種類、その区域の地勢、その発見にいたる経緯、その成分の可能な用途などを理解することができた。石のなかに隠れた情報を分析できる能力を身につけたとき、時間は劇的に静止し、フローを誘発したのである。

ある場合には反対の結果が起こり、時間が圧縮されるよりもむしろ引き伸ばされるように思われることがある。五〇メートル走の世界記録保持者で、一〇〇メートル走でもアトランタオリンピックで優勝したドノバン・ベイリーは、その競走でなし遂げた九・八秒は自分には果てしもなく長い時間に感じられたと言っている。運動選手でこれと同じ体験をした人は大勢いるだろう。同様に、作家のピーター・ダビンソンはこう述べている。「湧き上がってくる詩に精神集中しているときの五分間はうんざりするほど長く感じます」。ロッククライマーのダグ・ロビンソンは急斜面での難しい動きをこう表現している。「ただ一瞬のことらしいんですが、すっかり夢中になっていることによって、風が恐ろしく長い間そこを吹きまくるんです……」。

ロビンソンの分析は正しい。時がすぎる速さは「夢中になること」にかかっている。すなわちどれほど精神が集中しているかによる。時間間隔がすべて同じだと考える理由は、それが――六〇秒で一分、六〇分で一時間が――まるで真実であるかのように時を計る時計を発明したからである。しかし実際には、ずっと主観的に時を感じているので、そのときどきで時間は加速したり、あるいは減速したり、また場合によってはじっと静止しているようにも思える。フローにおいては、時間の感覚はそのとき行っている行動に順応して変化するのである。

フローに干渉されずに時間を正確に知ることがフローを体験する条件だというような活動がある。たとえば、ある手術からつぎの手術へスムーズに移動しなければならない高度に専門的な外科医師は、手術チームがその準備作業すべてを済ませたら、まさに正確な時間に患者の治療を始めることができる。彼らはつぎのようにコメントしている。「つねに今何時かということを知っています。その時間は分単位でわかります」「今何時かを半ば無意識に知っています。分単位まできっちりとわかります」と。外科医にとっては、時計の時刻を直観的に言い当てる能力は、フローを体験するために必須のスキルの一つなのである。

フローの変化する時間感覚を、オリンピックのフィギュアスケートの選手がつぎのようにうまく言い表している。「時間は加速し、また減速します。それはまるで自分の好きなようにたわむかのようです……。たとえば精神集中が強まれば遅くなります。ほんとうに難しいこと、つまり、ふつうは時間がかかるようなことをとても楽しいと感じると、時間はあっという間にすぎ去ります」。言い換えれば、時計の針を追いかけて絶えず今何時かと気にかけなければならないのではなく、時間経過の主観的な感じ方を、自身がコントロールできるようになるのである。

⑻　**自我の喪失**　今まで引用してきたフローの表現で、今していることに熱中している間は、自分の問題や周囲の状況だけでなく、まさに自分自身までも忘れがちだという事実を述べてきた。それはまるで自我の意識が一時的に停止したかのようである。これは強い精神集中の結果、今取りかかっている仕事に直接関係ないことが、意識の外へ押し出されるということである。

困難をきわめたマッターホルン登頂の話のなかで、ロッククライマーのデニス・エベルは、この「自分を忘れて行動に夢中になるときの、まるで熱狂との一体化の稀少な瞬間」のことを語っている。明らかにロッククライマーは、自分の位置や垂直な岩場での手足の置き場所がわからなくなるという感覚にかんしては、自分自身を「忘れる」ことはなく、事実、自分の身体や機能について、おそらくロッククライミングをしていないとき**以上に**よくわかっているのだろう。外科医やピアニストも自分の指についてよく知らないということはないし、チェスのプレーヤーも頭のなかで練る作戦がわかっていないということはない。そういった人たちが忘れるのは、いわば名前や地位、認識番号といった、責任を伴う人間の社会的な一面である。自意識や野心、そして敗北、恐怖や欲求から瞬間的に解放されるという心躍る感情なのである。

もしその感情がいつでも「熱狂との一体化」といえるほど深いとはかぎらないのであれば、それは多くの場合、より偉大な存在への帰属感である。音楽演奏者がよく言及する、演奏中に体験する意識のなかの奇妙な秩序状態──「天空のハーモニー」の言い伝えも、その一つかもしれない。あるいはたんに、同じ目的に向かって働く有能なグループに属しているという満足した感覚なのかもしれない。つまり、「手術はチーム作業です。しかしバスケットボールのようでもあります。つまり、動作を止めてボールがどこにあるのかさがして見回す必要はなく、どう動いているかで物事がどうなっているのかがわかるんです。もっとも難しいときにのみ、チームを意識から消します」ということである。

西洋の文化は、個性や自主・独立性を強調し、社会基盤から自己を分離するという点で、それ以外の世界各地の文化とは異なっている。それにもかかわらず、人間として社会に属し、自分よりも大きな存在に属しているという感覚を必要とし続けているのである。日常の生活ではこの感覚を感じ取る機会はほとんどないが、コンサートやスポーツの試合、宗教上の儀式、政治的な集会など、公の催し物に多かれ少なかれ受動的な聴衆として参加する場合においてだけは、頻繁にこれを体験する。したがってフローが可能にする個の超越は、精神的、あるいは肉体的、また意欲的なスキルを放棄することなく、自己よりも大きな何かへ積極的に巻き込まれていくめったにない機会を与えるのである。

一般的にフローの体験中は自己を忘れるが、その後、自尊心は以前の状態以上に強い形で再現される。一日のうちにおける自尊心の変化を測定すると、フローらしい状態に近づいた後、自尊心はかなり高いレベルに達することがわかる。同様に、より多くフローを体験した人もまた、より高い自尊心を示す。意外なことだが、この逆説的な発見はそれほど驚くことではない。半世紀前に、オーストリア人の精神科医ヴィクトール・フランクルは、「幸福は幸福でありたいと思えば得られるというものではない。自分自身よりももっと大きな目標に向かって働いたことの意図しなかった結果として得られるものである」と記している。

なぜそれをするのか

フロー活動に参加した結果は、外科医のケースでの命を救うことと同じくらい社会的に重要なことかもしれず、あるいは美しい詩や一曲の音楽をつくり出すのと同じくらい私的なことかもしれない。どちらも価値ある目標だが、必要とはいえない。なぜならば仕事がフローを生み出すときは、仕事それ自体に、する価値があるからである。有名な作曲家がつぎのように言っている。「生徒にこう言っています。「お金を稼ごうなんて思わないように。名声や賞賛の言葉も期待しないように。またどうしようもない失敗作だとも思わないように。それが好きだからするんだよ」と」。仏教徒のことわざに、これと同じ趣旨「あなたは仕事をする権利はあるが、その報酬を手にする権利はない」というものがある。これは誰もが自分の権利や資格に関心のある世界では、明らかに一般に受け入れられる考え方ではない。当然すべての人が、正当な報酬と思われるものを手にしたいと欲し、それを得るためにベストを尽くすべきだと思っている。しかし楽しんで仕事をするということがなければ、そのもっとも重要な部分、つまり報酬を失うことになるのである。

それ自体のために行う価値があるものは自己目的的（autotelic）と呼ばれる〔ギリシャ語auto＝自己、telos＝目的から〕。なぜならそれ自体にその目的を含んでいるからである。そのような活動を行うのに外部からの報酬〔以下、外発的報酬と呼ぶ〕は必要ではない。ギターを弾いたり、森のなかをハイキングしたり、またよい小説を読んだりするのに報酬や賞賛は不要である。そのような活動にはもう一つ、**内発的報酬がある**という定義の仕方がある。なぜならその活動の主な報酬は、いわばそれに従事していることにあるからである。この活動を、ある報酬を期待してのみ行ったり、または罰せられるのを避けたりするために行うような、主に**外部的**または**外発的報酬がある**活動と対比してみよう。若者の学業や大人の有給の仕事は、しばしば外発的報酬があるものである。

完全に自己目的的か、または完全に外発的な活動というものはほとんどない。プロのスポーツ選手や音楽家にやる気を起こさせる主なものは契約や報酬であり、していることにもあまり楽しみを感じていない人が多い。反対に多くの人は心から仕事に楽しみを感じ、報酬がなくてもその仕事をし続けるだろう。ここで強調したい重要なことは、何かをして報酬を受けるかもしれないが、それによって、その何かをすることを楽しめなくなるわけではないということである。インタビューした外科医は、いずれも高額所得者であり、概して仕事を好んでやっている人たちだった。仕事を好きでない人は、困ったことになっていると気づき始めていた。つまり、仕事にはフローがないので、職業的なスキルや全体としての人生を損なうほどに、彼らはフローをどこかほかで探したのである。

自己目的的な感じ方をするということが何を意味するかについては、人の二倍ものフロー体験をしたロッククライマーであり詩人でもある青年の、つぎの詩的な説明が何よりもうまく要約している。

ロッククライミングの神秘性は、クライミングそれ自体にあります。岩場の頂にたどりつくと、クライミングが終わってうれしく思いますが、ほんとうは永遠に続いてほしいと思っているんです。クライミングはクライミングだと正当化することは、書くことは書くことだと正当化するようなものです……書くという行動が詩を正当化します。クライミングも同じで、それは自分がフローだと認識することです。フローの目的はフローを継続することで、頂上や楽園をさがすことではなく、フローのなかにいることなんです。それは上に登ることではなく、絶え間なくフローを続けることです。つまり、フローを続けるためだけに上に登るんです。

「もう結構」と懐疑論者は、この点でこう異論を唱えるかもしれない。「人が遊び、また岩を登り、詩を書き、作曲していたりするときに、それ自体のために何かをするということに意味があるのだな。しかし頻繁に起こる厳しい環境下で――仕事で一所懸命働かなければならないといった実際の人生にたいして、それはどのような関連をもつのだろうか、たとえば？」。

本章で紹介した多くのフローの事例が、詩人から、あるいはふつう「レジャー」活動と思われることをしている人々から得られたものだが、その理由はたんに、説明のなかでもっともはっきりとフロー体験の本質を読み取ることができるからである。一般的に芸術やスポーツ、レジャーなどは、楽しいという理由で存在する。その意味で、ほとんど「純粋」な、他の動機によって汚染されていないフローの事例を示すのである。しかし含まれているいくつかの証言は、生死の問題に対処している外科医やワーカー、また子どもたちの世話をする母親など、日常生活における身近な葛藤に煩わされている個人から得られたものである。現実の人生には結果を及ぼさない自由に選んだエキサイティングな活動をしているとき、しかもほとんど危険なことにさらされていない場合にのみ、フローが起こると結論づけるのは間違いである。フローの価値を十分に高く評価するためには、フローの要素が存在する場合は、**どんなものでも**――すでにみたことだが、牢獄の小さな独房で行ったり来たりすることさえも――楽しむことができるのだと理解する必要がある。そのような考え方で、一見退屈な仕事でも、これまで考えられなかったほど大きなものを達成する源になりうるのである。

フローの起源

フローはつい最近発見された現象ではない。近代心理学の方式は、体系的で取りつきやすい方法でフローを明るみに出すのに有効だったが、その基本的な点はずっと以前から認識されている。たとえば一世紀以上も前に、トルストイは著書『アンナ・カレーニナ』で、金持ちの地主リョーヴィンが自分の農奴チートのやり方にならって草刈り鎌で草を刈ることができるようになった方法を記述するなかで、フロー体験について、すばらしく正確に述べている。その一部はとても生き生きしているので、今なお引用に耐える。

「あまり腕を使わずに、もっと身体を使って動くんだ」と、まるで糸で切ったように見えるチートの刈り取ったきれいに並んだ草の列を、自分の不揃いで不規則に散らばっているものと比べながら、そう思った。

……何も考えなかった。百姓の後ろに取り残されないようにということと、できるだけうまく自分の仕事をしたいということ以外は何も望まなかった。草刈り鎌のシュッシュッという音以外は何も聞こえず、ただまっすぐ立ったチートの姿が離れていくのを見ただけだった……。

リョーヴィンは時間の観念をまったく失っており、今が暮れに近いのか、朝早いのかということも言えなかっただろう。一つの変化が仕事に起こり始め、それで大いに満足した。厳しい農作業の最中に、何をしているのかを忘れる瞬間があり、そこで安らぎを覚え、その間、刈り取った草の列はチートのものとほとんど同じくらいに、むらなくうまく刈り取られたのだった。しかし何をしているのかを思い出し、もっとうまくやろうと思い始めるや否や、すぐに仕事の難しさを意識し、刈り取った草の列も乱れてしまった……。

何をしているのかということを考えないようにすることができると、このような無意識の瞬間が今やもっと頻繁に現れてきた。草刈り鎌はひとりでに草を刈り取った。これは幸せな瞬間だった。

トルストイ以前では、人間の状態を改善しようと努めた世界の宗教のほとんどすべてが、フローの独自の型をもち、それを儀式や祈り、内部規律の体系などを通して、教義の実践の一部にしようとしていた。初期のプロテスタントの厳格な規律やイエズス会士の規準、ベネディクト会修道士のような初期のキリスト教修道院の規定にフロー体験の要素を見つけることができる。それは仏教や道教、またはクリシュナ神が『バガヴァッド・ギーター』でアルジュナに与えた訓令のなかにさえ容易に見出せるのである。人類学者のメル・コナーは、かつてテレビのインタビューで、なぜどの文化も宗教をつくり、神を求めるのかと聞かれたとき、こう答えた。「それは神ではないのです。生きるということは何を意味するのかを知るために、人生の喜びを求めているのです」と。

実際、フローと宗教とは、同じ探求――生きることの理由、生きることの正当性を見つけること――の別の面である。活力に満ちた宗教は、身体、精神、また秩序ある精神的な調和をさがし求める感情に完全に没入する機会を提供してくれる。西洋の文化は宗教を見放しつつあるなか（アメリカ合衆国では一八歳から二九歳の青年のうち、神を非常に深く信仰する人々は五五パーセントだが、スウェーデンではただの一〇パーセントで、イギリスでは一一パーセント、フランスでは一二パーセントしかいない。また少なくとも年二回教会に行く人々の割合は、同年齢のグループでそれぞれ三二パーセント、一〇パーセント、四パーセント、八パーセントである）、生きるとはどういうことかという問いにたいして、富と物質的幸福であるという答えがますます増えてきている。フロー体験は宗教の代替物ではないが、人生の歓喜とは何かということを示唆してくれ、魂に息を吹き込まれた存在に近づけてくれるのである。続いて、あるロッククライマーの思いをつぎに記し、本章を閉じたいと思う。

ずっと抱いているただ一つの宗教的感情は、山々から生まれたものです。山は精神的なことに気づかせてくれるものだと思います。……私は幸福です。なぜなら自然のよさを理解できるこの場所のよさを、私は理解できるからです。人の小ささと大きな望みは、人を向上させます。精神的にも宗教的にも、たくさんのやり方で同じことが行われています。

もちろん、山の頂上に到達するという行為によって、登山家が聖者に変身することはない。宗教と同様に、フローの外面的な特性は、フローのなかにいる人が幸福であるとか、意識が調和状態にあるということを保証するものではない。ちょうどまさに金銭や権威のために手術する外科医がいるのと同様に──多くの教会や寺院の聖職者が過去にそうだったように──自我に動かされてか、あるいは自我を否定することで動機づけられる登山家もいる。フローが提供するものは、存在の質を向上させる機会であり、人生のなかでそれを実際に行う方法は、次章でさぐってみよう。

第4章　フローと成長

　ここまでにみてきたように、フローにあるときは、より気分よく感じ、完全に調和して機能している身体と精神の目覚ましい潜在能力を感じることができる。しかし、フローがいっそう重要な手段になるのは、長い目でみれば生活の質を改善していく力がそこにあるからである。この過程がどう機能するかをみるために、フローの主な条件の一つ、チャレンジとスキルとのバランスを釣り合わせることに、しばらく立ち返ってみよう。どのような人でも行動を起こすときはいつでも、たとえばピアノを弾くとき、初めはそのスキルがまったく初歩的なものでしかない。最初は簡単な曲を選択して一本の指で楽しんで弾いている。しかしそのうち、たんに鍵盤をおぼつかない手つきで叩くだけでは退屈に感じ始める。その時点で選択肢はいろいろある。ある人はまったくピアノを弾くことをやめてしまう。またある人はチャレンジを低いレベルに留めて、ときどきピアノを弾いてくつろぎ、易しい楽しみごととしてリラックスするかもしれない。しかしさらに高いレベルのスキルを目指して努力し、両手を使って難しい曲を弾くといった、より大きなチャレンジをする人もいるのである。

新しいスキルを学んでいる過程ではいつでも、このような選択が再三再四なされている。よいフロー活動は非常に高い水準への向上の機会を提供してくれる――たとえばピアノを弾くということはほとんど無限のチャレンジを提供してくれる。こうして成長がもたらされるのである。もしフローに留まろうとするならば、進歩しなければならないし、より多くのスキルを学び、新しいレベルの複雑さに向上していかなければならない。

それがもっとも充実している場合、ビジネスや職業のキャリアは多年にわたってますますフローを体験することができるような、さらに大きな責任ある仕事につぎつぎと就くことができるものになる。いよいよ定年退職ということになったときでも、確実に成長を続けるための行動を取ることができるのである。リチャード・ヤコブセンは現在五六歳で、不動産業務のキャリアの後、残りの人生でやろうとしている計画についてこう考えている。仲間と同じように、成長し続けることが第一の優先事項である。

私は、行動するのをやめて本を読みながらただ裏庭でおとなしくしているというような意味あいでは、引退するつもりはありません。私の目的はこういうこと、つまり目標を明確にして、それで仕事に出かけていきたいと……そういったことです。学び続けること、私を成長させ、意欲をかきたててくれる新しい体験をし続けることは、私にとってほんとうに重要です。新しいスキルを学ぶこと、新しい体験をすることが好きなんです。

チャレンジが同じレベルにとどまると、どんな仕事でもすぐに退屈してしまうものである。「もしチャレンジがなければ、うんざりしますね」とニューバランス社のジェームズ・デービスは言っている。企業家にとって、事業を立ち上げたり、会社の活動を新たな局面に向かわせるようなプロジェクトを進めることは、存在価値を示すかぎりない機会となる。ビジネスの成長はほとんど、人間として成長していきたいというリーダーの必要性の結果だといっても過言ではない。デービスは、あるレベルの成功を収めてもどんなに早くそれに慣れてしまうかということについて、このように表現している。「三年前、売上高は約三億ドルだったんですが、一〇億ドルにチャレンジすることにしたんです。今年は一〇億ドルを達成できるでしょう。しかしいったん達成してしまうと、それがそんなに意味があることには思えないんです。三億ドルだった頃には、それは大変なことだったんですが」。

デボラ・ベセマーはこう語る。「〔変化の〕速さが好きですね。物事が素早くつぎからつぎへと変わっていく過程と、そしてその変化の速さのためにいつも新しいチャレンジに立ち向かうことがたまらなく好きです。チャレンジと成長にとても興奮するんです」。

理想の状況では、従業員はスキルを向上させるにつれて、より責任ある地位に昇進していく。あるいは地位の上下関係があまりない組織では、従業員は自分に合ったチャレンジを見つけて水平的に広げていくだろう。しかしマネージャーが最大限よく考えたとしても、能力にうまく適合した仕事に就いていないまま時をすごし、成長の可能性を失っているワーカーが多い。優れたマネージャーは、仕事を遂行するうえで自分たちの主な職務の一つはまさにこの部分、すなわち、ワーカーが元気をなくさないようにするためには変化とチャレンジをどんどん与えることだということを認識している。そのための一つの明確な方法は、ビジネス自体を成長させることである。マクドナルド社のジャック・グリーンバーグはこう述べている。

　みんなを励まして、ビジネスに関心をもって精力的に働いてもらい、さらにコミュニティの努力を支援することができる機会を提供し、利益をあげる組織を構築するためには成長が必要なんです――頑張っているのはそのためなんですよ。

自分自身の仕事をもっとも意義深く、やりがいのあるものにしているものは何かと聞かれたとき、サービスマスター社のＣ・ウィリアム・ポラードはこう答えている。

　私にとって、それは明らかに人間の成長の全過程です。そしてそれは私の仕事に意義をもたらしてくれるものです。人が個人として成長するのを見てきました。つまり、行っていることを通して人間として成長していき、親として、社会での貢献者として、また教会や礼拝の場所での貢献者として、そして健全な市民として成長するのを見てきました。こういうことすべてに満足しています。仕事がそういう結果をもたらすという事実に意義があるんです。多くの人が何かをつくり出す機会をもち、結果を得、そしてあらゆることを通じて人間としても発展していくこと以外に、私はどんな活動にも関わる気はありません。

また当時モンサント社のＣＥＯだったロバート・シャピロは、過去になし遂げたもっとも誇りに思うことについて、つぎのように語っている。

ある人たち、そういう人は少なからずいると思うんですが、その人たちは自分自身の可能性や一緒に働く人たちの可能性を、もっと発展させられるセンスをもっていると思います。それなんです。私がやれた最高のことは、それだと思います。

従業員の潜在能力を伸ばすことを上司が「最高のこと」と定義していると従業員が感じるなら、彼らがより生産的かつ忠実になることは、十分ありうることである。しかし、もっとうまく、素早く、効率的に、美しくやろうとしてしばらくの間手こずっている仕事を、それでも楽しめるだろうか。結論的には、人は誰でも、その人が取り組むチャレンジの量を超えるかなりの量のコントロール力をもっている。もっとも単純な仕事でも、細心の注意を払って行えば、スキルを向上させる機会がいくつも重なっていることがわかる。ビジネスや個人的な関係の場合でも同じことが当てはまる。同僚、友人、夫婦、両親、そして子どもとの関係は、もし感情の絆、あるいは心の絆を強める方法を見つけなければ、ありきたりのものになってしまう。成長し、成熟する関係のみが、いつまでも新鮮で楽しいものであり続けるのである。

フローの力学

図1は、典型的な行動が、時が経つにつれてどのようにその複雑さを増大させるかを示したものであ

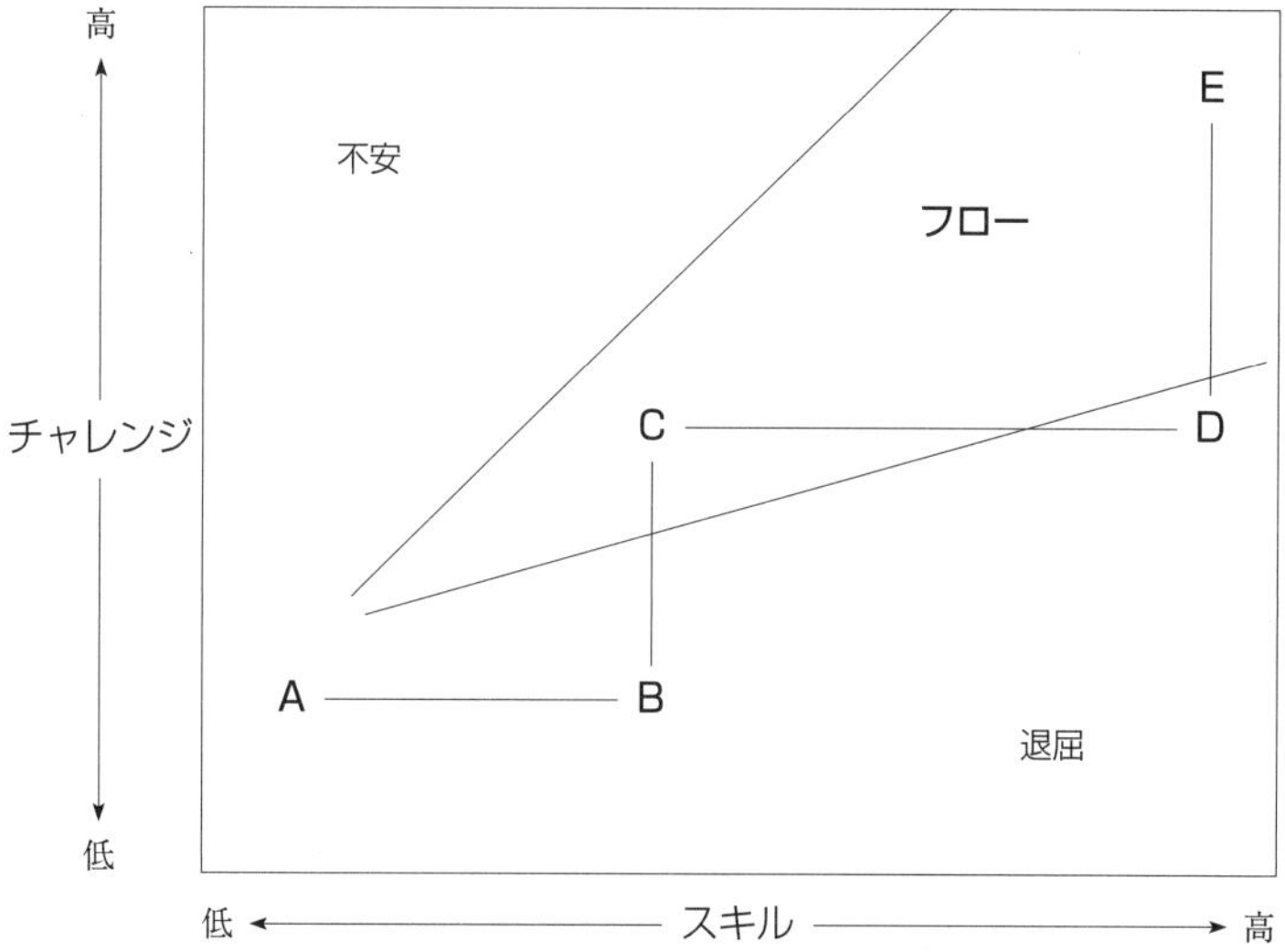

図1　フローを通しての複雑さの成長

フロー体験はスキルとチャレンジがともに高いときに起こる。典型的な行動はA，すなわち低いチャレンジと低いスキルから始まる。もしもその状態が続くと，スキルは向上し，その行動に飽きてくる（B）。この時点で，フローに戻るためにはチャレンジを高めなければならない（C）。このサイクルはDとEを通してより高い複雑さのレベルで繰り返される。優れたフロー活動では，このようなサイクルがほとんど無限に続きうる。

る。たとえばAはピアノを弾き始めた初心者の状態を表している。スキルはまだ基本的な段階で、鍵盤でゆっくり曲を弾くにつれて何か軽い楽しさを感じ始めている。しかしスキルが向上してくると退屈（B）が現れる。それは簡単な曲を繰り返し弾くのに飽きてくるからである。その時点で新しい機会が生まれてくる。それはもっとうまく弾けるようになりたいとか、もっと難しい曲を選びたいということで、再びピアノを弾き始める（C）。しかしスキルのレベルが上がり続けると、再び退屈が進行し始め（D）、ピアノを楽しみ続けるためには、より高度なチャレンジが必要となる（E）。あるいはまた逆に、初心者があまりにも難しすぎる曲を弾くように頼まれたときのように、この過程は不安の領域に続くこともある。チャレンジが突然あまりにも高度になったとき、フローに戻るためのただ一つの方法は、その曲を弾くにふさわしいスキルを早く身につけることである。いずれの場合でも、結果は同じことである。その個人がより高いレベルの複雑さに移行するのである。

なぜ複雑さが問題なのか

ここで、第2章で出てきた用語をより詳しく確認しておきたい。多くの人々にとって「複雑さ」という語は悪い意味をもっている。それは込み入ったものとかあるいは厄介なものということに関連しているように思われるからである。ところが実際には、複雑なシステムは無理なく機能する傾向にある。スポーツマンやバイオリン奏者がフローにあるときどう感じているかを考えてみよう。客観的にみてきわめて困難なことをしているのだが、本人にとっては、それはほとんど努力を必要としないようなものと感じているのである。

生物学は、複雑さが役に立つ概念だということを発見した最初の科学分野である。進化論を唱える生物学者は、生物が時が経つにつれてさらに差異化される――ますます器官を特殊化させる――と同時に、さらに統合化される――その構成部分が一体となってよりよく機能する――ことを観察した。この理由から、進化は主として有機体の複雑さが増幅することに関係があると、多くの人が論じてきた。

しかし、複雑さを高めていく傾向にあるのは、生物の形態だけではない。同じことが人のつくった物にも当てはまる。五〇年前のカメラはどのように操作したかを考えてみよう。その当時は、一枚のレンズと一つのシャッターをもつ簡単な機械だった。もし室内で使いたい場合はそれにフラッシュを取りつけなければならず、離れた物を撮るためには望遠レンズを取りつけ、最適なレンズの絞りを判断するために手持ちの露出計を使わなければならなかった。フィルムは暗室でカメラに手で装填し、巻き上げなければならなかった。言い換えれば、簡単な機械は使うには非常に複雑なものだった。今では機械は複雑なのだが使うのは非常に簡単である。フラッシュや望遠レンズ、露出計などのすべての機能はカメラに内蔵され、写真を撮る人は狙いを定めてシャッターを押すだけである。

これは時が経つにつれて生活がさらに文化的でさらに快適なものになる過程の模範的な例である。織物から武器にいたるまで、また住居から食事にいたるまで、すべてのものは複雑になっている。すなわち、よりつくりにくくなっている反面、より使いやすくなっている。生物学的に祖先から連続したつながりがなかったならば、人々の身体は現在の状態のように進化してこなかったのと同様に、世代から世代へと文化を通じて伝達された知識が連続して継承されてこなければ、織物でできた衣類やＴＶディナーのような商品が生み出されてくることはなかっただろう。文化の発展は、初期の製品と昔からの知識の、差異化と統合化にもとづいたものである。この伝達の過程は、その過程で貴重な精神的資源を無駄に浪費して、各世代ではじめから自動車をつくり上げるような必要はないということを意味しているのである。

人の集団もまた、多かれ少なかれ複雑なものだといえる。群衆は差異化されてもいないし統合化されてもいない。つまり、ふつう官僚制度は統合化されているのであって、差異化されているのではない。おそらくそうではないだろう。なぜならそれは従業員の独自のスキルを活用しないために、あまりにも差異化されていないからである。それは誰もが義務を知り、互いに円滑に協力し合って、よく統合化されているかもしれないが、そのようなシステムにおいて秩序を保つことは、多大な費用を要するとともに非効率的である。「命令と支配」の方針で運営されている典型的な部門は複雑なシステムだろうか。なぜなら、従業員が協調して働くようにマネージャーが絶えず努力をし続けないと、彼らは自発的に同じ目標に向かって進もうとしないからである。しかしながら、まったく自由放任主義の組織もまた、複雑なものとはいえないだろう。それは差異化されているかもしれないが、組織の構成員は互いによく調和もせず、ともに一体となって働くこともないだろう。要するに、管理の主要課題の一つは、組織の構成員の複雑さを推進する組織を創造することなのである。

第2章で、複雑さが個人の成長の中心となる特徴であることを確認した。年を経るにつれて、肉体的、精神的な成熟が個人に新しいスキルを与え、社会はますます生産的で責任ある行動を期待するようになる。だが多くの人は期待されていることと自分の才能とを結びつける方法をまったく見出せずに人生を送る。孤立し、才能が使い物にならないままに、あるいは才能を伸ばすこともないままに人生がすぎ去っていくように感じるか、身内や上司の過大な要求によって潰されそうになり、自分自身の時間を見つけることがまったくできないと感じているかである。

穏当なやり方を見出すことのできる人は、複雑さに向けて機会と能力をうまく織り込んで、楽しみながら進歩していく。私たちの研究では、フローにあるティーンエイジャーたちは、より生産的な習慣をより頻繁に成長させていくということがわかっている。彼らはより幸福で、より楽観的で、より高い自尊心をもつだけでなく、より多くのことを勉強し、より頻繁に活発な余暇をすごし、友人とより多くの時間をすごす――それは収入や親の教育、また社会的な地位には関係のない結果である。より頻繁にフローになる大人は、より幸福であるのみならず、注目すべきことに、実際の仕事により多くの時間を打ち込んでいるのである――職場で無駄話をしたり、新聞を読んだり、またインターネットに興じたりしないで。

子どものフロー体験への能力は、**社会資本**を利用できることで、ある程度可能になる。社会資本とは、人生の不安をより少なくするためにある基盤である。親や学校が子どもにエネルギーを注いだら、子どもは複雑さの道により進みやすくなるだろう。もっともよくフローを体験するティーンエイジャーは、一般に、より要求が多く、より協力的でもある家庭から生まれてくる。すなわち彼らはより複雑である。このような青年はより多くの時間を大人とすごし、より多くの書物に親しみ（パソコンや他の機器にばかりではなくて）、より厳しい校風の学校で学んだ人である。

大人にとって、社会資本のもっとも重要な源はというと、おそらくそれは仕事だろう。チャレンジがあって支えられていると職場で感じることができ、また変化があり、学ぶ機会や自分の能力を最大限に生かす機会がどんどん増えるほど、フローは起こりやすくなるのである。実際、仕事に変化があり、上司から支えられることが、ワーカーにとって満足する理由であるとは、もっともよくいわれていることである。

このような条件がないと、仕事は間違いなく疎外感と無気力の原因となる。井深 大が一九四六年にソニーを立ち上げたとき――資本も、利益も、有望な商品も何もなかった頃――会社の初めての「設立趣意書」と記載した綱領をつぎのように書いている。

……コレハ技術者達ニ技術スル事ニ深イ喜ビヲ感ジ、ソノ社会的使命ヲ自覚シテ思イキリ働ケル安定シタ職場ヲコシラエルノガ第一ノ目的デアッタ。……

社会の必要性に応えながら喜びをもって思いきり働くということは、フローが職場で機能する方法を完璧に表現しているものである。ソニーが楽しんできた半世紀間の成功は少なからず、井深のビジョンが実行され、その後も変わらず最重要視されてきたことによるのだろう。

幸福は一日のなかでどのように変動するか

組織の従業員にたいして、「思いきり」働いてほしいと思うならば、彼らの気分の浮き沈みおよびその原因を考えることが有効である。どんな人もつねにフローの状態にいることは不可能である。誰の意識にも、ストレスや退屈、折々の失望などが影を落とすことがある。

私は一九七〇年代の半ばから指導してきた研究で、生活のいろいろな時点で人々が行っている行動の質をレポートしてもらい、それを調査してきた。この方法を体験サンプリング法と呼んでいるのだが、それは測定者に、一日に八回から一〇回、任意の時刻に合図を発するプログラムを組み込んだ時計（または電子手帳のような他の信号発信装置）を一週間携帯してもらうものである。合図があるたびに、測定者は今どこにいて何をしているのか、また何を考えているのかを書きとめる。そして数字でできた等級表によって気分や自尊心、集中度合を、さらに合図があったそのときに取り組んでいるチャレンジのレベルや使っているスキルまでをも点数評価する。それぞれの測定者がそのようにしてその週の間に書きとめた三〇〜五〇の回答のそれぞれについて、約五〇のデータポイントがある。私たちのチームと世界中の大学によって収集されたすべてのデータをひとまとめにすると、分析用として優に二五万を超える回答が得られる。つぎのものは、過去数十年にわたって収集されたこの膨大なデータベースからまとめられたものである。

図2は、人の感情がどのように変化するかについての概要図である。一軸で行動またはチャレンジの機会、もう一軸で個人的能力またはスキルの有用性を示し、そのさまざまな組み合わせの結果として感情の変化が現れる。図2の中心点は、テストを行った週を通してのチャレンジとスキルの高さの平均レベルを表している。この中心点に近づけば近づくほど、気分はさらに平均レベル――前向きでもなく後ろ向きでもない――に向かっていくことを示す。しかし得点がこの中心点から遠ざかるにつれて、スキルにたいするチャレンジの比率によって、異なった精神の状態が現れ始める。

基本的に、自分はスキルを身につけているのだと思えば思うほど、気分がよくなるものである。一方、

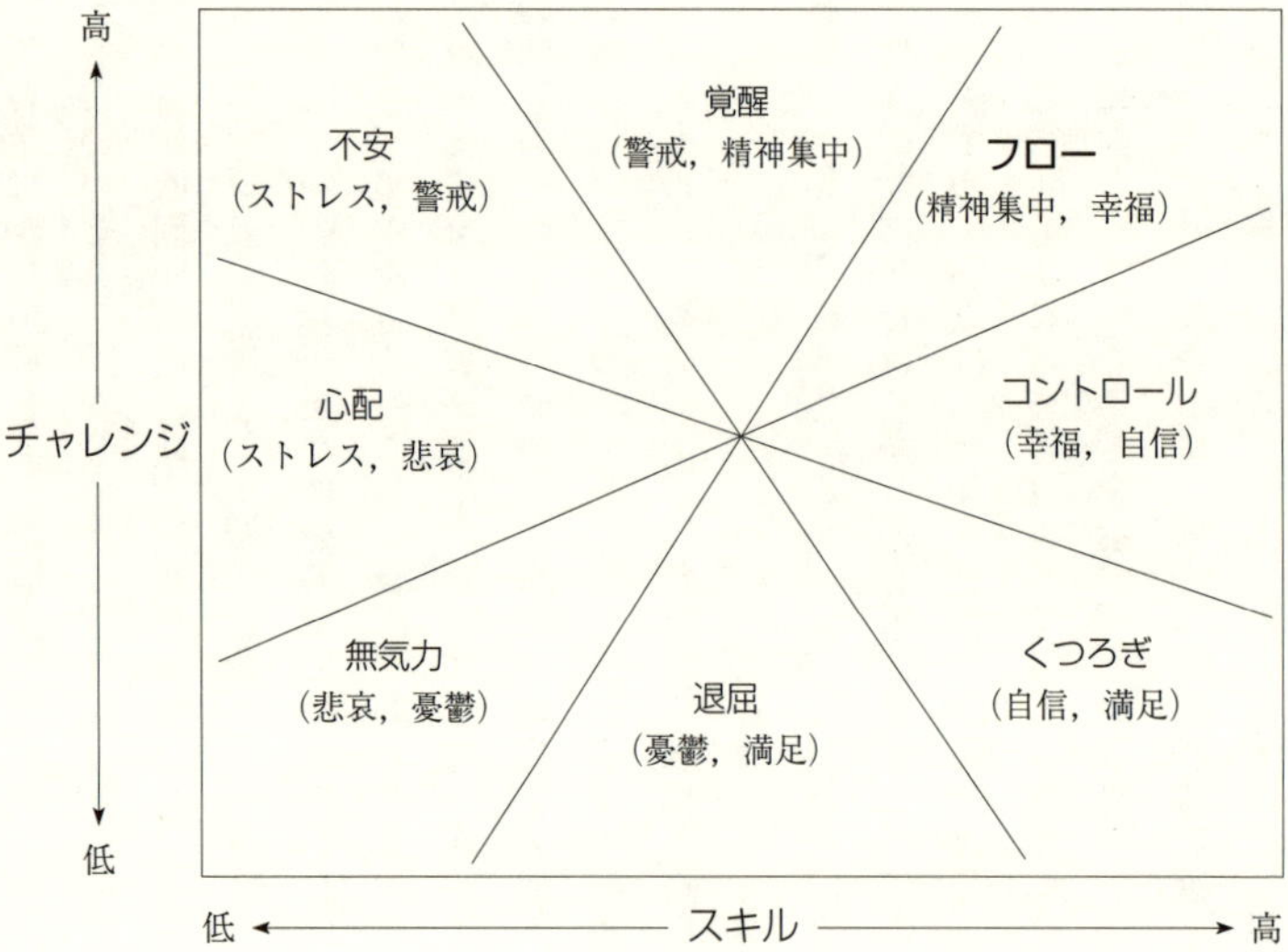

図 2　日常体験の図

自分のチャレンジとスキルの平均レベルを超えていると気づいたとき，人はフローを体験している。その反対は，チャレンジもスキルもともに低い，無気力の状態である。その他のチャレンジとスキルとの組み合わせは，以下のような感情を生み出す——心配，不安，覚醒（チャレンジがスキルのレベルを超えるとき），コントロール，くつろぎ，退屈（スキルがチャレンジのレベルを超えたとき）。各「領域」の他の顕著な感情の典型例はカッコ内に示している。

今あるチャレンジが多ければ多いほど、さらに注意が集中され、精神集中するものである。予想できるように、もっとも望ましい体験はチャレンジもスキルも平均レベル以上にある、フローの「領域」で表されている。そのような瞬間は幸福であり、また精神集中もしている。フローの領域は、詩人や運動選手、外科医、登山家などが、その体験のピークにあるときの状態を述べているものである。その他の七つの「領域」では、チャレンジとスキルはそれほど高くなく、バランスも取れておらず、幸福か精神集中、あるいはそのいずれもが弱くなっている状態である。

二つの領域は前向きの感情に結びつくものである。第一は「覚醒」と分類された領域で、チャレンジがわずかに高くなっているため、人は精神集中しているにちがいないが、すっかりくつろいでいるとはいえない。この状態で、もしフローに入りたいと思うならば、スキルのレベルを向上させなければならない。なぜならばフローは大変魅力的なため、覚醒領域にある人はその状態に到達したいと思う傾向にあり、フロー実現のために学習し、成長するのである。もう一つの前向きな領域は「コントロール」領域で、スキルがわずかにチャレンジより高くなっている。これはまったく居心地のよい場所で、この状態でもっとも幸福に感じる人もいる。しかしここでは高度な精神集中が必要でないため、一〇〇パーセント能力を働かせることはなく、したがってフロー状態にいるほど楽しくはない。しかしながら若干高めのチャレンジを選ぶことによって、この状態から比較的簡単にフローに移ることができる。覚醒とコントロールの領域では、人はより高度な複雑さへ発展するよう刺激されるので、無理なく学習へと導かれる。

残りの可能性は徐々に悪化していくものである。「くつろぎ」は、まずまず前向きなものだが、「退屈」と、とくに「無気力」は魅力あるものにはなりえず、悲哀と無関心の感覚に陥ってしまう。関連する孤独と無力感のなかで、人生はすぎ去っていくという感覚に陥るのである。これらすべての状態のなかで、「不安」は人がもっとも避けようとするものである。「不安」は、状況をなんとかするように人を刺激する可能性があるので、どこへも導くことのない「無気力」よりもいくらかましなのだが。しかしながら不安をもっている人はたいてい、スキルとチャレンジのギャップを乗り越えられないと思って、フローに到達することを諦めるだろう。このような場合、往々にして不安の状態のままでいるよりも、チャレンジのレベルを下げ、心配か無気力の領域に落ちることで、その状況から逃避しようとするだろう。これはいくつかの方法で達成されうる。すなわち責任を投げ出したり、志を低くしたり、あるいは現実を否定したりすることである。もし他のどんな方法でもうまくいかなかった場合は、化学的な手段によって達成されうる。すなわち麻薬やアルコールによって、行動を必要とする差し迫った仕事があることを一時的に忘れることができるのである。

もちろん、人はこのモデル図で表されていない他のさまざまな感情も経験する。たとえば驚きや激怒、短気や嫉妬である。しかしながらこれらの八つの領域は、感情的な人生という森を抜け、自分の道を見つけるための実用的な羅針盤となる。モデル図が明確に示している方向はフローである。もし私たちが、次第に高くなっていくチャレンジによってスキルも一緒に伸びる状況をつくることができれば、生活の質が向上し、複雑さが増大することを期待できる。

チャレンジとスキルとの八つの組み合わせは、ふつう、さまざまな異なった活動に携わっているときに起こる。図3は典型的な活動とそれに関連する感情のいくつかの代表的な組み合わせを示したもので

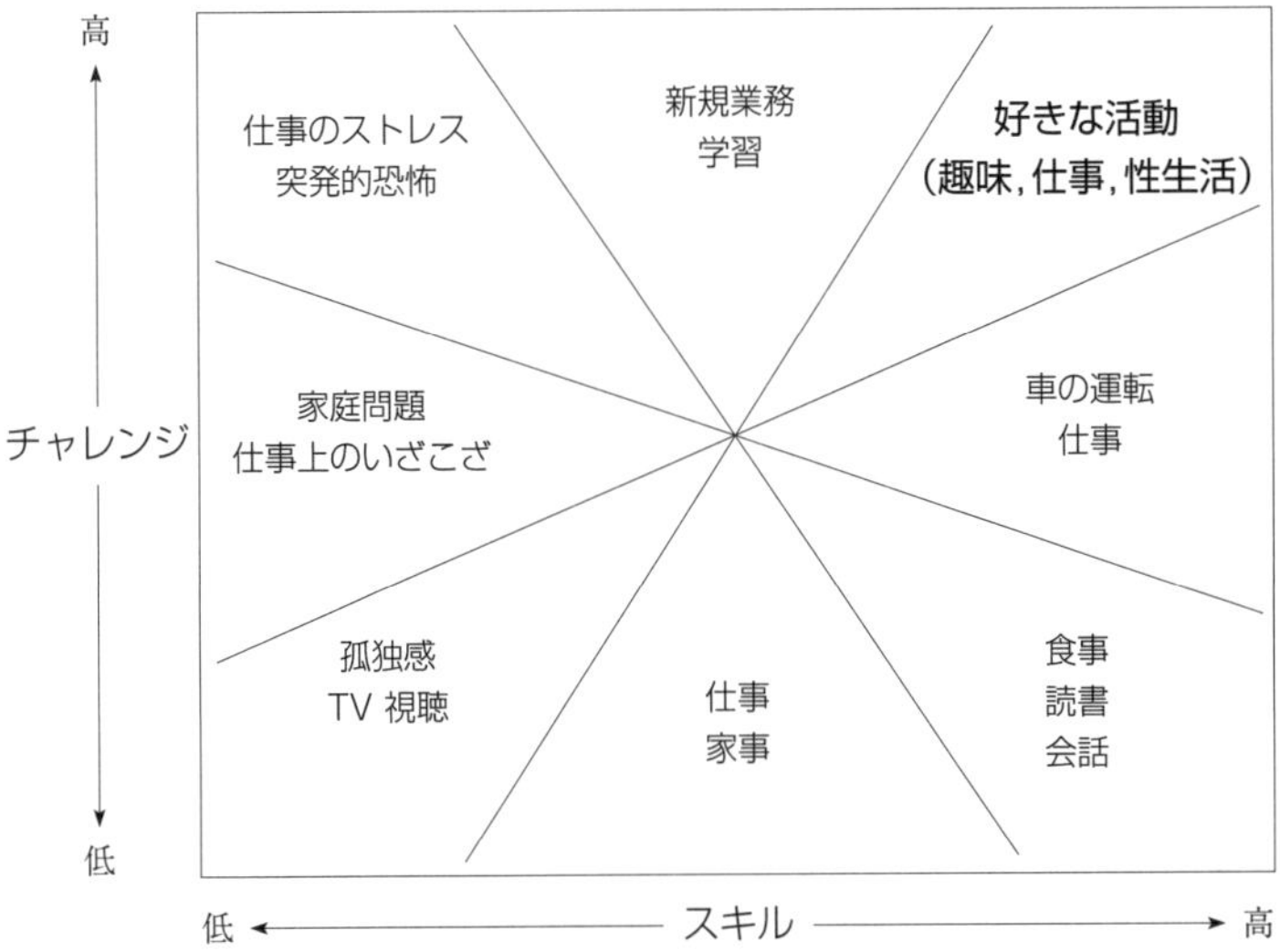

図 3　体験の質と諸活動との関係

フローを生み出すと思われる日常活動もあるが，その他はより不安やくつろぎにつながりやすいだろう。図 3 はチャレンジとスキルとのさまざまな組み合わせとさまざまな感情（図 2 参照）に関連する典型的な活動のうちのいくつかを示している。仕事という状況では，スキルにたいするチャレンジの比率によって，人はフローにもコントロールにも，退屈，心配，不安にもなりうるということに注意したい。

ある。予想できるように、フローは一番好きなこと——それはもちろん人によってそれぞれ異なっているのだが——をしているときに、もっとも頻繁に体験される。それはスポーツであり、また音楽や芸術である。ある興味深い（そして安心させるような）ことがわかったのだが、車を運転しているときに、人はもっとも頻繁にコントロールの領域に入る——「退屈」か「無気力」になる交通渋滞に巻き込まれるか、「不安」になると思われる突然の吹雪でもないかぎり。かなり多くの人はたしかに仕事のなかにフローを見つけるのだが、仕事は、スキルとチャレンジのバランスによっては、不安や無気力、退屈をもまた生み出しうる。

さまざまな活動、すなわち食べたり、うたた寝したり、友人と付き合ったり、いろいろなレジャーを楽しんだりすることでくつろぎを覚える。ふつう、家の掃除、食料品の買い物、庭の芝刈りなどのような生活に関係する仕事をしているときは、たいていその間の精神状態は退屈で満たされている。無気力は、何もすることがないときに起こるものであり、人はそれを避けるためにもっとも簡単にできる逃避の手段に訴え、最後にはテレビを見るなど往々にして消極的なレジャー活動に入っていくような、耐えられない状態である。

心配と不安は、次第にコントロールを超えると感じるような恐れによって起こる。それには戦争や不況、また近隣での犯罪のような大惨事も含まれるかもしれないが、一般的にはより身近なストレスを感じさせる出来事、たとえば子どもの病気や結婚生活の束縛、また自分自身の力不足などによって引き起こされる。そのような体験はまた、仕事では珍しくない。人はしばしば仕事がうまくいかないときにもっとも心配し、上司と応対するときにもっとも不安になる。

明らかに、常時フローにあることは不可能だろう。というのは、生活のリズムが許さないからである。人は休息しなければならないし、また床にモップをかけたり、シャワーを浴びたりするような面白くない仕事に時間を使わなければならない。くつろぐことも必要である。危険にさらされる脅威もつねに存在するだろう。そうはいっても、よくフローになることができるように改善する大きな余地もある。アメリカ合衆国のギャラップ・オーガニゼーション社、またこれと類似のヨーロッパの複数の会社が実施した調査によると、成人の一五～二〇パーセントはフローを一度も体験していないようだが、一方ほぼ同数の人が毎日フローを体験していると主張している。残りの六〇～七〇パーセントの人は二、三カ月に一回から少なくとも一週間に一回の頻度で、自分がしていることで強烈にフローを体験すると述べている。この違いは、全般的に生活の質を向上させるどんなに大きな可能性が存在するかということを顕著に示すものであり、職場で楽しみと革新を増進することが役割であるマネージャーにとって、とてつもなく大きな機会を提供しているのである。

精神資本の構築

一度フローが起こると、すぐに精神が成長する。長期にわたってフローを体験すると、フローは、人をたぐいまれで必要不可欠な存在にする。楽しみは精神的な資本の構築に相当し、喜びは消費に相当すると考えることができる。経済学で使われるが、「資本」という用語はつぎのように定義される。**「資本とは、将来のより大きなリターンを期待して、目先の消費を抑制することで生まれる資源のことをいう」**。これについてはどれほど異論があるかしれないが、極端な非資本主義の社会主義国家においてさえも、進歩を遂げるもっとも重要な――唯一とはいわないまでも――手段は資本であるとされてきた。ダムや病院、大学、大聖堂、国立公園などは、ただちに消費したほうがずっと簡単だと思われる資源を節約しなければ建設不可能であり、将来それらからより大きなリターンが得られるのだと信じられなければ、どれも建設されなかっただろう。もちろん公園や教会、ダムといったものからの「リターン」はそれぞれ大きく異なっているが、それらはすべて生活の質の向上に貢献することを期待されているのである。

日々の生活において、仕事から帰宅した後に何をするかの選択について考えてみよう。座ってためになる本を読むのか（バイクに乗ったり、ギターを弾いたり、病院でボランティア活動をしたりすることはこの読書と同じことと考えてもよい）、またはテレビの前で釘づけになるのか。ほとんどの人がテレビを見ることがもっとも快適な選択であることに賛成するだろう。というのは、それが他よりも簡単で、くつろげて、煩わしくないからである。しかし結局、楽しめることとはどんなことなのだろうか。長期的にみて何が幸福に貢献するのだろうか。やはり、ほとんどの人がテレビを見ることだと言うだろう。そして彼らは正しいのかもしれない。

しかし、より喜ばしい活動の間に「消費される」資源とは、そして、より楽しいことに熱中しているときに「消費から回復される」資源とは、正確には何なのだろうか。精神的レベルにおいて、そこに存在するもっとも基本的な資源は注意力である。注意力は情報を処理し、また行動を指示する頭脳の能力である。いかなる瞬間においても、人は数バイト以上の情報は処理できないので、それはかぎられた資源であり、そのため私たちは、自分たちの内部でまたは周辺で何が起こっているのかについて、ほんの一部分しか気づくことができない。注意力は**精神エネルギー**であり、肉体エネルギーと同様に、もしその一部を手元の仕事にあてがわなければ、どんな仕事もなされえないのである。

もしこの原則の真実性を疑うなら、ピアノを弾きながら本を読むとか、小切手帳の残高を計算しながら同時に車を運転してみるとよい（もちろんこれはやらないほうがよいが）。あるいは仕事上の問題について考えながら、自分の子どもと大切な話をしてみるとよい。脳が同時に処理できる刺激の範囲が狭いために、このような単純作業でも、組み合わされると行うことができなくなるのである。

したがってハイテク企業の今流行している概念の一つである「マルチタスキング」〔複数業務の同時処理〕は、現実というよりもむしろ神話である。人間はほんとうにうまくマルチタスキングをすることはできないのだが、一つの仕事から他の仕事に立て続けに、かなり素早く注意を動かすことはできる。そのため、実際にまるで同時にしているかのように感じさせるのである。しかしながらこの戦略は、一般に信じられているほど効果的なものではない。難しい問題に精神を集中させ、価値ある解決法を見つけるための必要条件をそろえるには、どんな場合でも一五分から一時間はかかる。もし一つの仕事からつぎの仕事に、あまりに素早く、あまりに頻繁に切り替えるならば、心に思い浮かぶものは、取るに足らないものとはいえないまでも、表面的なものになるだろうということは否定できない。他からの邪魔が入るまでは一つの仕事に打ち込むほうが、はるかに好ましいことである。その時点で他の問題に切り替えることは気晴らしになるだろう。その後、その新しい仕事に飽きてくると、また新たな気持ちで元の問題に戻ることができるのである。

あらゆるマネージャーが膨大な量の情報と人員を管理しなければならない知識集約型のビジネス環境

では、精神エネルギーの利用を促進することが主要問題になる。このような企業では「もっとも不足している資源は注意力である」ことは事実だが、その資源を効果的に処理するアイデアがないためにその大部分が誤って管理され、浪費されている。

平均七五年の人生のなかで、どれくらいの精神エネルギーをもっているかを算定することは実際に可能である。脳は毎秒約一一〇ビットの情報を処理することができる（たとえば話しかけられたことを理解するのに四〇ビットが必要である。このことは、なぜ二人よりも多くの人と同時に話をすることができないかを示している）。したがって毎日一六時間起きていて七五歳まで生きると仮定して、生涯に経験することは最大でおよそ一七三〇億ビットである。これは実に大きな数字ではあるが、たんに朝、会社に行く準備をして、朝食を取り、車で職場に行くといったことに要する精神エネルギー量について考えてみると、重要な目的のためには、あまり多くの量は残されていない。

けれどもすべての体験――すべての思考や感情、願望、記憶、さらにまたすべての行動、会話、業績など――は、それが現実のものとなるためにはその注意力のスクリーンを通過しなければならず、したがってその一七三〇億ビットのうちのいくらかによって処理しなければならない。人生と呼んでいるものは、長年にわたり注意力のフィルターにかけてきたすべての体験の総量である。この観点から、何に注意を払うか、またどのように注意を払うかが、人生の中味と質を決定するということを容易に理解できるだろう。

精神エネルギーは、注意力を向けても心のなかでどんな変化も生じないときに消費される。つまり、長く残る記憶が蓄えられないときや新しいスキルが開発されないとき、あるいは人間関係が強化されないときなどである。人生の一部を使ってしまってそこからどんな複雑さももたらされないときに、精神エネルギーを浪費しているのである。反対に精神資本は、向けられた注意がより複雑な意識をもたらしたときに創造される。つまり、より洗練されたスキルをもったり、あるテーマをより理解したり、またより深い関係性を得たときなどである。これはふつう、スキルをより高度なチャレンジに向かって使うときに、言い換えればフローを体験するときに起こる。こういった注意の集中は、後々生活の質の向上という形でリターンをもたらす。

複雑な行動はすべて、より単純な類似の活動よりも達成が困難で、稀なものである。たとえばラフマニノフのピアノ協奏曲第三番を上手に弾けるピアニストの数は、第二番を弾けるピアニストより少ない。というのは、第三番は技術的により優れたスキルを要する難しい作品だからである。そのようなスキルを向上させるには、生徒の側のみならず社会の側でも、多大な注意力の投資が必要とされる。すなわち教師や指導者、賞、コンサートの舞台といったものが、若いピアニストをより高い完成度に育成していくのになくてはならないものなのである。言い換えれば、社会資本が精神資本を創造することに注がれなければならないのである。

同様に、六フィートの高さにセットされたバーをクリアすることのできるジャンパーの数は、五フィートをクリアできるものよりも少なく、七フィートの高さをクリアできるものはさらに少ない。高さが一インチ増すごとに、さらに複雑な動作が必要となる。それができる体つきで生まれた人がほとんどいないため、また、できるようになるには多くの時間と努力を要するため、それができるのは稀なことなのである。一インチ一インチに精神エネルギーをより多く集中し、より大きく人生をかけることが求められているばかりでなく、指導、備品、交通等の形でより多くの社会資本を投入することが必要とされる。複雑さは容易に得られるものではなく、傑出していて永続的なものはどんなものも、物質的にも精神的にもコストがかかる。

複雑な活動に精神エネルギーを投資するようになった人は、自分自身をさらに複雑にする機会をもつというのは、この理由による。この点は「満足を後回しにする」――もし長時間一所懸命に働いて惨めな思いをしていても、いずれは報われる――という昔の考えを支持するものとして誤解を招きやすい。これは、実際は、私たちの研究が示していることとは反対のことである。研究でわかったことは、チャレンジするようになり、勤勉なライフスタイルで生活している若い人は、より幸福と感じ、自分たちがしていることにより満足しているということである。楽しみよりも喜びを選ぶ人――自分の自由時間のすべてを戸外をぶらついたり、テレビを見たりしてすごす人――は、悲しそうで、覇気がなく、不安そうである。

しかしながら、ある興味深いわずかな事実によって、ハードワークは「満足の後回し」だという考え方が信じられているようである。熱中した若い人――かなり頻繁にフローになり、やりがいのある仕事に取り組む人――もまた、暇な状態ですごしている人よりも、もっとこう言っている。「何か他のことをしていたい」と。言い換えれば、より幸福で、より仕事に熱中し、満足感のある未来に向かっているにもかかわらず、なお勉強したり、フルートを練習したりするような楽しみを求めるより、むしろショッピングモールやビーチに行くというふうに、あまりエネルギーを使わないで喜べることをしたい人もいるのである。同じような傾向は、それほど強くはないが大人にもきわめて顕著に見受けられる。

この逆説はどう説明したらよいのだろうか。現在においても、また長い目で見ても自分を幸福にすることをしようとしないのはなぜだろう。この態度については、おそらく二つの理由――そのどちらもが変えることのできることである――があるように思う。第一は、文化が一般に楽しみ以上に喜びを肯定するということ、そして喜びはより大きな利益を生むという見えすいた理由からである。広告宣伝はそのほとんどが、最新の製品を買えばより幸福になると懸命に確信させようとする。だが通常に反してむしろ精神資本を創造することを選択する人は、あまり貪欲な消費者にならない。たとえばアジア系アメリカ人のティーンエイジャーと白人のアメリカ人とを比較してみると、前者のほうがやりがいのある活動を通してフローを体験する可能性がより高いということがわかる。たとえアメリカ合衆国に住んでいても、学ぶことは楽しいことでもあるということを、強いアジア文化の信念によって、彼らは家族とども認めているのである。

フローは、喜びよりも多くの努力を必要とすることは事実である。というのは、先に論じたように、楽しみは精神エネルギーの投資によるものだからである。誤解は、努力の体験自体が喜びの体験よりも悪いと信じることにある。トランシルバニアでももっとも田舎の、私の家族の出身地である町の、学校に通じる精巧につくられた木の門に、ハンガリー語から翻訳された「知識の根は苦い、しかしその実は甘い」と書かれたルーン文字がある。残念ながら一般的に、学ぶことはつらいのみならず苦いものでもあると信じられている。実際は、ふつう苦いのは教えるやり方であって、学ぶこと自体ではないのである。

このことは、前記の逆説への第二の理由になる。日常生活において、私たちが引き受けなければならない多くのやりがいがあって複雑な活動は、大変へたにデザインされているので、フローを生み出さずに不安や退屈を生み出している。学習のための学習は、典型的な楽しいことに違いないのだが、同じことが学校での学習にいえるだろうか。一般的に流れ作業的な教育は、たいていは楽しみも学習も生み出さないものである。仕事についても同じことがいえる。ほとんどの人は、働いてフローになるときには働くことを楽しんでいるにもかかわらず、ほとんどの仕事はフローを可能にするようにはデザインされていない。

これは、マネジメントが真の差異を生み出せる可能性があるということである。もっとも優秀なリーダーでさえ、自分の部下が仕事を楽しみ、成長するように強いることができないのにたいし、一般のマネージャーであっても、職場をよりフローが起こりやすいように改善することは大いにできるのである。この〔フローという〕言葉の広大な意味のなかにある肝心な点にほんとうに関心があるなら、まずなすべきことは、企業の各階層でフローにたいする障害を取り除き、仕事を楽しくするためにデザインされた習慣や方針に代えることである。次章では、どうすればそれが可能になるかについてのアイデアを検討してみよう。

生涯を通して成長すること

ビジネスで――いや、ビジネス以外の分野でも同様に――リーダーシップを取る地位に出世した人は、自分たちの成長を環境の助けに頼らない。より正確にいえば、そのような人は活動的で、必要とする助けはどんなものでもさがし出し、どんなところからでも見つけ出す。学習し、変化し、経験を形成することに非常に強い意志をもっているので、どんな状況にいようとも、人生の複雑さを増大させる方法を見つけるだろう。もちろん彼らの必要性は時間の経過とともに変化し、三〇歳で必要と思うことも五〇歳や七〇歳では異なってくる。ザ・ボディショップのアニータ・ロディックは中年になったときをこう回想している。

今のところ、私の人生のための、また仕事における信念は、よく考えるということです。それは、自分の人生やビジネスライフ、人との関わりなどにおける、知恵や神話、逸話だと思われるストーリーをきちんと組み合わせること、かき集めることです。とても面白いことに、私の人生に入り込んでくる騒がしい孫たち〔若い仕事仲間〕は、私を落ち着かせ、仕事で歩き回るのを少し減らさせなければなりませんでした──ご存じの通り、いたるところに行っていましたからね。そう、それは夢中になれる時間です……。私はそうした人生と会社の新しい局面に入った頃に道を見つけました──それはスカンクワーク〔社外で私的に行う研究開発〕を始めることです。それは創造的で、自由奔放で、カウンター・カルチャー的な人々の集まりで、会社の資金援助を受けてはいますが、その組織には属していません。私たちは自由奔放なアイデアを創造していて、それを会社にひょいともち込むんです。なぜなら私たちは自由だからです。私たちはビジュアル的にも言葉でも、より華やかです。それが楽しいんです。……人生はほんとうにエキサイティングです。私の人生で、振り返ってみて「ああ、神様、これは私の欲したことではありません」なんて思う時間をすごしたことはありません。

「面白い」「夢中になれる」「自由」「楽しい」――アニータが経験を語るのに選んだこのような言葉に注目したい。インタビューしたほとんどのビジョンあるリーダーと同様に、フローは明らかに彼女の毎日の一部になっている。もし仕事へのチャレンジがなくなってしまうと、彼らは新しいチャレンジを見つけていく。すなわち、増える時間を地域社会の改善や社会奉仕活動、また家族、趣味、旅行、反省、精神的なことなどに向けるのである。ある意味において、成功し億万長者になったことで、彼らにはそうする余裕もある。しかし人生を楽しみ続けることができるのは、裕福で、気楽だからではなく、新しいチャレンジを積極的にさがし、新しいスキルを身につけていくからであり、こうしてますます複雑な方向に向かって自分たちの存在を示していくのである。

第Ⅱ部

フローと組織

第5章　仕事でフローが起こらない理由

管理の目的は、共通の目的に向かって人々がともに働くことによって価値をつくり出すことである。これを達成する方法は奴隷制度や贈収賄も含めてたくさんあるが、ここでは人々を管理する最善の策――従業員が実際にその仕事を楽しみ、その過程で成長する環境をつくり出すこと――に焦点を当ててみよう。企業の立場からみると、そのような職場は、もっとも有能な人々が魅力を感じ、より長くその職場で働きたいと思いやすく、自分の仕事のなかで自ら進んで努力してくれるので、理想的なものといえる。また従業員の立場としてもより幸福な人生を送り、自分の複雑さを発展させてくれるので、最高のものである。しかしまず、人々を仕事に向けて動機づけるものは何かということを、また、そのような仕事がとりうるさまざまな形を考えることが役に立つだろう。

ある意味、人々を働かせることは難しいことではないはずである。というのは、人間の身体はそのような目的でつくられているからである。人間の神経系統はやる気を起こしたとき、仕事に夢中になったときにもっともよく機能し、また、大部分の人は仕事がうまくできたときに自分自身について最高と感じる。しかし従業員を監督してきた人は誰でも、人々に一貫してよい仕事をしてもらうのがどれくらい難しいか知っている。この矛盾はどうしたことなのだろうか。

一つたしかにいえることは、人は働くようにつくられているが、大部分の仕事は人のためにつくられているのではないということである。ファラオから現代のTQM〔Total Quality Management〕マネージャーにいたる使用者たちが主に考えてきたのは、ワーカーがベストを尽くせるようにするために仕事をやりやすくする方法ではなく、むしろワーカーから**できるだけ多くのもの**を手に入れる方法である。したがって人間のコンディションについての興味深い矛盾点の一つは、成人の約八〇パーセントはそれ以上稼ぐ心配の必要がないほど十分なお金をもっていたとしても働くことをやめないだろうと断定している意識調査と、その結果が出ているにもかかわらず、大多数の人は毎日、早く仕事から解放されて一刻も早く家に帰りたいと思っていることである。仕事についても、異性にかんして力説されているのと同じことがいえるようである。「耐えることはできないが、なければ生きていけない」。

仕事に熱心で積極的に取り組むワーカーが魅力を感じ、そこに留まりたいと思うような環境を創造したいと願っている人にとってのチャレンジとは、まず、人がなぜ働きたいのかを理解すること、そしてその必要性を実現できる状況を提供することである。これは状況が急激に変化する昨今、知識労働者が能力を十分に生かすことができる仕事をさがしているときにとくに当てはまることである。成長につながる環境を提供できるマネージャーは、この欠くべからざる人的資本を手に入れることができるのである。

労働をどのように体験するかは、三つの条件によって決定される。その第一は、どんな種類の仕事に就くかということである。この「仕事」という同じ言葉で、銀行家がマホガニー板を張りめぐらせた部屋でするものから、肉体労働者が照りつける太陽の下でするものまで、さまざまな活動を意味する。生計を立てる方法も、あるものは機械的で非人間的であるが、あるものはもともと楽しいものである。労働条件もまた、時が経つにつれ変化してくる——週労働時間が八〇時間のときもあれば、あるときはそのわずか半分ということもある。したがって、職場の目標とする状態次第で、人々が意欲をもって仕事をするかどうかの大部分が決まるのである。

第二の条件は、労働に付随する価値に関係する。すなわち、働くことを文化がどう解釈するかである。その内容はときに矛盾することがある。たとえば聖書は、労働はアダムがなした無礼のせいで人類にふりかかった罰だと説いているのだが、その後、「プロテスタントの倫理」は、労働は救いへの道だと言い出している。『ディルバート』〔スコット・アダムスによる世界的に有名なアメリカの漫画〕は、オフィスワークを邪悪な馬鹿者たちによって切り回されるばかばかしい芝居だと風刺しているが、同時に失業状態をほとんど一種の社会病とみている。労働についての感覚は、ある意味では非常に不安定なものだといっても驚くに足りない。なぜならある仕事は興味を湧かせ、やりがいがあるのにたいして、ある仕事は紛れもなく無意味で残忍なものだからである。けれどもいかなる仕事も、社会から有意義なことだとみなされれば、ずっと魅力的なものになるのである。たとえばアメリカのティーンエイジャーが大きくなったら就いてみたいと思っている仕事のなかで、きつくて低収入であることがわかっているにもかかわらず、教師が六位に入っている。それはその仕事が個人の人生とコミュニティに価値を生み出すように思えるからである。

最後に大事なことだが、人が意欲をもって仕事をするかどうかは、その仕事に向かう姿勢による。というのは、仕事がどんなに意欲がわいてこないようなものであっても、それに何を求めているのかをわかっている場合は、欠点を相殺する価値をそこに見出すことが可能だからである。詩人は一粒の砂に世界を見つけ出すことを、そして人の手のひらに無限をつかむことに熱中する。事実、自分の単調で退屈な仕事を価値あるドラマだと思って、楽しんでやっている組立ラインの作業員や皿洗い係もいる。一方、自分にとって刺激になりうる仕事をきらって、一刻も早くそれから逃れる方法をさがす高賃金のプロやCEOも多い。

したがって、いつまでも存続し、人々が在籍して意欲的に貢献したいと思うような組織をつくることを願っているマネージャーには、つぎに述べる三つの選択肢がある。第一に、目標とする職場の状態をできるだけ魅力的にすることである。第二に、その仕事を意義と価値あるものにする方法を見出すことである。第三は、自分の仕事に満足感をもつ人たちを選び、報酬を与えることによって、リーダーは組織の勤労意欲を全体として前向きな方向に舵取りすることができるということである。理想的にはこれら三つのステップすべてを取ることである。本書では以降、そのような永続的な組織を創造する具体的な方法をさぐっていくことにしたい。その前に、仕事が実際にどのように人々の人生に適合するのかをよりよく理解するために、少し回り道だが歴史的にみてみよう。もし現在経験していることしか知らないとすれば、ほんの部分的なゆがんだ見方しかできないだろう。私たちの時代における仕事が何を意味しているかをほんとうに理解するために、それをほかの時代、ほかの場所で人々が生計を立てていたたくさんの異なった方法と比較しなければならない。

変化する仕事の条件

生き残るために、生あるすべてのものは、成長し繁殖するためのエネルギーをもっと取り込みたいと願うが、そのためにはエネルギーを少々犠牲にしなければならない。このもっとも一般的な意味において、仕事とは、有機体がエントロピーによって壊されないようにするために行うものである。ピューマは鹿に襲いかかるために疾走することでエネルギーを消費しなければならないが、運がよければ追跡で消費した以上のカロリーを捕獲した鹿の肉で補えるだろう。人間は必要なカロリーを得るために非常に多くの方法を考え出した。大昔、人間はすべて狩猟採集民で、ピューマのように動物性たんぱく質を食べ、またおそらくふつうは女性が集めてきた根菜類や木の実をそれより多く食べていた。何十万年もの間、こうしたことはごく自然な行動だったので、今一般に呼び慣れている「仕事」という感じはまったくもっていなかった。

同様な自給自足経済をライフスタイルの土台としている現代人にかんする人類学者の研究から推定すると、私たちの祖先が「仕事」をした時間は一日に二時間から三時間を超えることはなかったかもしれない。そのような労働はたんに生活の一部として受け入れられていたもので、そのような行動が余暇とは異質なものと思われていたとは考えにくい。実際に祖先は余暇についても同じ考えをもっていた。時間があるときには意味のある必要な活動、たとえば親戚を訪問したり、道具をつくったり、種々の儀式で踊るなどして、自分たちの世界の安定が保たれた。たんに推察することしかできないが、いまだにこの生活のあり方に類似した文化が現存していることから判断して、人ができることをさせないような社会的な制約はほとんどなかったので、フローを実現することは難しくはなかっただろうと思われる。一人ひとりがどんなスキルでも発揮し、目標は明確で、結果もすぐに出たのである。

狩猟採集経済では、一人の人間が他の人間の仕事を利用することは不可能だった。人間の歴史の大部分において余剰はほとんど発生しなかった。人々はつねに移動し続けなければならず、富を蓄積する余裕はなかった。誰もが他人よりも裕福だということはなく、あるいは仕事をしてもらって他人にお金を支払うということはありえなかった。その意味で私たちの祖先は独立した生産者であり、これまでの一〇〇〇〇年間でのどんなワーカーよりもずっと、現代のフリーランスの専門家や知識労働者に近い。しかし狩猟採集民は、ほとんどの物が全体として家族や一族、または部族のなかで共有されていたので、別の意味できわめて相互依存的だった。財産は個人的なものというよりもむしろ共同のものだった。

人類学者がオーストラリアのアボリジニの習慣を述べるときに、苦労してやっとうまくしとめたカンガルーを家にもち帰った場合、自分自身のためや自分の家族のためにその肉を蓄えておくことなど決して考えないだろうと語っている。むしろその肉を解体し、大昔からの習慣にしたがって、たとえば左の後ろ足を兄弟に、尻尾を従兄弟に、腰肉と脂身を義理の父親に、あばら肉を義理の母親に、というように与え、内臓と血――これは間違いなくおいしいのだが、この動物の上等な部分ではないことは確かである――だけを自分自身のものにするだろう。獲物を分かち合うのに、この方法は保険証書を買うようなもので、遅かれ早かれ、人の努力のおかげで恩恵を被った親戚から大きなお返しを得ることになるのである（いずれにせよ、狩猟者がカンガルーを全部自分自身のために取っておいたとしたら、数日のうちに蛆《うじ》だらけの肉を大量に抱えてしまうだろう）。

人間の歴史の大部分において、人々は現代の感覚でいう「仕事」はしなかったのだが、今日でも、いつどのように仕事をするかを選び、自分が何をするかをコントロールする人たちが――ふつうは芸術家、作家、科学者、発明家、企業家などの人々のなかにではあるが――まだ少しはいる。自分の人生において一日も仕事をしたことがないということは、自分の人生で絶え間なく仕事をしてきたということだと彼らは断言している。シャワーを浴びているとき、車を運転しているとき、またスパゲッティーのソースをつくっているときも仕事中ということであって、心は絶えず課題に取り組み、いろいろこね回して、新しい角度からそれを調べているのである。しかしこの熱心な活動は、息をすることと同じように、努力してやっているようには感じない。アフリカ系アメリカ人で世界でも有数の歴史家、ジョン・ホープ・フランクリンは、恥ずかしそうにつぎのように告白している。「金曜日が待ち遠しいですね。私は「神様ありがとう。さあ金曜日になりましたよ」と言うんです。その後二日も邪魔が入らずに家で仕事ができるのが楽しみなのでね」。

ストックホルムのカロリンスカ研究所で腫瘍とがんを研究している生物学者ジョージ・クラインは、ほとんど常時フローにある。あるいはその言葉を借りると、「牧草地を走り抜けている鹿が感じている幸福」を体験している。無駄話やパーティー、無用な社交、あるいはその他何か自分の研究を邪魔するようなものは好まない。最近のことだが、夜に仲間たちすべてが、スウェーデンの大切な休日であるミッドサマーイブのお祝いのピクニックのために研究室を出た。クラインは退屈な社交の儀式になりそうなところに出かけるのはどうしても避けたかったので、研究室に一人残るための口実を考えた。自分自身を忙しくしておくために、ふつうはそのパーティーに行ってしまう助手たちがする難しい処理をやろうと決めた。しかし結果的に、この仕事はまったく向いておらず、ちょうどアフリカから送られてきた、いくつかの珍しいバーキットリンパ腫の腫瘍試料を駄目にしてしまった。しかしクラインはその長い夜の間、晴れ晴れとした気持ちだった。

夜遅くまで試験管をつぎからつぎへと調べたんですが、確認できたのは全部使えなくなったということだけでした。朝四時に完全に失敗したことがわかり諦めました。私は完全な幸福を感じていました。晴れ渡ったミッドサマーの朝に車で家に帰ったんですが、その途中、貴重な試料を駄目にしてしまったのに、これほど幸福に感じることができたのが不思議でした。なぜかははっきりしています。それはミッドサマーのダンスに参加することを見逃してもらったからです。

目標と歩調を自分で決める科学者、芸術家、企業家などの知識労働者にとって、生計を立てるためにすることは彼らが何ものかということの大部分であるので、それを「仕事」と呼ぶのはたんに社会的な慣例にすぎない。

しかしながら大多数の人間にとって、約一万年前に農業が発見され、それが狩猟採集民の遊牧民的な生活様式よりも、より効率的で信頼できるカロリーの取得方法だということがわかったときに、物事はかなり突然に変化した。最初のうちは余った食物を蓄えることができる人がほんの少し存在し、それで人を雇って自分の指図どおりに動かすために資源を保有した。栄養あるものをさがし求めてあちこちと歩き回らなければならないということもなく、農夫は財産を蓄積しながら、その後、村に、都市に定住した。労働という分野を区分することを可能にし、それによって文化的な（すなわち都会的な）生活の条件をつくり出したのは農業だった。否定的な面といえば、農業は労働による搾取をもまた可能にしたことである。それは仕事にたいして消極的な意味を感じさせるものだった。

このパターンは歴史上、新規の技術開発によって一部の積極的な人が他の人より優位に立つときにいつも繰り返されてきた。それは中世に、高価な鎧に身を包んだ一部の騎士が無防備な農夫たちにその生産物を分けるように強要することができた時代に再び起こった。それはまた、機械的な織機を使用した初めての工場が何千もの個人経営の家内工業をビジネスから締め出し、そのために失業した織工を工員として雇ったときにも起こった。どちらのケースも、物事を行う新しい方法を開発するのにたまたま好都合の立場にいた少数派が利益を得ることができ、その結果、資源を所有することにおいて大きな格差を生んだ。そして権力を有する少数派は、自分たちの優位性を制度化し保護するために、政治的で合法的な手段を講じたのである――それは結局、新しい政治的、技術的革命が、ゆるぎない不平等に反旗を翻すまでのことだったのだが。

このパターンの変化で最新のものは、最近の技術の発展のおかげで恩恵を被ることができた少数派の利益を守るために選ばれた政府をもつアメリカ合衆国で、今まさに起こっているのである。税法と相続法を変えることによって、富裕層と貧困層との格差はさらに広がり続けている。経済的富裕層と広範囲に及ぶ貧困層との間に巨大な格差があるブラジルのような国々を、アメリカ人がうぬぼれをもって軽蔑したのは、一世代も前のことではない。だが、世紀の変わり目から、収入における世界最大の格差はアメリカ合衆国にあり、そのためにすでに自分の暮らしに脅威を感じている人々のなかで危機感が次第に高まってきているなどとは、当時は想像できる人がほとんどいなかった。自分の足場を確保しようとしてよじ登っても、一歩前進しては二歩後退するワーカーにとって、仕事は自分の存在を楽しく表現するものではなく、憎むべき必要事になってしまう。

この非常に簡略化した歴史をみただけでも、仕事は、深いフローの源からみじめさそのものまでに及ぶ、非常に変化に富んだ体験であることがわかる。しかし過去の仕事の状況と比べてみて、現在のそれはどんなものだろうか。まず第一に、今日ほとんどの人が働く時間の長さは、狩猟採集民の一日数時間と、初期の工場生産時代にワーカーが仕事をしなければならなかった一四時間以上もの時間との中間くらいになる。現在の状況は、たしかに過去の一般的な場合以上に楽しく、人間味のあるものではある。しかしそのようによくなったといっても、平均的なワーカーは仕事をしているとき、過去の時代とくらべて、よりフローを体験しているという保証はない。これにはいくつかの理由がある。

まず、**今日の仕事には明確な目標がほとんどない**ことである。組織の目標よりもむしろワーカー自身の目標のほうが明確になっている仕事はさらに少ない。イヌイットの猟師は、自分とその家族の生活をかけてアザラシを射止めようとする——狩猟のための行動の一つひとつが単純な目標から起こされているのである。これによって猟師は氷の穴のきわで銛《もり》を手にし、水面のほんのわずかな変化も見逃さないように注意して何時間も座っていることができ、その日が終わってもストレスを感じたり退屈に思ったりしないのである。

現代のワーカーが仕事でしなければならないことの多くは、組織の上位レベルでは意味がある要求によって決定されるのだが、ワーカーにとっては不明瞭なものである。なぜこのような用紙に記入しなければならないのか。この規則の目的は何か。これを行った結果どうなるのか。またワーカーは往々にして、たとえ自分がしていることが何かということがわかっていても、なぜ自分がそうしているのかが明確ではない。十分にはっきりした目標がなければ、長期的にも、その一瞬一瞬においても、行っていることを楽しむことは困難である。

二番目に障害となるのは、**現代の仕事では適切なフィードバックがめったになされない**ということである。たとえフィードバックがなされても、ワーカーはしばしばたんにこのように言われるだけである。「あなたはうまくやっていますね、でも、どんな役立たずでも、たいていはあなたがやっていることができるのです――あなたは人格のない機械のなかの交換可能な一つの歯車にすぎないのです」と。昔、職人――靴磨きであれ、大工や織工であれ――は、仕事の対象が形づくられていくのを自分の目の前で見ることができた。一つひとつの動きが自分のスキルの表現であり、気分や状況によって、仕事をうまく仕上げるか、ただ適当にやってしまうかは自分の選択次第だった。

工業生産から一般事務にいたるすべての仕事が合理化されてきたので、ワーカーは自分がしていることが自分自身の存在をどう表現しているかをめったに見ることができなくなった。自分の働きが表現するものは、どちらかといえば他人によってデザインされたワークプランであり、独自の責任は多かれ少なかれそれを機械的に再現することである。だから自分がどんなにうまく仕事をこなしても、フィードバックは自分自身の創意に向けられるのではなく、主としてそれを可能にした計画や準備に向けられる。能力は重要ではなく、うまく仕事ができてもほとんど注目されず、自分の仕事がうまくできたかどうかをワーカー自身でさえ結論づけることができないような活動に、深く関わることは困難なのである。

フィードバックがないということは、ワーカーのみならずリーダー側にとっても、また全体として企業、組織にとっても問題である。大きな組織においては、組織階層を上下に、また部門間を水平に行き交う間に情報が薄められるため、共通の目標に向かって結集する努力が次第に弱まっていく。ケンブリッジ・インキュベーターの創始者、ティモシー・ローはこのように述べている。「ビジネスにおける問題の多くは、CEOが正しい価値観を有していないから起こるのではありません。それは、CEOが自分の価値観を全組織にくまなく伝えることがうまくできていないから起こるのです」。数万人規模の組織では、上層部が誰もそのことに気づいていない場合、大変なことが起こりうる。

多くの仕事において、**ワーカーのスキルは行動する機会にうまく適合していない**。このことはたとえば、十分に教育を受けた若い弁護士が、退屈さと長時間の仕事に耐えかねるほど、自分のスキルをほとんど必要としないような単調な書庫での資料調査の仕事に何年も就かされたり、あるいはまた意欲ある若いコンサルタントが、数年のうちに自分の活力を使い果たしてしまうほどのストレスでいっぱいの週八〇時間労働に放り込まれるような、そんな高額所得の知識労働にさえも当てはまる。

職業の専門化——それは工業生産の効率アップにおける主要な要素なのだが——は、またほんのかぎられた人数のワーカーのスキルだけを必要とするという負の結果ももたらす。今日でさえもワーカーのすべての才能を必要とする仕事はいくつかある。数少なくなってきたが、独立した農場主は、もし仕事をうまくやっていきたいと思ったら、経済学者であり、整備士であり、獣医であり、天気予報士であるというように、努力して広範囲にわたる問題が解決できるようにならなければならない。織工の家族がまだ織機を動かしている北部イタリア地方では、親と子が一緒に織物をデザインし、生産計画を決め、ドイツやフランスの古い機械を購入して修理して使う。そして一二台ほどの織機を毎日朝から晩まで動かしてつくったシルクの服地を、日本のバイヤーに紹介し販売する。このような家族の子どもたちは、関連するスキル――機械を修理したり、織物をデザインしたり、市場に紹介したり、販売したりするようなこと――を親の指導を受けながら自分たちのペースで学ぶのである。

ほんのわずかなスキルしか利用しない仕事は、すぐに悩みの種になってしまうものである。人は自分の潜在能力の大部分は使われないまま無駄になっていると感じている。絶え間ない運転免許証の申請者の列に記入用紙を配布し、間違いなく記入されているかを素早くチェックすることが仕事である運輸省職員のことを思い浮かべてみるとよい――その人の存在意義がどれくらいその仕事に含まれているだろうか。あるいは無数のテスト化学化合物のリストを変化のない手順に従って調べることが仕事の大手製薬企業の生化学者はどうだろうか。後でみてみるように、そのような抑制的な状況においてさえもフローを見出すことは可能である。しかしながら多くの人々にとって、仕事はたんに気力を失わせるだけのものである。大部分のスキルが利用されないままになっている場合は、仕事に関与していく気持ちはやがて揺らぎ始め、心から生き生きすることができる自由な時間をほしがり始めても驚くに足らないのである。

多くの仕事にみられるもう一つの特徴は、**コントロールが欠けている**――進めていることの目標にたいしてのみならず、遂行上の各ステップにたいして――ことである。細かく管理されていると感じるワーカーはすぐに自分の仕事に興味を失ってしまう。仕事にかんしてもっともよく述べられる不平は二つあって、それは変化がないことと管理監督者との衝突である。これらはともに企業のなかで好むと好まざるとにかかわらず、あるいは何も言えないままに、一つの道具に落ちぶれさせられたと感じることから起こる。このような状況におけるワーカーは、せいぜい自分たちに期待されていることをするだけで、それ以上のことは滅多にしない。

ほとんどすべての人間のグループは何らかの形の階層組織――次第に大きくなる責任と権限の序列――を必要とする。複雑な組織はすべて労働区分――コントロールの構造を内包する、機能を専門化したもの――を有する。しかし上述したように、コントロールの必要性は、もっとも劣等感を感じている人でさえ大切に思っている自律の必要性とのバランスをとらなければならない。とくに組織の利益のためではなく自分自身の個人的な権力の追求のために、他人をコントロールすることに固執するようなマネージャーは実に有害である。それは決してまれなことではないのだが、そのような場合には、一人の人間の利己的な考えのために、部下は自分自身の人生を不本意ながら犠牲にすることになり、精神エネルギーを仕事から失い始めるのである。

最後に、**時間の活用はワーカーの外部のリズムによって決められる**という事実がさらなる抑制を生み出す。猟師の行動は標的が歩き回ることにより決まり、農夫の行動は季節の変化によって決まる。たとえ自分たちが、都合のよいときに時間をかけて仕事の骨の折れるところをしたいと思っても、季節という条件がすべてを決めるのである。まだいくらか残存しているヨーロッパの家内工業では、きのこが森で大きくなると、あるいは鱒が川で泳ぎ始めると、職人は今もなお自分の仕事道具を妻や子どもたちに渡している。時間は柔軟に使用でき、機会やワーカーの精神的な状態を自由に変えられるのである。

工業生産は約二世紀前にこのような柔軟性に終止符を打った。融通の利かない九時から五時のスケジュール（産業革命の初期数十年間の五時から九時の固定業務からみると大きく改善されたものであるが）は、もはや人が自分の精神エネルギーをコントロールできないような融通の利かない時間枠――する仕事が実際にあろうとなかろうと――を生み出した。

しかしながら最近の情報通信技術の進歩により、労働の**場所**も、**時間**もともにはるかに相対的な概念になった。モデムによって企業のオフィスに接続されたホームコンピュータのおかげで、ますます多くのワーカーが自分のペースを設定することが可能になった。モンタナ州西部の伝統的な牧場社会では、「モデムカウボーイ」の部類――ダラスやカンザスシティーで自分たちを雇ってくれる保険企業やマーケティング部門と毎日連絡を取るワーカーたち――が増えてきている。彼らもまた自分がしたいときにきのこを摘み取ったり、魚つりに行ったりすることを決められるのである。

しかしながらフレックスタイムやパートタイムの仕事で通信を拡大することは、まだ仕事と家族とのより健全なバランスをさがしている人々だけにたいする選択肢である。今も支配的である企業文化のなかで成功したいと思っている人は、職場で費やすのをいとわない**残業時間**の多さという点で現在でも評価されている。組織内での外発的報酬（報奨金、昇進、権限）が、組織の目標のなかで人が注ぐ時間の長さに正比例する傾向にあるのに反し、内発的報酬（スキルと誠実さをともなう仕事をうまくやったという感覚）はしばしば逆の関係に置かれる。このため知識労働者にとって、自分の裁量できる時間の量が減少してくるにつれて、ストレスは高まり続けるのである。ほとんどの企業で良識ある時間配分が実施されるまでには、まだまだ長い道のりがある。

結論として、仕事でフローを実現することは、フローが起こるのに必要な条件に作用する障害によって困難になる。たいてい、仕事には明確な目標やチャレンジとスキルとのバランス、またコントロールの感覚、適切なフィードバック、時間の柔軟な使用などがない。このような障害を考えると、それにもかかわらず多くの人々が仕事でフローを体験できているということは、注目に値する。とはいえ、職場の仕組みを改めれば、人間の幸福の「下限」において、非常に大きな改善がなされるだろう。

変化する仕事の意義と価値

しかしながら、目標とする職場の状況はどうあれ、社会というものは、もっとも過酷な労働でさえも合理化し、正当化する体系的な意義づけをうまくつくり上げることがよくある。中世のことわざで、「ジャガイモの皮をむくことは、それが神のより大きな栄光のためになされるのであれば、大聖堂を建築することと同じくらい重要である」というものがあった。調理室の流し場で働く多くのメイドが実際にそのような陳腐な言葉で慰められるかどうかは疑わしいが、少なくとも、信仰心を共有する大きな組織は、人々がしなければならない汚れ仕事に信用を、また名誉さえも与えた。おそらく、不公平な労働区分を維持するためにこれまでにつくられたなかで、もっともいまいましくも成功した策略は、ヒンズーのカースト制だろう。そこで進化し、複雑になった文明によって、つい最近まで仕事を継ぐことが強制されてきた。もし不運にもごみ回収の仕事をする父親のもとに生まれると、その息子に開かれたただ一つの地位は同様にごみ回収であり、娘の場合であればごみ回収者と結婚することだった。インドのある州での低いカーストの人は高いカーストの人からおよそ三〇フィート以内には近づくことさえ許されなかったし、ケララ州の道路掃除夫はバラモンからはつねに少なくとも一〇〇フィートは離れていなければならなかった。この制度で大いに注目すべきことは、大した衝突を引き起こすこともなく長期にわたって存在したということである。その成功の大部分は、手の込んだ宗教的な物語によるものである。その物語は、そのような労働区分の起源と理由を説明し、外見上は、人々をその地位に甘んじさせるのに十分な説得力があるのである。

ヒンズー教が人生において自分の地位に忍従することを支持するのにたいして、ヨーロッパにおける宗教的信条は反対の姿勢を正当化した。「人は人生においてどれだけ成功したかによって、その人を救済するかどうかについての神の意志を決定できる」。このような意味にジャン・カルヴァンの予定説が解釈されるようになった宗教改革期に、「プロテスタントの労働倫理」が生じた。したがって過酷な仕事を通して幸福な生活をした人は間違いなく、死後に天国行きの候補に挙げられた――神は決してごまかしはしないし、地獄に行くことになっている人に褒美として富を与えたりはしないのである。反対に、この世で名をあげることができなかった人は、おそらく天国で時をすごすことはなかった。この教義によって、カルヴァン主義者は永遠の幸福を保証されたと元気づけられ、エネルギーを倍加させて働く気になった。そのような枠組みのなかでは、仕事はたんに生活のためにすることではなく、神に与えられた「使命」、すなわち神自身が計画した役割だった。新しい技術、社会組織形態と結びついたこの倫理によって、ヨーロッパ諸国は今日いまだに享受している物質的豊かさに向かって進み始めたのである。

カルヴァン主義者の精神の痕跡は、アメリカ文化、とくに経済の上層部に引き続き残っている。それにもかかわらず膨大な富を操る産業界の指導者の多くは、つつましい生活を送り、個人的な幸運は社会奉仕活動や正当な目的に献身してお返しをしていかなければならないと信じている。社会的責任を負ったり、社会奉仕活動を引き受ける富裕層のなかには、明確な神に与えられた使命という感覚がまだみられる――たとえその本来の教義的意味合いが薄れていても。アムウェイ社のCEO、リチャード・デボスは一般的な考え方についてつぎのように述べている。「判断するためにもっとも重要なのは、神への信心です。それは人がすることすべてに大きく影響します」。またジョン・テンプルトン卿は、「私の倫理的原則は、まず第一に、『多くの人々を助けるために、神が私に与え賜うた才能をどこで使うことができるだろうか』ということです」と言っている。

しかしながら大多数の人々にとって、仕事を救済へ向かう手段として考えることは、今やまったく風変わりな考え方だといえる。それにもかかわらず、一般に大人は、いまだに仕事にたいして肯定的な気持ちをもっている。これには多くの理由があり、具体的なところは個々のワーカーの個性による。与えられた仕事が、ある人には興味をそそるものであっても、他の人にはそれがまったく不都合なものと思われる場合もある。たとえば高校に入学するまでのアメリカのティーンエイジャーで、医師になりたいと希望しているものの多くは、お金を稼いでうんと自由な時間をつくりたいと言う。このような事例はいくらでもある。すなわちすべての仕事には、それぞれ違った人を引きつける有利な面と不利な面がある。工学は「建設したりものをつくったりすること」をしたい人には魅力的である。一方、経理は「お金を稼ぐこと」や「デスクワーク」が重要だと思う人にとって魅力的である。仕事の選択肢がいろいろあって選べる場合、私たちは、すべての人が自分の気質や好みに一番ぴったりする仕事を望める（いつも手に入るとはかぎらないが）地点に近づいているのである。

もちろん、実際には雇用市場はさらにずっと込み入ったものである。というのは仕事が異なれば選べるオプションも異なるだけでなく、同じ仕事でも、周囲の状況によって大きく異なってくる可能性があるからである。小さな町の地域医療をしている医師が経験することは、スラム地区の健康医療団体（HMO）に雇用されている医師のそれとはまったく違ったものだろう。独力で働いている会計士と巨大なコンサルタント企業に雇われている会計士とは、表面的には同じ仕事だが、まったく異なった利点があり、また悩みも違っている。

このような多様性があったとしても、雇い主が従業員を「命令と支配」によってよりうまく管理できる、言いなりの機械的ロボットのようなものだと決めてかかって、物事を単純化しようとするのは不思議ではない。労働の買い手市場では、職場に人を配属するには、最古の動機づけの道具――アメとムチ――があれば十分かもしれない。しかし、知識労働者は自分たちがロボットだとは思わないだろうし、もし組織がそのような人々の忠誠心を保っておきたいと思うならば、その仕事が意義と価値をもつような環境にすることが一番である。

フロー理論によると、私たちの文化においてワーカーが仕事に意義と価値を見出すことを妨げる主な障害とは何だろうか。まず明らかな答えは、仕事自体の目標に関係している。一般に、息抜きの価値や物質的な快適さ、また娯楽など――より多くの顧客が必要とされるあらゆる市場性の高い商品――を絶賛したりして、**消費者文化は仕事の価値を低下させることを数多くやってきた**。一二歳までに子どもは「仕事」と名づけられたものは何でも嫌なものだと思うようになる。逆にいえば、なにか嫌だと思うものには「仕事」というレッテルを貼る。その結果、仕事がどんなにわくわくし、満足感が得られるものだとしても、人生の早い時期に知った、仕事にたいする一般化された偏見を突きつけるのである。

同時に、**価値あるもの、または意義あるものが何もない仕事もあり**、ワーカーは金銭的な理由以外でそのようなものにはあまり関わることがない。もし雇い主が大量破壊兵器を製造したり、環境を汚染したり、人間や自然の資本を無頓着に悪用するなら、弾んだ足取りで朝、家から仕事に向かう気にはなれない。しかし難しいといっても不可能ということではない。第二次世界大戦における最高位のユダヤ人殺害者、カール・アドルフ・アイヒマンは、予定通りに人間の貨物を運ぶために、貨物列車を手に入れることを大きな誇りとしていた。そのような〔考えることの〕否定、そのような官僚的な狭く暗い見方は、そんなによくあるものではないことを希望する――ときに、その存在を感じることがあるが。

まったく無害で、高貴とさえ思える仕事が、ときに悪にたいして思いもよらない可能性を示すことがある。半世紀前までの物理学者は、自分の仕事はもっぱら物質的な創造物の見事な調和美を説明することだけに役立っていて、もし実用的な面で何かに応用されるとしたら、人類に恩恵をもたらすはずだという自信をもっていた。彼らのなかでもっとも偉大で、もっとも人道主義的な一人、ニールス・ボーアは、一九四〇年代の始めまで、コペンハーゲンの実験室で行っている核分裂を伴う実験は決して兵器の材料として利用されることはありえないと断言していた。もちろん一九四五年以降は、物理学者は誰も、自分の仕事が悪用される可能性について無関心ではいられなかった。おそらくこのために、有能な若い物理学者はその後すぐに物理学から離れ、人類の利益のためだけになりそうな生物学に移ったのである。しかし遺伝子工学が成熟し、優生学がさまざまな形で実現化されてくると、この選択さえも危険をはらんでいるのではないかと思われる。

実際、「グッドワーク」――うまく実行され、同時に人類のためにもなる仕事――は思うほど簡単に得られるものではない。マネジメントの主要な仕事は、欲望を重視し、品質に手を抜き、ワーカーや顧客のニーズを無視し、組織を魂のない価値のない企業に変えることを追求して、それ〔グッドワーク〕がより困難になったりしないようにすることである。もしそうでなければ、ピーター・ドラッカーが数年前に発した警告、「聡明な青年たち、仕事でフローを得たいと思っているものは、ビジネスから離れ、給料は少ないがもっと意義ある仕事ができる赤十字や自然保護協会、また学会のような非政府組織に移っていくだろう」ということが現実のものになるだろう。

フローにたいする他の文化的な障害は、**ポストモダンのビジネス組織の非永続性**である。利益のわずか数パーセントを求めるオーナー側の気まぐれの犠牲になるような、明日にも消えてしまうかもしれないような理想や団体に人生のよい部分を捧げることは避けたいところである。フローの一つの必要条件は、仕事に関係のないものには何ら関心をもたずに目標に専念する能力である。しかし環境が不安定で今にも崩壊してしまいそうな場合は、人はどのようにしてそんな精神集中をすることができるだろうか。抜け目のない従業員は、自分の注意を仕事と市場で可能な他の機会との間に分散するに決まっている。それはその人の能力のためにも心の状態のためにも最善の状況ではないのだが、他にどんな選択ができるだろうか。ワーカー側の忠誠心の欠如は、雇い主側の誠実さの欠如にたいするまったく論理にかなった反応である。

最後に、**もし管理者がワーカーを価値がある独自の人間とみずに**、もはや必要がなくなったというときに解雇してしまうような道具とみるなら、そのとき従業員もまたその企業を、給料小切手を発行する一台の機械以上の何ものでもないと見なすだろう。このような状況では仕事を楽しむどころか、よい仕事をすることまで難しくなる。しかしリンカーンが言ったように、ほとんどの人は長きにわたってだまされ続けることはありえず、また自分の精神エネルギーを自分たちを軽蔑する組織に注ぎ続ける人はほとんどいないだろう。

態度の役割

すばらしい職場環境や文化的価値があったとしても、人が仕事のなかに本質的なモチベーションを見出すかどうかは保証されない。ここまでにみてきたように、若い人は社会資本――親、学校、コミュニティの資産など――がさまざまに異なるなかで成長する。精神資本を拡大していくことを学ぶ人もいれば、そうでない人もいる。ある人は労働力になるときまでに文化に大きく洗脳されてしまうので、仕事を**仕事**以外のどんなものともみることができない。自分がすることを楽しめることにしうる好奇心も忍耐力もないのである。また、仕事をますます大きな責任や報酬へ導く**キャリア**と考える人もいる。そういった人々は自分の仕事をまじめに考えており、条件が合えば仕事が楽しいかもしれない。また仕事を根本的な自分自身の一部と思っていて、他のことは何もすることができないと思うほど、仕事を**天職**と考えている人もいる――ちょうどゲーテが「見るために生まれ、監視することに運命づけられている」と形容している城門の塔の見張りのような、あるいは自分の仕事をはかり知れないほど高く評価する今日の非常に多くの芸術家や科学者、また文筆家、機械工などのように。

数年前、「グッド・モーニング・アメリカ」という娯楽番組でフローについての番組が企画されたときに、私は後者の好例に出くわした。プロデューサーがニューヨークから電話して、「フローにあるということはどういうものかということをインタビューしたいのですが、誰がよいでしょうか」と聞いてきた。それで私は――そのときおそらく誤解したのだろうが――「研究に協力してくれた人がプライバシーの侵害と思うかもしれないから、そんなことはやめたほうがよいでしょう」と答えたところ、「ではどうしたらよいのですか」とがっかりした様子で尋ねてきた。それで、「エレベーターで降りて、下の歩道を歩いている人を二、三人つかまえてごらんなさい。すぐによい話が聞けますよ」と勧めた。

そのプロデューサーはまだ疑っていたが、翌朝大いに興奮して電話で、「すてきな人に何人か出会って、すばらしい話が聞けました」と言ってきたのだが、まさにその通りだった。最初のインタビューはマンハッタンの総菜店でサーモンサンドイッチをつくるのが仕事の、年配の男性だった。朝から晩までサーモンのスライスをして一日をすごしていた。それは仕事で直面するチャレンジの範囲内だったので、自分の仕事に退屈してしまっていると思ったのだが、彼は仕事について詩人か外科医のように熱心に語ったのである。

彼は自分が手に入れた魚はすべて、どれほど他のものと異なっているかを述べた。また魚の構造の三次元エックス線像を頭のなかでつくり上げるまでよく魚を見て、ぴくぴく動くのを感じながら魚の尻尾をつかみ、大理石の調理台の上に放り上げる。それから自分の五丁の包丁――一日数回完全に研ぎこんだものだが――から一丁を取って、おいしい身の部分をほとんど無駄にしないようにして、最小限の動作でできるだけ精巧に魚をスライスする仕事に取りかかるのである。それはもっとも期待できない仕事でも、注意を払うことによって、どれほど複雑で満足のいく行動に変換できるかについての優れた事例だった。その男性にとって魚をさばくことは仕事ではなく、楽しい天職といえるものだったのである。

惣菜店のワーカーは将来性のない身分であり、サーモンのスライスをどんなにうまく仕上げても、複雑さの限度は低く、それ以上に成長することはありえないといわれるかもしれない。客観的にはそれが事実といえるが、たとえそのスキルが他の誰からも高い評価を受けないとしても、その極限にまでそれに磨きをかけるのを、ほんとうに完全な幸福に感じる人もいる。しかしながらまたある人にとっては、仕事は精神資本を創造し続ける生涯にわたる機会を提供してくれるものなのである——そのような人々は、新しいチャレンジに出会い続け、新しいスキルを開発し、その過程で成長する。

モンサント社のロバート・シャピロは、従業員の仕事についての考え方でほとんどのマネージャーは間違っていると自分は思っており、そして自分ならこう違ったやり方をすると、つぎのように述べている。

仕事の概念は、たくさんの部品がうまく組み合わさり、たとえ何だろうと望まれた生産物を生み出すこのシステムをデザインした、最高の設計者がいるという意味を含んでいます。仕事のなかにいる誰も、全体を見ることはできません。仕事に加わってほしいと頼むとき、私たちはこう言っていますね。「この巨大な機械〔組織〕にうまくはめ込めるようにあなた自身を形成するスキルや意欲をもっていますか？　なぜなら、あなたの前にも、あなたとは違う誰かがこの仕事をしたからです。あなたの後にも誰かがこの仕事をするでしょう。この仕事と関係のないあなたの部品については、ちょっと忘れてしまってください。この仕事を務めるのをほんとうに不可能にするような不足な点は、少なくとも隠そうとしてください。そうすれば私たちはみんな、あなたがこの仕事をしているという印象をもてますから」。

それは無理に基準に合わせようとする概念で、あなたのもっとも貴重な部品――あなたを他の人と異なる存在にし、独自の「あなた」にする部品――を、故意に、組織的に、役立たせないようにすることです。もし名物的存在になりたいのなら、それは私たちが注目するべきところです。こう言うべきですね。「ここに仕事があります、ちょっとやってください」ではなく、「この助けが必要な状況に、**あなたなら**何ができますか？」と。

多くのワーカーがまちがったやり方で管理されている仕事から（また一般的な文化の知識から）学ぶ一つの破壊的な態度は、**できるだけ努力しないで退社すること**である。手を抜き、責任逃れをし、仮病を使い、仕事を不当に利用することが、しばしば抜け目のない行動――システムを打ち破る方法――であると考えられる。しかしそのような方向に行くことはたいてい、それに訴える人々にとってやぶ蛇になる。まず最小限の努力しかしないワーカーは、自分自身がその仕事のなかでフローを見つける機会を得られず、結局、退屈してしまうか無気力のままに終わってしまう可能性が高い。つぎにそのような人々は、進歩の機会が減り、結局、自己充足的予言の犠牲者となる。というのは、そのような態度によって、昇進する価値がある人だとは誰も思わないからである。

モチベーションが従業員を判断するのに使われる要素になることはめったにない。ふつう、従業員はただ成果の基準だけに縛られている。ティモシー・ローはその状態をつぎのようにうまく表現している。

ビジネスにおいて管理の最高位にある人々は、ビジネスの目標が達成されない理由にほとんどといえるほど関心がありません。……一見、克服できないようなチャレンジ――競争相手は一〇〇パーセントの市場占有率を有しており、自分たちは〇パーセントで、誰も我々のことを知らないような――に出くわしたとき、なんとかうまくやってくれそうな人が何人かはいるということが、長い間の経験からわかります。そのような人たちはその市場にたいして、一〇パーセント、二〇パーセント、三〇パーセント、四〇パーセントの市場占有率を取ります。意志の力により、優れたアイデアにより、不可能と思われるものを可能にするのです。

また、相対的に確実と思われるような仕事――自分が一〇〇パーセントの市場占有率をもち、競争相手が〇パーセントのとき――を与えられると、それを失う人もいます。一〇〇パーセントから始まり、今度は九〇、それから八〇、そして七〇パーセントとどんどん低下していきます。そしてこのように言うのです。「ええと、理由は商品Bの技術が遅れていて、他社の技術や類似の商品が現れ、それで市場が他社の技術のほうを実際にもっとよいと認めたからです。それは私の問題ではなく、技術部門の問題だから、それについては何もできることがなかったのです」と。そして技術部門は、「さて、こんな技術が役に立つとは思いもよりませんでした。あなたも競争相手がこのありふれた新しい技術で参入してくるとは思わなかったでしょう。もう一年早く言ってくださっていたら、喜んでその技術で参入したでしょうに」と言うのです。あなたはいつでも状況をつかみ、分析することができます。そしていつでも、別の方向を指している指があります。あなたはわかり始めます。何かがうまくいかなかった理由を分析なんかしても役に立たないと。人は言います。「それはあなたの仕事の領域でしょう。あなたが責任をもつことです。あなたが私に魔法をかけてくれるのを期待していたのです」。そして、もしあなたがその一〇〇パーセントの市場占有率を維持するか、〇パーセントから五〇パーセントの占有率をとれたら、すごいことです。しかし、もし五〇パーセントから〇パーセントにしてしまったら、そのときはあなたの責任です。それは非常に抜け目のない、きびしい、無情な相対関係です。なぜなら、あなたがすべて正しいことをしたのにうまくいかなかっただけだという可能性は認められないのです。

このような見方から、なぜ、従業員に「魔法」をかけることができないのかを理解しようと努力することは、時間の浪費であることがわかる。しかし成功だけが価値あるような組織、また、すべて正しいことをして失敗した従業員を、馬鹿なことをして失敗した人と同じ尺度によって評価するような組織は、大きな忠誠心が生まれる可能性は少ない組織である。まったく幸運な状況だけのおかげかもしれない従業員の成功だけでなく、成果に**加えて**態度も認め、報いるのがマネジメントの機能の一部である。

現実としてマネージャーは従業員の態度にたいして何ができるだろうか。結局のところ、自分たちが雇用したワーカーの精神資本をコントロールできず、長年の悪習を断ち切ることもできないのである。しかし雇用や昇進で選抜することによって、少なくとも会社の文化に変化をもたらすことは可能である。仕事そのもののために仕事を愛し組織すべてがその可能性を実現するのに役立っていると信じているものよりも、利己主義でつむじ曲がりの従業員が先に昇進するようなことほど、グループの勤労意欲を削ぐことはない。

物質の恩恵を高く評価する程度はどうかということを最近の歴史でみてみると、若い人々の間に世代的な繰り返しがあるように思われる。アメリカ合衆国で大学に入学する学生をみると、一九五〇年代では、「金銭的に裕福であること」が「意義ある人生哲学」をもつことよりも重要で絶対必要なものだった。一九六五年までには、局面は変わって、意義ある人生哲学のほうが増加し、金銭的裕福は八三パーセントから四四パーセントに低下した。その後、毎年、振り子は逆の方向に振り戻り、一九九九年までには金銭的裕福が非常に重要で絶対必要なものとなり、たった四〇パーセントのものが意義ある人生哲学だと言った。アルテミス・ベンチャーズ社のクリスティン・コマフォード－リンチはこの傾向について以下のように述懐している。

私は「レイプ、略奪、大儲けする、フェラーリを買う、邸宅を手に入れる、オーケー、これから何度も何度も繰り返してそれをやるよ」というような二〇歳そこそこの多くの人と話をします。そんなことに関わることではなく、素質をつくり、学び、成長し、多様性を生むことについてですがね。それで、少し心配していることがあるんです。デイトレーダーを見てごらんなさい。やがて利ざや稼ぎを始め、自分たちの仲間をねらい始めたではありませんか。

実際的にいうなら、そのような大規模な社会的傾向を逆に向けるようなことを引き受けられる経営者はそう多くない。しかし組織それぞれは、問題の原因になるか、またはそれを解決しようとするかの立場を取ることができる。もし、さらに多くの企業がほんとうに大切なことにたいする自分たちの責任を真剣に考えたなら、仕事にたいする姿勢はよりよくなるだろう。リーダーたちはこの課題に三つの方法でとりかかることができる。つまり、仕事の環境をよりフローを導きやすいものにすること、仕事に意味を与える価値観を明確にすること、ワーカーの態度をより幸福で生産的になれる方向へ導くことである。これを実現する方法については、次章で詳しくさぐってみたい。

第6章　組織におけるフローの形成

ビジネスで成功するリーダーとなるには、とりわけ組織がやっていること、つまり、組織が専門に扱う製品やサービスについて熟知しなければならないと考えられていることが多い。これはたしかに価値あるスキルだが、マネージャーの主な仕事は人々に効率よくともに働いてもらうことである。長期間にわたって成功してきた会社について、ジェームズ・コリンズとジェリー・ポラスはその著書 *Built to Last*〔『ビジョナリーカンパニー――時代を超える生存の原則』日経BP出版センター、一九九五年〕のなかで、リーダーとは、「将来を見据えた商品アイデアで市場を的確に捉え、魅力ある商品のライフサイクルの成長カーブに乗ることよりも、むしろ根本的に組織をつくり上げることに専念するものである」と書いている。

理想的な組織は、ワーカー一人ひとりの能力を発揮できる余地が見出せるものである。カミンズ社のJ・アーウィン・ミラーはつぎのように言っている。

ビジネスで重要なことは、リーダーが実務をしないことです。人々が自分のベストを尽くしたいという雰囲気をつくり出さなければならないんです。誰にもベストを尽くすように命令してはいけませんよ。ベートーヴェンに第九交響曲を作曲するように命じることはできないですからね。彼自身が作曲したいと思ったんですよ。だから、ビジネスのリーダーとは、実務を行うのではなく部下がベストを尽くすことを可能にする人だといえます。

ここまでの章で述べたように、従業員がベストを尽くすようにしむけるということは、より大きな利益を生み出すためにその才能を利用するということではない。彼らが人間として成長し、真の利益に貢献できるようにし、それによって彼らがより幸福になることを、まず何よりも優先することである。そのような組織をつくるための一番の戦略は、ワーカーがフローを体験しやすくする条件を整えることである。現実には、他人がフローになるかどうかに直接影響を及ぼすことはできない。しかし、環境をよい状態にもっていくことによって、人々がフローになる可能性をかなり高めることができるのである。

そのような職場はどのようなものなのか。それぞれの企業はその特徴があまりにもまちまちで、すべてをフローにとって都合よく説明することは不可能に近い。したがって一般論として話をするのは難しい。しかし、組織の機能が麻痺していたり、不快に感じられる企業もあれば、幸福な職場としてひときわ目立っている企業もある。明らかに違いがわかる特徴は**物理的な環境**である。一九三〇年代にオークパークの組立工場で、時代をリードしたことで有名なホーソン実験が行われた。その実験で、産業心理学者は照明のような環境上の変動要因がワーカーの生産性に及ぼす効果を研究した。だが、よりよい条件が生産性を上げるということが証明できなかったために、環境は重要な要因ではないと多くのものが結論づけた。実際にその研究では生産性のみが評価され、幸福については評価されなかったのである。

新しい企業の英雄的日々においては、知識労働者たちはものさびしい環境でも幸福であり、驚くべき仕事をした――有名なスカンクワークやマンハッタンプロジェクトのように。また、コンピュータ革命の先駆者がガレージや倉庫で二四時間働きづめでも幸福だったように。しかし、ひとたび初期の興奮状態がすぎると、よいワーカーを確保しておくための作戦は、環境に注意を払うことである。優秀な若者たちが、シリコンバレーやソルトレイクシティーのような魅力的な場所に、あるいはマイクロソフトのレドモンド本社のような場所に引きつけられるのにはそれなりの理由がある。しかし豪華な環境が必要なのではなく、むしろそれは逆効果になることさえある。私が訪れたことのあるなかで、従業員がもっとも幸福に感じていた会社の一つに、アウトドア用品のメーカー、パタゴニア社がある。その会社は、カリフォルニア州ヴェンチュラの近くの閑静なところにあり、一九三〇年代に建てられ最近改装された工場群のなかにあった。エントランスホールには、従業員が立てかけたサーフボードが壁に並んでいる。イヴォン・シュイナードはこの理由についてこう説明している。

私はビジネスマンですが、これからも自分のやり方でやりますよ。たくさんの規則を破って、仕事と遊びの区別をぼかしていくつもりです。ここではある方針があります。「社員をサーフィンに行かせよう」と呼ばれるものです。波が押し寄せてきたときには、誰もが気楽にサーフィンに行くことができますよ、といったやり方なんです。一日のうちいつでも、ちょっと飛び出してサーフィンに行く……。そんなやり方が人生すべてを変えるんです。もし、波がやってきたときにはすべての仕事を投げ出せるように人生を設計したなら、人生をどうするかというやり方は、まるごと変わります。そしてこの会社もまるごとそこで変わるんです。

ドイツの最高の世論調査組織、アレンスバッハ研究所は、南部ドイツの湖畔にある一五世紀の農家のなかにある。玉石の小道を歩くと、訪れた人は中世に戻ったような気持ちになるが、それでも外面が荒削りの木材でできた納屋の二階では、コンピュータが微かな音をたてている。シルク・ド・ソレイユの旅の一座も、どこでサーカスをしようと実際に村の広場に分解したセットを運び、そこで組み直して見慣れた舞台をつくり上げる。サーカスの曲芸師の子どもたちは、ウィーンだろうとストックホルムだろうと同じ建物で訓練を受け、みんな広場の周辺にある馴染みのレストランで食事をする。

ロバート・シャピロは、職場の建物やワーカーの仕事における制服が、その組織の意図する明確なメッセージをどのように送ることができるかについて、つぎのように述べている。

そうですね、衣服やオフィスがデザインされたやり方などは、どれも支配層の、権力の強力な信号であり、また権力をもたない人を感動させたり脅かしたり、ぞくっと恐怖心を起こさせるように仕組まれているわけです……。私は会社名が話しかけてくるのを聞くことがありました。その声はこう言っていました。「我々はとても大きくて、おまえたちはとても小さい」。はっきり示されている意味は、「ただ仕事を続けろ。そうすれば誰も困らないだろう」ということでした……。それがその建物が言ったことだったんです。

フローを生み出す職場環境では、よく子どもの声を聞く。職場の隣に育児施設をつくることは、育児に困っている親にとっては便利であるだけでなく、年齢差が世代間の絆を壊すことなく、より自然な生活に戻れることになるのである。同様に、おいしそうな食べ物を出してくれる気持ちのよいカフェテリアや息抜きの場所は、人間的な温かさのない職場の雰囲気とは大きな違いを生む。アニータ・ロディックは会社をどのように評価するのか、つぎのように説明している。「私はいつも……トイレや食堂を見ます。それはいまわしくうっとうしい場所でしょうか？」。残念ながら、多くの場合そうである。

この気持ちはウィリアム・ポラードも同じで、オフィスの物理的な設備がどのように企業の哲学を具体化しているかを、つぎのように述べている。

あなたが今お聞きになったことは、企業の内部でいつも聞かれたり、人に頼まれたりしていることです。「このことをビジネス経営にどのように生かせますか？　顧客をどう扱ったらいいですか？　どんな商品がありますか？　どんなサービスがありますか？　たとえばこのオフィスをどうデザインしますか？」。オフィスを通り抜けてみれば、一つの法則に気づくでしょう。それは閉まっているドアの後ろでは誰も働いていないということです。すべてがオープンなんです。誰かが「全部オープンにするのは素敵ですね」と言うからそうなったわけではありません。人々は一緒に働くべきだという考え方が基本にあったからなんです。……人生哲学をもっているということです。

フェルプス・ダッジ社のダグラス・イャーリーは、職場の物理的環境を変えることが組織文化全体を変貌させるどれほど大きな第一歩となりうるかについて、つぎのような例を示している。

ロサンゼルスの工場を動かしていた頃は三〇代の「青二才」で、私がそこで使っていた基本的なやり方は今でもまだ生きています。工場を始動したとき、早朝の六時に出かけました。引き継いだ最初の日でしたが……工場の機械にスイッチを入れたとき、ネズミがそこら中を走り回っていました。それで私はこう言ったんです。「ここでは明らかに管理維持に問題があるね。安全の記録を見せてくれないか」。それにはひどい安全の記録、作業者の多額の弁償請求や品質の問題がありました。人々は自分がしていることに誇りをもっていませんでした。そこで、毎日四時間フロアを歩いて回り、いろいろな機械によく立ち寄り、機械のオペレーターにこう話しかけたんです。「ここをもっとよくするにはどうしたらいいのかな。問題があるのなら、みんなで取り組まないとだめだろうな。さもないと解決できないんだよ」。管理維持と安全問題に取り組み始めたわけです。ペンキが塗り替えられ、職場はあちこちが輝き出して、ワーカーはそれに好感をもちました。屋根には三〇年間一度も掃除されたことのない窓がありましたが、そこから突然カリフォルニアの日光が差し込んできました。工場は再び輝き出し、欠点があれば見つけられるようになりました。そしてコンテストをしたんです。白い手袋をして歩き回り、ある部門がその日の一番きれいな部門と発表して、その部門の人がドーナッツやピザやいろんな賞品を獲得したりして……。そこは二年で利益が出始め、大きな成功を収めましたよ。

フローに強く影響を与える環境の条件は、かならずしも職場そのものにあるわけではない。たとえば日々の通勤は生産性やワーカーの幸福に大きな影響を及ぼす。通勤の問題は今に始まったことではない。シチリアの農夫は朝三時や四時に起き、ロバにまたがって畑までの長い道のりを行かなければならなかった。しかし少なくとも、その行程は多くのワーカーが企業の駐車場で、ストレス一杯で疲れ切って車からよろめき出てくる前に交通渋滞で耐えしのんですごした二時間より、おそらく気分が平穏なものだっただろう。先見性のある企業は、公共の輸送機関が利用できない遠く離れて住んでいる従業員に、ガソリンの節約やイライラの解消のためだけでなく、本を読んだり、違った部署で働く従業員との人間関係ができるようにしようと、バス通勤を用意し始めている。

もちろん、よいことと同様に、ワーカーの快適な生活のために似たようなことをしようとした結果、利益を減らしてしまうこともある。第二次世界大戦後、タイプライター（その後コンピュータ）の巨大企業オリベッティ社は理想郷の実験に乗り出し、北部イタリアのイヴレア近郊の施設を、優れたデザインで現代風の建物が建てられた穏やかな起伏ある地域につくり直した。そこにはプロが公演するコンサートホールや劇場のほかに、運動競技場やスイミングプールもあった。しかしそのときリゾートのような施設は従業員に恩着せがましく感じられ、また労働組合は、労働者を味方に引き入れるための経営側の策略ではないかと疑った。労働組合のリーダーは、今でもしばしば、経営者は給料小切手を発行するだけでよく、労働者の福祉は労働者が選んだ代表に任せるべきだという態度を取っている。

物理的な環境に加えて職場における生活の質に関係するもう一つの手がかりは、そこに**働く人々の態度**である。フローの機会がほとんどないところでは、ワーカーは無愛想で、心くじかれ、しかも疲れ切ったように見えがちである。反対にフローが起きやすい環境では、人は快活で、元気に満ちあふれて行動し、冗談や笑顔で満ちあふれている。世界的な事例でいうと、最近までは、車で西ドイツから東ドイツに入るときにこの差を見ることができた。鉄条網と警察犬で護られた国境の検問所を通過することは、根強い怒りと疑いの念に満ちた人々の世界に踏み込むようなものだった。周囲の状況というものが、どんなに簡単に人生を苦しいものにも希望にあふれたものにもしてしまうかは、注目に値することである。

企業において感情面での環境を活気にあふれ、喜んで受け入れられるようなものにするために、経営陣は多くの方法を取ることができる。なかには一般的にわかりきったこともある。たとえば優れた大学において、教授陣や学生、役員、卒業生などにインタビューし、なぜ大学がそれほど優秀なのかを調査研究した。ある教養課程では、大部分の回答者が学長によるものであると答え、彼の長所のなかで一番多くあげられたのはユーモアのセンスだった。決して真面目すぎず、冗談を言って会議を明るくし、生徒の集まりにも参加したというのである。仕事は真面目に取り組むべきものだが、それだけで人生がうまくいくというものではないという経営陣からのシグナルは、組織の士気を高揚する効果があるに違いない。

ビジネス環境を改善するためのより本質的な方法は、人が自由に積極的に行動し、自分の仕事をコントロールし、自分の仕事に影響ある決定に参加できるという明確な手段があることである。本章の残りの部分では、仕事でフローを体験できるような組織をつくるためにこれらの手法がどれくらい役に立つかを、より詳しく述べていきたい。

フローの前提条件

経営トップからの権限委譲がなければ、フローを促進するような環境を創造することは不可能である。リーダーは、製品や利益、市場占有率よりも前に、第一に従業員の心理的な幸福を考えなければならない。アニータ・ロディックのようにこの問題に大胆にアプローチするCEOは数少ない。彼女はときどき、「さて、当社は来年の成長はないと思いますよ。もっと面白いことにはなるでしょうが」と取締役会や投資家の会議の冒頭で述べるという（「そうしたらみんな真っ青になるのがわかるんですよ」と付け加えている）。

経済的な成長をする前に面白いことが起こるような企業で働く、あるいは投資することが心安まるという人は誰もいない。自分たちを非常に重大なものと考え、まるでそれが究極の現実の反映でもあるかのように市場ゲームに参加している企業は、つねに存在するだろう。ピンストライプのスーツを着て、安全のためアタッシュケースを持ち、決められた規則に疑いもせず従うことしかできない従業員は大勢いる。しかし、もし相変わらずビジネスのことを考えるのではなく、成長や幸福を問題にするのであれば、普段の仕事の退屈な限界を、フローを刺激する場所に変える方法を考えるべきである。

多くのリーダーたちは、フローを可能にする主な条件をすでに実行しているか、少なくとも理論的にはそのやり方がわかっている。たとえばマイクロソフト社のマイク・マレーはビジネスチームの成功を決定づける三つの「共通の事柄」について、つぎのように述べている。

第一に、マネージャーは企業が行わなければならないことに力を結集するための非常に明確な目標を各チームメンバーがもっていることをしっかりと把握しているかどうか、第二に、仕事をスムーズに進めるためにチームが片づける必要がある追加業務をほんとうにうまく計画できるかどうか、そして第三に、コミュニケーションとフィードバックを実際にうまく保っていけるかどうかということです……。

マレーがワーカーを励ましてそのスキルを伸ばし、チームの能率向上に貢献するとともに、フローを起こさせる要素——明確な目標や十分なフィードバック、より大きなチャレンジなど——を数行の簡潔な文章でどれほど明確に定義づけているかについては、注目すべきものがある。もちろん古いことわざに、「言うは易く行うは難し」というものがある。だからこのような価値ある考えを、人はどのように**実行**していくかが問題なのである。

組織の目標を明確にすること

もし企業の目標が理解されず、いや、より悪いことに誤解されてしまったら、ワーカーがその目標の達成に全力をあげることは困難である。うまく運営されている組織の特徴は信頼にもとづくコミュニケーションであるとは、おそらくもっともよくいわれることである。もし部下が企業のビジョンや価値にたいする上司の責任感を信用できないなら、またもし上司が部下を誠実だと信じられないなら、その組織はまもなく自然崩壊するだろう。企業のなかで信頼がどのような役割を果たすかについて、事務用家具メーカー、ハーマンミラー社のＣＥＯ、マックス・デプリーが好例を挙げている。同社のセールスマネージャーが軍事基地のビジネスで数億ドルの商談をまとめられそうな状況になった。そのとき物資調達担当将校が、「契約するに際しては何がしかのリベートがほしい、これはたとえ入札価額が最低であってもだ」と要求してきた。セールスマネージャーのフィルは相手に、「当社ではそのようなことはいたしません」とはっきりと伝えた。

「誰でもそうするんだ。当たり前のことだ」とその将校は言った。

「いいえ、私たちはそうではありません」とフィルは答えた。

「では、きみの上司に電話するしかないな。首になってもいいのか？」。

これにたいして、フィルはこう答えた。「いいえ。そんなことにはなりませんよ。ただ注文がいただけなくなるというだけのことです」と。

フィルがそのように確信をもって答えることができたのは、「たとえそれが注文を失うということになっても、リベートを渡すようなことはしないという自分の決定をＣＥＯは支持してくれる」という確信をもっていたからである。彼は上司を信じ、上司も同様に企業の価値を守るためにフィルを信じたのである。この話はうまくまとまったのだが、このことについてデプリーはつぎのように述べている。

それで、私たちは注文をいただきました。というのは、その担当将校は上官のところに行って低い値で入札してきた企業になぜ発注できないのかを説明しようがなかったからです。しかしこのような場合、フィルが私をよく知っていてくれたということがポイントで、すぐに状況を電話でこう連絡してきてくれました。「さて、注文は取れないかもしれませんね。それでも何とかなるでしょう」と。リーダーの仕事の一つは、そういったことを組織内で従業員みんなに十分理解させることだと思いますね。

非常によく似た話を、企業の共有価値そして「文化」と定義づけているダウ・ケミカル社では、CEOのウィリアム・スタブロプロスがつぎのように述べている。

まあ、一例を挙げましょう。約二年前のこと、たぶんその頃だったと思いますが、ある企業と非常に難しい交渉をしていました。私は直接それに関わっていたのではありません。部下たちが担当していたんです。もう少しで交渉が成立するところまで来ていました。その企業は、察するに法的にはたぶん問題ない決着を薦めてきました。しかし少し胡散臭《うさんくさ》い感じでした。わかりますね。部下たちにはそれが正しいという感じがしなかったので、みんな会議を退席してしまいました。金銭的に私たちには非常に有利なものだったんです。ほんとうに。しかしそれを拒否して席を立ったんです。そして私に電話でその件を断ったことを連絡してきました。それは当然の行動でした。全員がその会議でそう感じたんです。私に電話してどう思うかを確認する必要はなかったことです。まさに無意識にそのように反応したんです。

そこに文化……強い文化があるわけです。そのとき、そうした部下たちを誇りに思うに違いありません。それがここで懸命に努力しようとしていることです。自然に出た条件反射です。そんなに考える必要はありません。いろいろなことを考えなくてもいいんです。ただそんなことをしないだけです。

多くの組織で、目標が明確になっていないいくつかの理由がある。自分自身の企業に当てはまるかどうかを調べることは大切なことである。第一に、**組織の**（あるいは、チームや個々のワーカーの）**使命が**、経営幹部を含み**誰にとっても不明確**な場合である。言い換えれば、ＣＥＯや役員でさえも組織の目的を明確にする仕事に携わったことがない。もしほんとうにこんなケースがあるとすれば、上司と一緒にこの課題を提起し、それを解決しようと努力することは、経営に携わる人々に次ぐ人たちの責任である。うまく経営されている組織では、よい事業計画が策定されており、しかも経営陣が行動で示し、書面の通達と口頭でのコミュニケーションによって絶えず強化されている一貫した基本的価値観がある。

大部分のビジネスリーダーは、コミュニケーションの重要性についてはアニータ・ロディックの言葉に同意するだろう。彼女はこう言っている。「それはリーダーシップのもっとも必要不可欠なスキルの一つだと思います。というのは、あることにどんなに情熱的であっても、もし生き生きと、あるいは楽しくコミュニケーションができなければ、またそんなふうにコミュニケーションを図るために、もっとも説得力あるものは情熱なのですが、それもなければ、その人はいないほうがいいくらいです。そのようなすばらしい思いをもっている人をたくさん知っていますが、彼らはもがきながら進んでいます。そうするだけの知識をもち合わせていないからです。それは芸術なんです。**はっきりとした**芸術であり、スキルなんです」と。

ジレット社の前CEO、アルフレッド・ザイエンのビジネスリーダーシップ哲学は、自分の時間の九〇パーセントは「三つのP」すなわち、人（People）、商品（Product）、目的（Purpose）に費やさなければならないというものである。社員を選択し、訓練し、昇進させることはもっとも重要で時間のかかることだが、目的を示すこともまた重要なことである。「人々から、「目的とはどういうことですか」と聞かれます。目的とは、この企業全体の目的は何かという疑問を心に何度も何度も絶えず繰り返す人々とすごす時間のことです。なぜその仕事をしているのか、どうしてこのような特別な改革運動をするのか、この会社の目的は何か、努力する目的は何か、といったような疑問です。そこには何か少し人を導くようなものがあるんです。ある人はそれはモチベーションだと言っていますが、それ以上のものではないかと思います。それは組織の目的意識を創造することです。たった一五人の組織の監督者だろうと四万五〇〇〇人の組織の経営者だろうと、そんなに大きく違っているものではありません」。

第二に、**使命がラインマネージャーにとって不明確**ということである。指導的立場の人々の多くは画一的だと思われることを嫌がり、自分の無知を認めるよりもむしろ自己流で事を行ってしまう。この場合、唯一のよくない質問は口にしなかった質問、ということわざがとくに当てはまる。独りで熟考して時間をすごしたり、同僚や部下、上司などと話をしたりするなど、チームや部門の目標を明確にする方法はたくさんある。一般に、これらのやり方を組み合わせるとてもうまくいく。自分自身で物事をよく考えることは大変重要だが、博識な同僚に確認することも必要である。

第三には、**使命が部下にとって不明確**ということもある。これはおそらく組織で起こる混乱のもっともよくある原因であり、いくつかの要因から起こる。私たちはよく、自分が状況を理解しているというだけで、他人も同様によく理解していると当然のように思ってしまう。人がすべて同じ考えをもっているということを確かめるのは時間の浪費のように思われるので、ますますそのような確認をしなくなる傾向にある――新入社員が絶えず組織に加わり、基本的な条件が変化しているにもかかわらず。第一線のワーカーは自分たちに期待されていることを理解せずに、企業の優先順位をすぐに間違った考えで進めていくかもしれない。アムウェイ社のリチャード・デボスは会社の目標が全組織に行き渡って十分に理解されるようにする戦略について、つぎのように述べている。

みんなに情報がよく伝わっていると確信しています。たとえば会社を経営しているとき、毎月従業員会議をしていました。従業員に敬意をもっていたから、また、会社の一部になってほしいので、そうしたんです。月に一度、会議――約一時間ですが――をして、ビジネスはどうか、上向きか下向きか、状況はどうかなどについて報告します。なぜあることをしたのか、しなかったのかとか、なぜこのように利益を得たのか、利益を得なかったのかという質問にも答えます。またなぜ全員が玄関先に駐車スペースをもらえないのかということを討議することもあります。数千台の車がありますので、あるものは駐車場の外れで駐車しなければならないことになったわけです。誰がそこに時間通りに着くかというちょっとしたことなんですが……。とにかく、この会議ではそういうことを楽しくやっているんです。

そのことがみんなへの敬意を示しています。情報交換すると、みんなに敬意を払うことになるんです。

もっとも条件のよいときでさえ、情報はグループのなかで広がるにつれて、急速に変質してしまう。心理学者のドナルド・キャンベルは数年前、「郵便局」というよくある子どものゲームをモデルにした一連の実験をした。大学生を一列に並んだ椅子に座らせ、こっそり最初の学生にある話を伝え、その学生はつぎの学生にと順々に伝えていき、最後まで行ってから、最後の人が聞いたことを紙に書き出すというものである。予想できるように、そのグループの最後に到達した話は最初の話と大きく食い違っていた。最初の話が、ジョンが自分の妻メアリーに毒を盛るというものであっても、最後でメアリーがジョンに毒を盛るという話に変わっていても珍しいことではなかった。

このように混乱することはどんな組織でもふつうのことであり、これを防止するもっとも効率的なやり方は、情報の経路をつねに開放するために組織的な努力をすることである。そのためのもっとも効率的なやり方は、各チームメンバーとときどき話し合い、自分たちの仕事の主な目標は何だと思うかということを彼らに質問することである。こうした非公式なやり方の代わりに、公開の会合でも同じ目的を果たすことができる。

マネージャーが、無意識に遅くまで部下に仕事をさせるのは自分ではないか、ということを考えてみることもまた有益である。自分の立場に不安を感じるマネージャーが重要な情報を自分自身のなかだけに収めておいたり、自分の部下に情報を不公平に漏らしたりして、「分断攻略」的戦略を用いることは珍しくない。これは短期的には有効な戦略ではあるが、遅かれ早かれチームを混乱させ、やる気をなくさせることになるだろう。

組織の長期的な目標はふつう非常に安定しているが、日々の優先事項は変わるように思われたり、ときにあまりにもゆっくりした変化なので気がつかないことがある。もし経営陣が熱心に目標を再定義して、どのような変化があろうと、それをつねに指示や方針で皆に知らせるということをしなければ、グループは勢いだけで、しばらく歩き慣れた道を進み続けることになるだろう。改革が重要となるたびに、過去の実績の評価を新しい優先事項の説明とそれを取り上げた理由に関連づけていく会議を開くのは、大切なことである。

クリスティン・コマフォード－リンチは、とくに急速に変化する環境のなかで知識労働者を雇う小規模のベンチャー企業において、なぜコミュニケーションがそれほど重要なのかについて、いつもの生き生きとした考え方の一つを述べている。

ほんとうに早く成長しているとき、企業の一番下にいる人たちは、何が起きているかわからなくなるんです。その人たちは、どのようにして感情的結びつきを得られるでしょうか？　みんな経営の外に置かれていると感じています。経営幹部が話をしていても、何のことを話しているのかわからないんです。だから、コミュニケーションは偉大なものだと思いますよ。あるベンチャー企業は実際よくやっていて、毎週金曜日はビールを飲み、ＣＥＯは退屈しない話を短く、「会社はどんどん発展しているぞ。さあつぎの新製品のネーミングをしたいから、みんなアイデアを出してくれよな。優勝者には五〇〇〇ドルの賞金だぞ」とか言うんです。それは一つのコミュニティです。私たちはコミュニティについて話しているんです。人々がただ生き残るというのではなく、繁栄するように職場環境をつくるわけです。

達成目標

たんに明確に定義された組織的な目的をもつことだけがフローを体験するための十分条件ではない。私たちはまた、そのときどきに明確に、何をする必要があるのか、どれくらいうまくやる必要があるのかを知らなければならないからである。一般的に組立ラインの仕事のように、活動の各ステップが前もって明確に説明される仕事はいろいろあるが、大部分の仕事はどのようにしてそれが実行されなければならないかについて、自由裁量の余地がはるかに多く残されている。たとえばセールスマンの腕はできるだけ早く儲けを増やすように売り上げを伸ばすことであるのは明確である。しかしさまざまな販売にはそれぞれ多少なりとも違ったアプローチが必要である。たとえば、厚かましくいくべきか、ゆったり構えていくべきか、あるいはおどけていくべきか、真面目にいくべきか、高圧的にいくべきか、親しげにいくべきか、というように。また商品のどの面を強調すべきか――値段か、使い勝手のよさか、安全性か、使おうとする目的への適切さか。このような質問にたいする答えは、たとえば顧客の気分や必要性、また一日のうちの時間帯や天候などさえも関係する、前もって予測できない多くの条件による。優秀なセールスマンは、その場合にふさわしい特別な戦略を直観的に選び、少なくともそれが間違いであるとわかるまで、選んだ台本に従うのである。

多くの組織、とくに大きな官僚主義的組織では、出席者には無意味な会議や手続きで大量の時間とエネルギーが浪費され、出席者は疲れ切っている。ブラスリング・システムズ社のデボラ・ベセマーは各スタッフ会議の当面の目標を明確にすることをルールにしている。「私は社内の誰と会議をしようと、「さあ、この会議の目的は何ですか。一時間で五人の人間の時間、会社の時間の五時間も浪費する恐れがあります。私たちがなぜここにいるのかをはっきりさせましょう」と最初に言ってから始めます」。

人はしばしば自分自身の目標や作業のルールを明確にすることができない――言われたことには真面目に従えるのだが、行き詰まったときに戦略を改善したり変えたりすることには慎重である。多くの努力をしても、そのように自ら責任ある決定をしないと、結局はひどいことになる場合がある。登山家が極端なまでに自分のルートについて調査したり、登山チームが望遠鏡によって岩面を確認し、出発後に取る何百もの動きの一つひとつの構想を練ったりして、登ろうとする山のベースキャンプで何日もすごすことは珍しいことではない。ふつう、そのような事前の仕事によって登山が成功することが保証されるのである。しかしながらいったんチームがルートに足を踏み出すと、ベースキャンプから見たものとまったく異なった状況になっていることが極めてよくある。岩は思った以上にもろく、氷で覆われており、張り出している。もしチームが別のルートに変更するという決断をしなければ、場合によっては、大きな犠牲を払ってその報いを受けることになる。自分の思う目標に集中している状態だが、必要なときにはやり方を変えるこの能力があれば、チェスだろうと手術だろうとビジネスだろうと、他のどんな活動においても成功は保証されるのである。

達成目標において柔軟性を育てるためにマネージャーができることは何か。他のことと同じように、もっともよいやり方は実際にやらせてみること、また必要なら失敗もして、そこから学ばせることである。どうやったら達成できるかについてあまり具体的な指図をしないで、人に仕事を与えることから始めるのは意味のあることである。たとえばそのチームがなぜ翌年多額の予算を配分してもらいたいのかを部長に説明する要望書の作成を部下に依頼するとよい。その後そのレポートを手に持って作成者に段落ごとの、いやひょっとするとそこに含まれる行や言葉ごとのほうがよいかもしれないが、その目的を説明するように頼むとよい。状況を説明するのになぜこのような具体的な言葉が使われているのか。なぜこれらの特別な問題点を強調するのか。なぜこれらをその順番で書いたのか。

そのような練習の重要な点は、レポートを作成するステップがすべての言葉——岩登りをしている登山家の一つひとつの動きと同様——が意図された目標に達するように注意深く狙いを定められたものでなければならないということをはっきりと表現しているかどうかである。同時にそのような書類を作成するのに、ただ一つだけ「正しい」方法があるというわけではないことも強調されなければならない。レポートが最終的に完成する形は、その部長の個人的な関心事や企業の目下の優先事項、チームの最近の実績——ひょっとしたら、その日の天候やその時間帯でさえもありうる——のような要因次第なのである。自分の部下がチューインガムを販売しようとジャンボジェット機の着陸装置を設計しようと、部下たちがすることはすべて彼らのコントロール下にあるのだということを、また彼らが処理することはすべてグループ全体としてその目的を達成するのに役立っているのだということを**体験**させることが重要なのである。

たとえ自分以外の他の誰も気づいていなくても、非常に制限のある条件で仕事を行い、達成目標を自分たち自身の必要性に適合させることによってはるかに興味あるものに変えて、自分の仕事でフローを体験することが大変上手な人たちに、ときどき出会うことがある。たとえば配偶者や子どもたちがたとえその差に気づいていなくても、アイロンがけしたワイシャツがどれほどきれいに見えるかということについて自分自身に高い基準を設定し、描き上げたキャンバスの絵を吟味する画家がもつ達成感によく似た感覚を抱くことができるように、実際にアイロンがけすることを楽しみに忙しく家事に携わる人々もいる。また、たとえ自分にとって特別ためになるわけではなく、自分の作業をラインのスピードよりも速くすることはできないのに、自分自身にノルマを達成する時間を半減するという目標を設定している組立作業員もいる。そのような人はボーナスや報酬で報われるわけではないが、自分の個人的な記録を伸ばし続けるスポーツ選手と同じような満足感を味わっているのである。

この目標を設定するための能力を高めるのは、自分が行うことに注意を払い、その行動や結果に精神的なエネルギーをつぎ込むことへの意欲である。残念ながら、多くのワーカーは自主的に効果的な方策を発達させる精神資本をもたずに仕事に就く。彼らは失敗することを心配しすぎるか、面倒をかけられてうんざりしすぎているかである。彼らは言われたことはするが、物事のよりうまいやり方を考え出すことはできない。そのとき唯一の解決策は、マネージャーが断固とした救助員としてひかえながら、決断力を示さない従業員を、沈むか泳ぐかを学ばなければならない状況に置くことである。

どの程度うまくやっていこうとしているのか

一歩一歩目標に近づいているかどうかがわからなければ、どの仕事をするべきかはっきりわかっても役に立たない。大きな暗いホールのはずれに置かれた電灯のところにたどり着きたい気持ちを想像してみるとよい。必死でそこにたどり着きたいと思うのだが、目隠しされ、手も縛られて暗闇で手さぐりすることもできないという状況を想像してみるとよい。どれほど決意が固くても、自分は進んでいるのか、ただ円のなかで動いているだけなのかがわからないから、すぐにイライラすることだろう。

このたとえ話ほどひどくはないが、計画がうまく立てられていない仕事では、自分の成果について情報が得られないため、しばしばまごついてしまう。自分の成果を絶えず教えてもらい、今行っている仕事にしっかりと集中するためには、三つの重要なフィードバックの情報源を日常的な活動の一部として活用するとよい。まず**他者からのフィードバック**である。これは前に論じた「コミュニケーション」のより普遍的な問題に分類されるものである。それは大部分のマネージャーが自分の責任のなかでもっとも重要な面と感じており、しばしばその組織において不足しているものである。

経営幹部は関連したビジネスでの同業者たちと、また内部においては自分の企業のキーパーソンと絶えず接触することによって、自分たち自身に確実にフィードバックを受ける方策を講じている。たとえばジョン・リードがシティコープ銀行を率いていたとき、世界の主要な銀行の六人のトップと少なくとも年に二回は個人的に会い、さらにGM社やGE社、IBM社といった企業のCEOとはより頻繁に会っていた。また少なくとも午前中の半分はシティコープ銀行のネットワーク内の三〇人くらいの人と電話で話をしてすごし、少なくともそのうちの何人かと相談することなく重要な決定をしたことはなかった。

もう少し非公式なやり方だが、アニータ・ロディックもまた絶えず情報を吸収している。「私は大変なおしゃべりです。電話ができる場所ならどこででも、とてつもなく電話で話します。世界中で私が敬愛する七、八人の人と……ただおしゃべりしているだけなのですが」。ティモシー・ローも同じように電話を使っている。

「キッチンキャビネット」と私たちの間で呼んでいる声だけの会議を、マドリッドの友人とサンフランシスコの友人、最近までロンドンにいた友人、そして私の四人でしています。二、三週間おきに二、三時間、何がどうなっているのかについて電話で話をします……。この人たちは昔からの個人的な友人で、声の掲示板として私たちの生活上のことについて、かなり客観的な考え方で意見を確認し合う会議としてお互いに利用しています。

多くの経営者は、危急のときに頼りにできる他の組織の同業者や専門家の支援システムを構築している。アップルコンピュータ社の共同創業者、マイク・マークラは、「三〇年にわたって、電話して「問題ができたのだが」と言える人々がいます。彼らはいつも協力的です」と言っている。もちろんそのようなネットワークは自然にできてくるものではなく、信頼でき、オープンで、喜んで恩に報いるような人でなければならないが、ビジネスの環境においてはかならずしも高評価を受けていない人柄であってもよいのである。

うまく組織を管理するためには、その構成する部分——とくにそれを機能させる人々——を詳細に知らなければならない。ヨーロッパ最大の保険企業の一つ、ゼネラリ保険会社の前ＣＥＯ、エンリーコ・ランドーネは組織内で昇進するにつれて、ミラノからマニラにいたるおよそ一万もある支店の支店長を個人的に知るようになり、最終的にトップに登りつめたのは、このスタッフとの親交のおかげだと断言している。

カミンズ社のＪ・アーウィン・ミラーは、組織にいる人々と親しくなり、耳を傾けることはリーダーにとってどんなに大切なことかを強調している。そのことを古い時代の例を引いて示している。

真にすばらしいリーダーとは、いつも、物事を可能にしてきた人です。それは古典時代にまでさかのぼります。トゥキディデスの時代かどうかはわかりませんが、一人のギリシャ人の将軍がいて……まさに現代のビジネスコンサルタントがＣＥＯたちにアドバイスしているのとまったく同じように行動したので、部下の兵士たちに慕われました……。部下全員を熟知し、話しかけ、アドバイスを求め、そして真剣に検討し、返答をしたんです。今日、ピーター・ドラッカーがアドバイスしているのと同じような方法です。それは二五〇〇年も前のことだったんです。

大きな組織においては、しばしば起こった問題について生々しく報告することが嫌がられるため、リーダーは企業の出来事を正しく認識することが困難なことがよくある。大きな多国籍企業のトップはコミュニケーションとフィードバックのルートを開放しておくためにつぎのような戦略を用いている。

二週間前、私はまる一週間、五日間ですが、七カ国を回って従業員と会議をしてすごしました。一日二回、二、三〇〇人の違った従業員に、一時間ほどは私の考えを述べ、つぎに疑問はどんなことでもいいから私に聞くようにと、一時間半を割きました。それはみんなの考えを把握していくための方法です。

……出かけていって、顧客と、また従業員と一緒になり、市場で現状はどうなっているのかを視察し、やる気を起こさせなければなりません。先週まる一週間アジアですごし、同じことをしました。私たちのスタッフを訪ね、工場を訪問し、皆がしていることに興味をもっていることを示しました。それがやり方なんです。ここでじっと座ってするのではありません。

デボラ・ベセマーは別のフィードバックの重要な源についてつぎのように述べている。

進歩の度合いをチェックできる方法はたくさんあると思います。その一つに、お得意様でチェックすることができます。市場では評判をチェックすることができますし、自分の価値観が評判をどのようなものにもつくり上げると思います。お得意様の意識調査をするんですが、彼らは以前にそんなことをされたことはありませんでした。現在は、年に二回お得意様がどう思っているかの意識調査をしています。

多くの場合、マネージャーは他人が自分自身の決定にとやかく言うことを嫌がる。その結果、非常に無駄の多い努力の典型として、「火事だ、どこだ、さあ消火の準備だ」という次第になる。あるいは、長い目で見れば、重要な決定が実行される前に戦略会議が行われれば、かなり時間を節約できるとしても、マネージャーは「十分な時間がない」という決まり文句の陰に身を隠してしまう。

マネージャーが、チームメンバーが仕事を楽しみ、そのなかで成長できるようフィードバックをすることも同じくらい重要である。仕事の別の面すべてと同様に、これには人がもっている精神エネルギーの一部を使うことが必要である。個々の部下の成果の詳細に注意を払い、その強み、弱みに気を配らなければならない。一年単位の評価では不十分で、四半期ごとや月ごとのフィードバックでさえも、一般的であまり役に立たないことが多い。優秀なマネージャーはコンサート中の指揮台にいる指揮者のようなもので、オーケストラのそれぞれの楽器がどのように演奏されているかに全神経を集中させ、全アンサンブルのハーモニーを引き出しながら、つぎは金管楽器部門の音の調子を落とし、今度は管楽器部門にもっと強い音を求めるといったことを行っているのである。

成果に注意を払う方法はいろいろあり、なかにはリチャード・デボスがつぎに述べるやり方と同じように慣例化されているものもある。

ＰＲ部門をもつことになり、珍しいことや善行をしている人をその部門で見つけるようになりました。しかしそのような人でも、広報誌に取り上げられたことのない人は世界中にたくさんいます。だから私がサインして、お祝いの手紙を書くというささやかなプログラムを始めました。一〇年か一五年後に、「ああ、あなたが私に手紙をくれたんですか」と言ってくれるかもしれませんね。励ましの技術は大きな才能ではありません。それはただ毎日のちょっとしたことの積み重ねです。

もちろん、「毎日のちょっとしたことの積み重ね」に注意を払うにはマネージャーの時間を多く必要とするので、信頼のおける助言者からのフィードバックが必要となる。ほとんどすべてのビジネスリーダーは、自分のキャリアのなかでよりよい成果をあげるのに役立ってくれた人を覚えている。これらの信頼のおける助言者の大部分は、その役割を指名された人というよりも、その気質や価値観がその役割に合っている、より経験豊富な仲間たちだった。デボラ・ベセマーは信頼のおける助言者が大切な理由をつぎのように指摘している。

　自分の上司に言えないようなことでも、信頼のおける助言者には言えるはずです。あるいは、上司に言ってはいけないことでもです。「私の上司はまぬけだわ。こんな状態でどう働けというの？」というように。あるいは、何か相談する必要があるということのなかには、仲間との人間関係があるかもしれません。「私はこの男とどう一緒に働いたらいいのかわからないわ。彼はいつもうるさいことを言ってくるの。虫の好かない奴なのよ」とか、いろいろなことが。私は決してこんなことを上司のところに行って話しはしません。

迅速で具体的なフィードバックは、ワーカーがよりよい成果をあげるのに役立つもっとも効果的な手段の一つである。これは関わっているビジネスによって異なるが、日々作業現場を歩いたり、記録を読み、計画を確認し、あるいは販売の推移を調べ、また質問し、意見を聞き、コメントし、提言し、賞賛し、あるいは注意したりする通常の行動のなかにみられるものである。もちろんこの種のフィードバックはやりすぎると「ミクロマネジメント〔過剰管理〕」の危険性がある。物事がうまくいっているときはまた、口出しすることをおさえるようにしなければならない。ミクロマネジメントを実行している人はふつう、自分だけが物事の正しいやり方を知っており、他の誰もが自分を見本にしてほしいという信念をもっているので、当然評判は悪くなる。マネージャーは、ワーカーの協力によってどうしたら仕事がよりうまくできるのかということを学ぼうとするときに、一段と成長できる。

社会心理学においては、「このことをうまくできませんでしたね」と言うよりも、「別のやり方でもっとうまくやれるかみてみましょう」と言うほうがより効果的だという定評のある学説がある。他の人に「**あなたが**これをしたのですよ……」と個人的に批判の一つもしようものなら、あらゆる防御心が首をもたげ、学ぼうという能力とモチベーションを阻害することになる。ところが、もしその批判が成果そのものに向けられる場合は、脅迫的な感じがより薄くなり、その結果、学ぼうとする気持ちが強くなる。

情報の第二の源は**仕事自体からのフィードバック**である。たとえば一日で生産されたこれこれの数の商品でX個の欠陥があったとか、顧客に販売されたこれこれの数のユニットとかいうように、ある仕事には仕事固有の成果の尺度がある。しかしながら大部分の仕事において結果はそれほど明確なものにはならない。最近の経営のテクニックでＴＱＭのようにいくつかのものがうまく成功したのは、それが部分的に組織の企業業績を定量化するのに役立つという事実によるものである。残念ながらそのやり方はときにまったく独断的で、真の価値を反映することができていない。しかし人の努力を評価する基準があるということは魅力的であり、それを利用する人は仕事をより楽しいものにしている。

どのようなテクニックが使われようと、期待されるものを明確に説明することはマネージャーの責任であり、その結果、ワーカーは仕事にチャレンジし、それを達成するためにどれくらいうまくやっているかを評価することができるのである。同時に経営者は自身の成果にたいして、比較できる指針を設定すべきである。あるＣＥＯは「なすべきこと」の表をつくっており、毎日その更新のためのもう一つの表さえもつくっている。それが完了してチェックマークをつけるごとに満足感でちょっとした元気づけになるのである。

最後に、**フィードバックは自分自身の個人的な基準から発生することもある。**ほんとうのリーダーは、外部的なシグナルよりも、うまくできた仕事を構成するものにたいする内部感覚に頼っている。そのような確信は経験からくるものだが、しばしばそれはあまりにも自分自身の一部になりすぎるので、直観的で自然な判断のように思われるのである。

マネージャーが自分の部下たちにこの感覚を教え込むことは簡単なことではない。最善の方策は自分自身の基準をまず明確に設定し、その後皆が認め、そこから学んでいくように、機会あるごとに仕事に適用していくことである。ある場合にはこのために仕事を何回もやり直すことになるかもしれない。たとえ時間が迫ってきていても、できるだけ完璧を期すために。あるいはもしリーダーが手を抜いたりすると、誰も皆、基準を真面目に考えずに、勝手な都合で無視してしまうという結果に終わるだろう。

もし成果が不明瞭なものになってくると、プロジェクトから外し、基本的な基準を再度認識させる機会をつくるというおおっぴらな事例を生む羽目になる。関係した人を非難したり困らせたりしないで、状況を見直し、進められてきた過程の各段階を管理委員会で吟味し、それを改善するための方策を検討しなければならない。

フィードバックを得たり与えたりすることは時間のかかることであり、リーダーの精神エネルギーの大部分を使い切って、疲れ果てるかもしれない。しかしそのような行動は、時間を上手に使ったことになる。もしそれがなければ、組織のほんとうの状態を知る方法がなく、そのためにリーダーシップを発揮することが不可能になる。組織を流れる情報は活力の源であり、内部のまた外部の変化に適した対応を可能にするのである。この点についてさらにいうと、フィードバックがなければ、学習もなく、成長もない――あるのは決まりきった単調な無気力だけである。

チャレンジとスキルとの一致

仕事の環境は、そこに従事している人がどの程度成長するかということにかなり大きく影響する。どこに配置されようとベストを尽くす方法を見つける人もいるが、ワーカー各人のスキルが最大限使用され、磨きをかけられるような機会を設けるのはリーダーの責任である。この意味で「スキル」とは、たとえば「技術的なスキル」といった意味合いでのたんなるテクニックや知識のみをいうのではなく、価値観や感情、ユーモア、思いやりなどを含む能力の全体を意味する。もし仕事でこれらすべてを表すことができなければ、複雑化が活発になっている職場とはいえないだろう。

人を雇用するときにマネージャーが第一にもっとも明確な決意をもってしなければならないのは、「求職者は組織の目標と価値観にふさわしい人か」を問うことである。企業というものはニューギニアの部族と同じくらいにそれぞれが異なっている。あるものは獰猛な首狩り族であり、あるものは温厚な農夫である。マッキンゼー社で居心地よく感じている意欲的な若い女性は、L・L・ビーン社では仕事にうんざりしてくるかもしれない。強力な環境価値観を有する青年はパタゴニア社には価値ある存在だが、エクソンモービル社にとってはおそらくそうではないだろう。企業文化で違いがあって、A社には天の賜物と思われるセールスマンやシステムエンジニアでも、B社では落第生かもしれない。

もし構成する人々がさまざまな価値観をもっていると、統一性のある組織をつくることは不可能である。そのため、統一することは都合がよいということをはっきりさせることは、すべての人のためになる。このことは企業の誰もがマイヤーズ・ブリッグズタイプ指標にあるような同じ人物像をもたなければならないということではない。つまり、気質や洞察力の多様性は均衡の取れたビジネスのための非常に有用な構成要素となる。しかし、どの問題が重要か、またどのように作業を進めるべきかについての基本的な優先順位が共有されないと、混乱が起きる可能性がある。残念ながら価値観の本質的な一致を保証する間違いない方法がないので、雇用にかんする決定の多くはマネージャーの直観によるものだろう。

取締役会が局外者の人間の価値観が自分の会社のそれとぴったり合うかどうかを考慮せず、他の企業で成功したからといってそのCEOを雇い入れるなどすれば、企業は簡単に崩壊するだろう。どんな企業でも核となる価値観は反対の価値観――正しいかどうかは別にして――をもった人が新しく雇われてくるたびに、徐々に破壊される傾向にある。これが、失敗した企業が企業外から「救済者」をさがし求める傾向にあるにもかかわらず、コリンズとポラスが研究している「ビジョナリー・カンパニー」が、なぜ自分たちのリーダーをほとんど例外なく内部から昇格させているのかということの理由である。

人をいったん雇用すると、まずその人を一番期待度の低い――チャレンジ精神がもっとも低くてもよい――レベルから使い始めることには意味がある。監督者はその場で、間違いがあまり大きな問題にはならないときは大目に見て、新入社員の強みと弱みを簡単につかむことができる。また一方、雇ったばかりの人をいわゆるプールの深いところに投げ込み、生き残れるかどうかをみる企業もある。これは不適切な社員をふるい捨てることで時間を節約する方法ではあるが、高い離職率と早発する燃え尽き症候群を生む結果にもなる。

封筒の宛名書きをしたり、ファイルしたりするような単純な仕事か、より地位の高いスタッフのする仕事に匹敵することを割り当ててみれば、その人がどのような人間かをたやすく判断できる。ナポレオンは、「もし軍曹から指図されることを覚えなかったら将軍にはなれない」とよく口にしていた。従業員の個人的な弱点は、手を抜いたり簡単な仕事から逃れたりする方法に形を変えて現れてくる。こうすることで、適切なフィードバックを与え始めるための、また従業員を正しい基本に立たせるための、理想的な機会がマネージャーに与えられるのである。

同時に、従業員が責任ある仕事のつぎの段階を担う用意がいつできるかに気をつけておかなければならない。肉体的、精神的疲労は仕事が多すぎる場合だけでなく、少なすぎても発生する。ストレスと退屈との間を舵取りするのは簡単ではないが、マネージャーはそのチャレンジを受け、ワーカーが潜在能力を実現できるコースにのせる必要がある。

従業員にとって適切なレベルのチャレンジを見極めるときに、個人的なスキルを知っていると役に立つ。多くの心理学的なテストは認識能力を測定するように、あるいは生まれつきの特徴——たとえば外向性とか忍耐力、あるいは創造性など——を分類するようにつくられてきた。それほど古いことではないが、かつてはこのようなテストの結果を研究し、一番弱い分野、たとえばボキャブラリーや交渉能力などをきたえるようにアドバイスしていた。現在の考え方としては、反対の方法、すなわち自分の強みを特定しそれをさらに伸ばしていくというやり方が好まれている。自分の性分に合わないことで苦労する代わりに、熟達したものを活用することは、たしかにより生産的であり、同時により楽しいことである――組織でその専門知識や技術を適用する機会があればのことではあるが。

この時点で第4章の図2に戻るとよいかもしれない。その図を参照して考えてみたい。もっとも価値ある部下たちは、どれくらいの時間を図に示す種々の「領域」ですごしているだろうか。あるものはしばしばストレス状態にあり、あるものは落ち込んでいるように見えたりしないだろうか。これは与えられた仕事へのチャレンジと関係があるのだろうか、もしそうなら、目標のフローの範囲内に移動させるために何ができるのだろうか。実際問題、自分自身にこういった質問を投げかけることもまた、悪いことではなさそうである。

チャレンジとスキルとの理想的なバランスは、決して長い間安定しているものではない。どちらかの要素が強くなり、その時点で調整が必要になるだろう。結婚しようとしていたり、家を買おうとしていたり、あるいは子どもをもとうとしている従業員は、私生活における変化に対応するために精神エネルギーのいくらかはすでに割かれているので、以前には楽に乗り越えることができた仕事へのチャレンジによってストレスを受ける可能性がある。そのような場合、すぐれたマネージャーは状況が安定するまで仕事の負担を軽くして、心配を取り除いてやりたいと思うかもしれない。

デボラ・ベセマーはそのような状況を処理する方法をつぎのように述べている。

やっていることの一つは、その従業員との会話から見つけ出すことです。これが一時的な状況なのか、または基本的な類のことなのかということを。というのは、ときどき彼らが誰か相手にしたくない人――機嫌の悪い顧客とか、仲間とか、それが誰だろうと――を相手にしなければならないような状況が、一時的に起こることがあるからです。それが短期的なのか、あるいは長期的な、風土的な事柄なのか、いずれにしても仕事でその人を幸福にするものと、私たちがその人にしてほしいこととは一致していません。それは従業員が会社をやめる原因になるでしょう。あるいは一時的な状態かもしれませんが、それでも、もっとよくするためにはどうすればいいでしょうか。

……バランスというのは大きく上下することで発生する問題の一つです。何もほかのことをする時間がないので、仕事のために不幸になるんです――すべてを取り囲まれてしまうんです。そしてそれはほんとうに悲惨なことです。燃え尽きてしまっている人が大勢いるのを何年も見てきましたから。これにたいして何ができるでしょうか。これは夜も、週末も、途方もない時間を使って物を完成させようとしているからという一時的な状況でしょうか。あるいはみんなにそれくらい長い時間働いてほしいと、この企業で決めた文化でしょうか。あるいはその人のスキルが実際にはその仕事に見合わないので、仕事をやり遂げるのにそれほど多くの時間働かなければならないということでしょうか。

従業員の成果にあまりにも不満足な場合は、その人に会社を辞めてもらうしかないというときがくるかもしれない。マネージャーは一般に、その仕事で一番いやな役割だが、部下に会社を辞めさせなければならないことがある。マイク・マークラは、会社を辞めさせる代わりに、スキルとチャレンジをより一致させる方法を開発した人である。評判のよくない「ピーターの法則」の変形で、それを「ピーターの再生法則」と呼んでいる。それについてつぎのように言っている。

その人のところに行ってこう言います。「あなたはそれをやめることはありませんよ。でもあなたのスキルはこちらにあるこの違った仕事にもっとぴったりだと思います。あなたにとって今のことはあまりソロバンに合わないことですが、もしこの今と違った方向に進んで、うまく行ったら、たぶんまた元の仕事に戻れると思いますよ。しかしあなたが今やっていることをそのまま続けることはできないんです」と。そしてある人は、自尊心を傷つけられ離れていきますが、他の仕事をし始める人もおり、実際そのうちでほんとうに優秀な人がいたんです。それがその人に対処する一つの方法だったんですね。

頭に入れておかなければならない重要な要素は、個人の成長は仕事で出くわす行動と実行能力にたいする機会のバランス次第で決まってくるということである。差異化と統合化を達成するもっとも重要な機会は、仕事のなかで現れる場合がある。もし仕事にその人にしかないスキルを伸ばし、またコミュニティとしての企業の一員であるという感覚を育てる働きがなければ、複雑な人になることは困難である。新しいチャレンジがいつも行われているということは、ビジネスを大いに活気づける要素の一つである。自分の仕事のなかで何が一番好きかと尋ねられたときに、大部分のビジネスリーダーがあげるのはこの点である。ジェームズ・デービスは、「チャレンジとチームづくり――これはチャレンジ全体でもあるのですが、それはまさにチャレンジそのものです」という思いを抱いている。デボラ・ベセマーはこう説明する。

〔変化の〕速さが好きですね。物事が素早くつぎからつぎへと変わっていく過程と、そしてその変化の速さのためにいつも新しいチャレンジに立ち向かうことがたまらなく好きです。チャレンジと成長にとても興奮するんです。人員縮小が大嫌いです。ほんとうに。以前やったことがあります。ほんとうに嫌いです。人のチームをつくるのが好きです。それがほんとうにモチベーションになります。私は……私は誇りをもって、ほとんど従業員の親のような気持ちでいます。

新しいチャレンジによって成長が促進されるこのテーマは、マクドナルドのジャック・グリーンバーグを含む多くのリーダーが同様に繰り返し述べていることである。

人はもし成長しなければ、萎縮すると思います。それは現状維持できるようなものではありません。ビジネスではそんなことが可能だとは思えません。私たちの創立者はよくこう言っていました。「もしあなたが未熟ならまだ成長しているのです。もし心身ともに円熟しているならば、朽ち果てていくだけです」。……みんなを励まして、ビジネスに関心をもって精力的に働いてもらい、さらにコミュニティの努力を支援することができる機会を提供し、利益をあげる組織を構築するためには、成長が必要なんです。

仕事をよりフローが起こりやすくするもう一つの条件は、**精神を集中する機会**である。多くの仕事では、ひっきりなしに邪魔が入ると緊急事態と注意力散漫の慢性的な繰り返し状態が形成される。ストレスはハードワークの産物というよりも、時間が進むなかで何の制限もなく一つの仕事から他の仕事に注意を切り替えなければならないことから起こるのである。もしある問題に何時間もとりかかっている人が電話によって中断させられると、その後電話がかかる前の状態に心を戻すのに、さらに三〇分も必要なこともある。Aという人がAの問題を検討するためにやってきたとき、Aの立場で物事を見るように精神を再組織しなければならない。これはよいことである。しかしB、CそしてDという人が代わる代わる立ち寄ってきて、それぞれが、前にあった問題を心からきれいに取り去って、新しい個性の要素とその人たちの細かい問題で再び心をいっぱいにしてくれるように頼んできたら、それはたちまち意識への負担となりうる。数時間後、脳はゼリーの塊が震えるように感じることになる。

毎日、反省のために少しの時間も割かないマネージャーは、疲労困憊の状態に陥る可能性がある。また自分の部下の精神エネルギーが乱されることを積極的に防止しないマネージャーは、社員にストレスをためさせることになる。閉じたドアや迷路のようなこぢんまりした心地よい部屋のプライベートスペースを尊重するには信頼が必要だが、必要なときには「邪魔しないでください」という札を出すようにワーカーに勧めるマネージャーなら、そのようなことを後悔することはないだろう。

精神集中は仲間によってだけでなく、新しい技術的な機器のようなものによっても乱される可能性がある。最近のもっとも興味深いものの一つにインターネットがある。Eメールは人の最高の夢以上に、コミュニケーションを迅速に処理するすばらしい発明である。イエズス会聖職者のマテオ・リッチが一五八三年に中国で伝道組織を設立したとき、彼からの手紙がヨーロッパの修道会本部に届くまでに一年以上も要した。しかも返事が返って来るまでにさらにもう一年待たなければならなかった。今では、数分のうちに北京からの質問にたいする回答が得られる。同時に、安定した情報の流れに安心して信頼を置くことができる。Eメールの情報にあまりにも夢中になっているため、デジタルになっていない世界で何が起こっているかを見るために自分のスクリーンから目を上げようとは決してしないマネージャーがいる。それぞれの質問はすぐに回答してほしいと要請しているので、少しでも遅れると罪の意識にとらわれる。他の科学技術の驚異と同様に、人は一本線を引き、メディアのコントロールを再度強く主張する必要がある。メールボックスの処理に一所懸命にならなくても、世のなかはばらばらに壊れはしない。もしその他のことすべてがうまくいかなかったら、企業はその他のことにはいらぬ干渉をせずに、Eメールの流れを管理する方法について講習会を開くよう提案することを考えるべきである。

仕事をコントロールすることがどれほど仕事の満足度に貢献するかについて多くのことを書いてきたが、フローに関連して、ここでこのテーマについてもう少し述べる必要がある。しかしながら「コントロール」という言葉が意味するものは往々にして誤解されるということに注意しなければならない。ある人は、状況のすべての条件が、自分がそうあってほしいと思う状態そのものである場合にかぎり、自分はコントロールしている状況にあるのだと信じる。「コントロール・フリーク」は誰にでも自分が望む通りに物事をすることを要求し、異常なまでに決められたことを守る――すべてが「まさにその通り」でなければならないのである。コントロールしている人は自分の仲間が独り立ちすることに敬意を払わない。しかもこの種のコントロールはフローで体験する種類のものではない。

外科医は手術を完全にコントロールすることはできない。それはたんにどんな不測の事態——患者の生体が、麻酔や外傷性傷害にたいして思いがけない反応を示すといったような——が起こるかもしれないという理由からである。詩人は自分がつくる詩を完璧にコントロールしているわけではない。それは新しいそれぞれの言葉が、反応を求める思いもよらないアイデアや感情を示唆するからである。このようなケースにおいて「コントロール」が意味することは、もし必要なら、関わっている人が最終目標——患者を治療したり、すばらしい詩をつくったりすること——を達成する新しいやり方を決めるのに必要なスキルをもっているという意識なのである。

これはまさに従業員がフローになるために、仕事にならなければならないコントロールである。彼らは自分の仕事を遂行する方法に選択の幅があることを、また与えられた状況に必要な最善のやり方を見つけると信用されていることを感じられるだろう。しかしながらこの場合もまた、技術が安易に誤用される可能性がある。たとえば公共事業の大企業が、所在を市街地内で特定する携帯電話と位置探索装置をサービス担当者に持たせることを決める場合などである。中央のコンピュータは入ってくるサービス依頼電話を管理し、起こる問題の種類ごとに一番近くにいる担当者に連絡し、その不具合を解決するのに必要な工具や部品を持って、電話をしてきた人のいる場所に行くように指示する。コンピュータはまた、各担当者にたいして一番早く行けるルートも決めてくれる。

この手順はすばらしく効率的で、合理的かつ実用的であることを疑う余地はない。しかしその結果、以前は特定の地域のみを担当していたサービス担当者は、今や新しい区域での急な問題の解決に派遣されている。そのシステムが導入される前は自分自身のルートを計画し、独自に優先順位を決めなければならなかった。担当者はこのような選択ができなくなり、突然、自由契約の修理担当者というよりも機械のなかの一つの歯車であるように感じるのである。

新技術が導入されるときはいつも、「これは仕事の楽しみにどのように影響するのか」ということを考えても無駄ではない。本部にいない、主として現場にいる人をコントロールできるようにコンピュータ化された位置探索装置を使うことは難しいことではないだろう。担当者は何をしているかつねに監視された状態にあり、無駄な時間をすごしていると上司から呼び出されることもある。しかし一方、現場の担当者はそのように拘束的なコントロールがなければよりフローに――そのうえ、長期的にはおそらくより生産的に――なりやすくなる。

シリコンバレーのベンチャー投資家、クリスティン・コマフォード－リンチは、ワーカーをコントロールするときに起こる問題を非常に明快にこう述べている。

　私は「コントロール・フリーク行為」をたくさん見ています。だから権限を与えるのが好きです。お望みの忠誠心が得られ、非常にやる気をもった人を得られるからです。あなたに創造的なサイクルをたくさん与えてくれる人は、まるでシャワーを浴びているようにリラックスした気分で「どうしたらそのマーケティングキャンペーンをほんとうに最大限に活用することができるだろうか」と考えることでしょう。なぜって、マーケティングキャンペーンはそんな人たちから生まれた赤ん坊のようなものだからです。権限委譲は大きな成果をあげるので、それを見るのが好きです。いくつかの大企業でもそれが見られますが、新興企業のほうがずっと面白みがあります。だってそこではリスクは褒められこそすれ、罰せられることなんかないからです。だから権限委譲は途方もなく大きなもので、人々を支え、チャンスを与えるんですよ。

コントロールのある面についてはとくに述べる価値があるが、それは**時間のコントロール**である。フローに没頭している人は正確な時間観念を失っている。努力と息抜きのリズムは時間を測る抽象的なシステムに対応するのではなく、行動自体と精神的状態とに対応して、互いに有機的につながって起こる。しかしながらここ最近の二世紀間においては、人間の活動はますます工業生産の必要にもとづいてつくられたスケジュールに合わせて行われている。スターリンがソ連を近代化しようと決意したとき、一週間に二回以上も工場に遅れて姿を見せた労働者は銃殺ものだと命じた。いうまでもなく、工業活動での時間感覚に馴染みのないロシアの農夫たちが時間厳守に慣れるには、しばらく時間がかかった。

ここ数十年の間、仕事には時間管理の固定という点で大きく変わった面はほとんどないが、傾向としてますますより融通性のある時間配分に戻ってきている。現在アメリカ合衆国でもっとも急成長している職業に従事する知識労働者の四〇パーセントまでの人は、労働時間が規定されていないと推定される。ネブラスカ州のギャラップ・オーガニゼーション社のように、多くの企業においては、従業員は一つの仕事をやり終えられそうな時間を交渉する。そうすれば、夜に仕事をしようと、ウィークデーは家ですごして週末に仕事をしようと、自由である。

最後に、フロー体験の一部として一般的にいわれている条件の最後の一つは、**自我をなくすこと**である。自我にたいする関心はあまりに強いので、自意識過剰にするものが何か現れると、そのために私たちは仕事に集中することを犠牲にしてでもそのことに注意を向けてしまう。個人的な批判はどんな場合でもそうだろうが、ふさわしくない賞賛もまた同じことである。私たちがすぐに反応するということは、企業を辞めさせられたり、昇格したりすることを考え始めることであり、これらはともに、そのときだけでなく、その日の残りのうちでもときどき、注意力を散漫にしてフローを妨げるのである。

したがって前述のフィードバックについての項で述べたこと――人にではなく、成果に注目すべきだということ――を思い出すことが大変重要である。あるマネージャーは自分の仲間の前で部下を叱りつけることによって、自分の権力を誇示することを好む。公共の場ではずかしめられることほど心にひどいダメージを受けることはないので、これはこらえるべき衝動である。もし部下に口やかましく言わなければならないときは、部下と一対一での話し合いのなかでそれを行うべきである。

他人にたいする自分の影響力をじっと見て、つねに自意識過剰で、虚栄心が強く、他人の成功を妬み、自己の権利を主張することに固執し、また手当ての金額を記録しているような従業員は、おそらく簡単にフローに入ることができるような精神資本を蓄積してきてはいないだろう。そのような人は、カウンセリングで、また自分の不安感をなんとか克服することができる場合は、自分の仕事に完全に没頭できるように信頼と責任を与えられることによって、救われることができる。もちろん、もしマネージャーが自分自身の自我を抑制することができるなら、それは助けになる。再度述べるが、行動の雛形をつくることは組織の気風を決めるための適切な方法である。もし上司がいつもすべての業績を自分の手柄にしたり、成功が仕事の質よりも重要だったりするならば、何が上司のほんとうの優先事項なのかということは、誰にでもすぐに明らかになるのである。

継承の問題を抱えている多くのリーダーは、自分の肩書きを引き継ぐ候補者を、自己中心的なのか、あるいは自分の考え方を組織の利益第一主義に置いているのかで決定する。グループの目標の前に自分自身の利益を考える人を昇格させると、その人以外の人に好ましくないシグナル――企業で出世するためには利己的でないと駄目だという――を送ることになる。自分の組織の繁栄を願うリーダーはJ・アーウィン・ミラーと同じ考えをもっている。

私たちがビジネススクールをやめさせる青年のなかであまりにも多くのものが、目標として「三〇歳になるまでに一〇〇万ドル稼ぎたい」と言います。彼らは「よい仕事をしたい、会社を築き上げる役に立ちたい」などとは言いません。無私無欲な気持ちがあまりなく、そして、自分自身の価値観に無私無欲の性格がなければ、失敗する運命にあるんです。

ミラーのコメントはフローの文脈においてもその通りである。自己中心的すぎると、結局失敗することになる。なぜなら、よい仕事をし、他人を援助し、会社を築き上げる役に立つといった喜びに鈍感になるからである。ほんとうに肝心なのは、そのような課題をかかえた人は決して成功しないだろうということである。

第Ⅲ部

フローと自己

第7章　ビジネスの魂

ただたんにフローに必要なすべての要素を満たすだけでは、組織は満足できる働き場所にはならない。ちょうど登山家が自分のエネルギーを向けるために山の頂を必要とし、あるいは外科医が執刀するために患者の危機的状態を必要とするのと同様に、ワーカーには自分のエネルギーを仕事に集中させるためのあらがいがたい理由が必要である。C・ウィリアム・ポラードはこう記述している。「人々は動機があって働こうと思うのであって、生活のためだけではない」と。給料小切手は、ある従業員にとっては、それを得るために最低限の仕事をするように動機づける十分な刺激となる。また他の従業員にとっては、組織のなかで昇進へチャレンジすることが、しばらくは満足できる目標になる。しかし、仕事にベストを尽くすようワーカーたちを奮起させるには、これらの動機だけでは十分とはいえない。このためには、ビジョン、つまり、仕事に意味を与えるような最優先の目標が必要である。それによって、仕事に没頭することができ、疑問や後悔をもたずにフローを体験できるのである。そのようなビジョンのもっとも重要な構成要素は、私たちが魂（Soul）と呼んでいる要素である。

魂とは何か

「魂」はむしろ時代遅れの言葉である。それは、カントが定義するのはとても無理な課題だと宣言して以来、また一〇〇年以上も前に、ウィリアム・ジェームズが科学的問題には不必要なものだとの論を唱えて心理学の用語集から削除して以来、哲学者たちに放って置かれてきた。今日では、魂の概念は宗教の分野においてのみ、根拠のあやふやな足場を保っている。しかしながら身体を構成している物質に還元されえない生命の本質だという観念は、いまだに強く支持されている考え方である。これを現在の科学的な理解にもとづいてどのように説明することができるのか。またもし何かビジネスマネジメントと関わりがあるとすれば、どのような関連なのだろうか。

いわゆる魂は、神経組織によってつくられる複雑さの現れである。物質のあらゆる組織は、その構成要素が一定の複雑さの基準に到達した後、より低いレベルの組織では存在しなかった特性を示す。原子間力や電磁気力、重力などは、無機物の構造のさまざまなレベルで、物質の配列を変える。無機物の分子は最終的に別のものと化合して光を合成し増殖したときに、鉱物群とは違う「生命をもつ」植物になった。このため、哲学者は「植物の魂」がそれらに起因すると考えた。そして植物の魂は、それらの不活性な形ある物質に加えられる何かだと考えられたのである。しかしながら現在では、植物に生命を与えるものが何であれ、それは無機物に加えられる生命の要素ではなく、ある複雑さに達した無機物それ自体が生み出すものであり、それが結局は生命になるのだといわれている。

同様に昔は、動物が動き回り、植物にはできない方法で感覚を経験できるのは、動物には「感覚の魂」があるためだと説明されていた。この場合も、その違いは、植物と動物とをへだてる独特で不可欠な物質に関係しているというわけではなく、より差異化し、統合化したレベルの物質的組織に発展した有機体に相応した作用として説明できるだろう。ついには、人間は思考し、意志をもち、五感を働かせるので、そのようなことを可能にする「理性の魂」をもっていると考えられた。多くの宗教においては、人間の魂はまた、神によって身体のなかに植えつけられた、神聖な要素の賜物だとも信じられていたのである。

繰り返すが、私たちの祖先に魂の存在を信じさせた現象は、人間の神経システムが他のどんな生命組織も達したことのない複雑さの度合いに達したときに、思考、感情、意志をもつ作用が可能になったのだと推定することで、説明できる。このようにして人間は内省的な意識を発達させた。**内省的な意識**とは、心の中で起きていることを、まるで外側から見るように、まるでそれが実際に存在する現実の新しい形であるかのように――そのように見える現象は、脳のニューロンとシナプスのなかでだけ生じているのだが――吟味する能力である。

しかし、これではまだ、私たちが直観的に「魂」という言葉で意味するすべてのことを説明しきれてはいない。結局のところ、「魂の抜けた銀行員」というとき、ふつう、その問題の銀行員が文字通り考えたり感じたり意志をもったりできないということを意味するわけではない。もしくは、あのコッカースパニエルは「魂のこもった顔つき」をしているというとき、必ずしも、その犬がくだんの銀行員よりも深く考えたり感じたり意志をもったりできるということを意味しているわけではない。魂という言葉には、意識がなすそのようなすばらしいことをも超える何かが含まれているのである。

おそらく「魂」という言葉が意味する内容を説明するのに一番よい方法は、どんなにシステムが複雑になっていようと、もしそのすべてのエネルギーがたんにそれ自体を生かし成長させ続けることだけにあてられているなら、それは魂ではないと判断することである。魂とは、そのエネルギーのいくらかを自らのためだけでなく、他の存在と関係をもち、関心をもつことにも使う、独立した存在だと考えられる。この枠組みにおいて、魂の抜けた銀行員は自分の目標以外には何にも注意を払わず、一方、コッカースパニエルは忠実で無私無欲である（もっとも、その大きな茶色の瞳にたぶらかされているだけかもしれないが——ちょっと話がそれたようだ）。

そういうわけで、あるシステムが自身の殻をやぶるために余分なエネルギーのいくらかを使ったり、他のシステムに投資したりするなかで、それ自体よりも大きな存在と関係をもつようになったとき、私たちは魂の存在を感じるのである。人間のレベルにおいては、好奇心、共感、寛容、責任感、思いやりなどが、魂の注目すべき現れである。行動するなかで魂が感じられるもっともよくある例は、人が利己的な興味や一般的な物質的目標だけでなく、他者の窮状や、宇宙を支配するに違いないと仮定されている宇宙力に目を向ける場合などである。それゆえ、「魂」の宗教的な意味は、神を崇めることを引き受けるという一部の人々の努力から来ている。

利己心を超越する能力は、おそらく人間の意識の新しい能力であり、物質的組織がある複雑さの段階に達した人間の神経システムの結果そのものである。しかし、この説明を話を小さくするものと思わないでほしい。魂は物質にすぎない、などという意味ではないのである。むしろ逆に、物質的組織がどうにかして他の存在に手を伸ばし、自身を宇宙という存在の一部としてみることができるようになったという事実は、進化の驚くべき一段階である。明らかに、私たちはいつも、いや、それほど、魂のこもった存在だというわけではない。私たちの本性は、相変わらずどうしても、利己心を中心としている。環境や身内以外の人々はあらゆる脅威をもたらすので、注意力のほとんどを自己防衛にあてなければ、長く生き残ることができないからである。しかし、もし私たちがすべてのエネルギーをただ自分の必要性を満たすことだけに使い果たしてしまったら、成長は止まってしまうだろう。その点で、「魂」と呼ばれるものは、変化と革新に投資できる余分なエネルギーとしてみることができる。つまり、それは進化の最先端なのである。

かつてはこのような信条にしたがって行動した人のことを表す言葉があったが、現在ではめったに使われていない。「度量が大きい（magnanimous）」という言葉は、大きな魂をもった人のことを指した（ラテン語の magnus = 偉大な、animus = 魂より）。自分が打ち負かした敵を許した戦士も、貧しいものに施しをする金持ちも、ともに度量が大きいと考えられた（ヒンディー語では、「偉大な魂」という意味をもつ似た言葉「マハトマ」は、モハンダス・ガンジーのように尊敬を集める精神的指導者に捧げられる敬称だった）。しかし、この敬称は、おそらくはたいてい権力者に与えられたために、使われなくなってしまった。気前よくしていられる余裕のある人の活動に特別な道徳的重要性を与えることが、庶民的感情を害するのである。

ずっと誤用されてきたからといって度量が大きいという概念を捨ててしまうよりも、それを復活させ、より広く、地位が低かろうと富裕だろうと関係なく、公平無私な振る舞いをした人すべてに適用するほうがよいと思われる。無料の診療所でボランティア活動をする退職した看護師はまさに度量が大きいといえ、彼女の社会資本は、公立図書館の建設のために何百万ドルも寄付したアンドリュー・カーネギーに肩を並べる。

魂の概念を簡単に検討したので、今度はそれが組織やとくにビジネスとどう関係するかをみてみよう。

魂とビジョン

ビジネスに携わっている人々が「ビジョン」について論じるとき、よく魂についての表現を引き合いに出す。言い換えれば、ビジョンとはいまだ存在しないものの行く手の表現であり、それは組織の未来の状態を予期することである。現在のシステムを新しく、望ましい形に変えるために、ビジョンにはエネルギー（すなわち財務的、社会的、そして精神的な資本）の投入が必要である。このように、ビジョンとは自身の潜在能力を意識し始めた組織がたどりつくと思われる進化である、と定義できる。

インタビューしたビジネスリーダーたちのなかで、ほとんどの人が、自分の会社のための魂をこめて描かれたビジョンがあることを認めた。すなわち、それはオーナーや株主の利害を超えて広がり、より大きな目標に手を伸ばすものである。この種の目標でもっともよくあげられるものの一つは、**ぬきんでた存在になろうとする企て**である。何かの活動で一番になることは、たしかに金銭的利益と名声をもたらすので、この追求はほとんど利己的目標であるかもしれない。しかし、そこにはまた、一番になることへのなみはずれた発展的モチベーションがある。それは、人の行動、おそらくはまた具体的な組織をもより高いレベルへ引き上げる、プラトンの完全への理想に届くほどのものである。

たとえばロッキード・マーティン社のノーマン・オーガスティンは、仕事でなし遂げたいと望んでいるもっとも大切なことは何かと尋ねられたとき、こう答えている。

たぶん馬鹿丁寧に法を守った答えをすると、私がなし遂げようとしていたことは株主の価値を増大することだということになるでしょう。しかし実際のところ、私が築きたかったのは、世界に冠たる航空宇宙企業でした。そしてもしそれをなし遂げれば、たぶんそれが株主の価値を増大することになるだろうと思ったわけです。しかし私としては、儲けることよりももっと高邁な目標をもたなければならないと思うんです。

私たちの定義では、この引用文は魂の表現である。それは現在から、また自己とその利益から注意を遠ざけて、まだ存在していないより望ましい未来の状態に向けているのである。このようなビジョンに与えるもう一つの名前は**創造性**——それによって新しい目的や新しい物事のやり方が生まれる作用——である。マクドナルドのジャック・グリーンバーグもまた、自分の組織がビジネスで一番でありたいと望んでいる。

私たちには、世界で一番のクイックサービスレストランになるというビジョンがあります。もうすでに一番大きくなっているのですが……。私たちにとって、一番とは、すべての国で、すべての市場で、すべてのレストランで、すべての顧客にとって、いつでも一番であるということなのです。

しかし、ぬきんでた存在を目指して努力することは、必ずしもその分野で一番になることを要求するわけではない。多くの場合、それはただ、その人のベストを尽くすということを意味する。また、組織が活用することのできる金銭的、人的資本をもとにやり遂げられるベストを意味する。結局のところ、利用できる資源をもとに、当然できると予想されたことを超えることが、ぬきんでた結果ということである。

リーダーたちがそのビジョンにはっきりと魂を示す第二のやり方は、**他の人のためになる何かをすること**である。ジョン・テンプルトン卿は、この価値を非常に簡潔に、こう表現した。「与えるものは得て、得ようとするものは得られない」。また、テッド・ターナーはこう言った。

もし、ほんとうの達成感を得たいならば、ガラクタを売って金儲けすることをやめて、もっとずっとよいことをしようとするでしょう。そして、いつまでも価値あるもの、人類のために、また環境のためになるものを生み出すでしょう。

手を差し伸べようとする相手は、多くの場合、まさにその組織の従業員たちである。この場合、会社のビジョンは必然的に、居心地がよく思いやりのある労働環境を創造することを伴う。このような見方は男女差別主義のように思えるかもしれないが、この目標を特別に重要視する女性経営幹部がどれほど多いかということは、注目に値する。たとえばアニータ・ロディックはつぎのように説明している。「私は私のフランチャイズ店との親しい関係が大好きなんです。私の一番大事な、愛すべき友人である従業員たちとのね。彼らは私の家族のようなものなんです」。ベンチャーキャピタルの指導者、クリスティン・コマフォード－リンチは人々への愛情について顧客にこう述べている。

私は人と人とをつなぐのがほんとうに好きです。なぜって、それは化学の授業のようだからです。これとこれを一緒にすると、さて何が起こるでしょう！　ときには爆発もしますが、たいていはうまくいきます（笑う）。何かもっとよいものが生まれるんです。私はほんとうに人々を一緒にすることが好きなんです。

コマフォード－リンチが彼女の精神エネルギーでつくり出しているものは、新しい一連の関係、いわば新しい社会的な有機的組織体である。そして彼女が自分自身の利己的な目標だけにもっぱら注意を向けていたなら、この有機体は存在しなかっただろう。

インタビューしたリーダーたちの多くは、スラム街の子どもたちのためのサマーキャンプの設立からコンサートホールの建設や学校への寄付、またその他の市民主導の活動にわたる社会奉仕事業に携わっている。それは彼らが与えるお金だけでなく、彼らの時間と注意の、より稀少な貢献でもある。いずれにせよ、概して彼らは、このような活動は組織の価値の自然な伸展だと考えている。ＷＳＪプロパティーズ社のリチャード・ヤコブセンは、どのような形にせよ、ほとんどの人が共有してきた思いをこのように表現している。「ビジネスの世界で私たちが得た手腕と専門的技術のうちのいくらかを利用しようとしてみたり、それがコミュニティでの仕事に使えるかどうかみてみることは、挑戦的で、面白く、満足できることのように感じます」。ビジネス組織のチャレンジがコントロール下にあるとき、まったく新しい一連の機会が、より広い世界で開放されるのである。

ビジネスと社会奉仕活動を独自のやり方で結び合わせようとしているリーダーたちもいる。たとえば、パタゴニア社の利益の一〇パーセントは環境問題の解決のために使われている。毎年、ワーカーたちは従業員のなかから委員を選出し、これらの資金をどう割り当てるかを決定している。イヴォン・シュイナードは自分のビジョンについてこう説明している。「私たちの使命について述べると、この多くの環境危機の解決策を見出すためにビジネスを利用することなんです。そして私は社内のすべてのものも、それが私たちがビジネスをしている理由なんだということを理解するように、たびたび強調しています。それが理由なんです。私たちは利益をあげるためにビジネスをしているのではありません。また、ある品物をつくるためにビジネスをしているのでもありません。私たちは他の会社のやり方をほんとうに変えるためにビジネスをしているんです」。

関わり合いがさらに広がって、エネルギーのかなりの部分を必要とするので、もうこれ以上組織にたいする責任を果たしきれないと感じるくらいまで、利他的なビジョンを実践するリーダーたちもいる。たとえば、不動産販売会社トラメル・クロー社のCEO、ダン・ウィリアムスは、長年、自分の組織を社会奉仕活動に関わらせてきた。ついには、公共のために働き続けるには退任すべきだと感じるときがやってきた。

今日私にとって仕事とは、社会的な関わりのための舞台のようなものです……。現在私が熱心に取り組んでいるのは、ダラスの最低収入ラインの地域を包括的に再開発することです……。アメリカで、よい教育を受けられなかったり、まともな仕事に就く方法がなかったり、ちゃんとした家庭をもてなかったりする人がたくさんいるなんて、不公平なことです。これは不当なことです。ついでながら、もし学識ある従業員が昇進できないといったことや、麻薬や犯罪でどうしようもなく蝕まれた社会がある場合は、ビジネスにはよくないことです。ところで、モデルとしているわけではないのですが、そこにはビジネスに取り入れてもたいへんよいケースがあると思います。

ビジョンには、しばしば**宗教的な信条**にもとづく価値観が含まれている。これは驚くには当たらず、結局これまで宗教は、よりよい世界を目指す夢の主要な宝庫だった。世界の主な宗教はすべて、物質的な肉体以上の存在があると主張し、過度の利己主義は悪であると教えてきた。生物学的にプログラムされた本能と衝動から注意をそらすことによって、進化の途上にある魂が進むべき道を示してきたといえる。マイクロソフト社のようなハイテク企業においてさえも、宗教的な信仰心にもとづくビジョンをもったマイク・マレーのようなリーダーたちがいる。

私は罪を犯しますし、過った行いもします。私は完全な人間ではありません。ですが、そういう点を正して、この地球で神が私にそうあれとお望みになるような存在になり、私のうちにあるすべての潜在能力を引き出せるように努めることを誓います。……私は、人生とはそうする義務、神への義務だと感じます。

リチャード・デボスは、宗教的価値が必ずしもはっきりと認知されていなくても、宗教的価値観があるからこそ、人は首尾一貫した効果的なやり方で決断することができるのだと指摘している。

さて、あなたも私もわかっているように、私たちは誰もそれ〔宗教的価値観〕に完全に従っているというわけではありません。ですが、それにもかかわらず、それはゴールと道案内であり、道に迷ったときには、それのおかげで、どこで迷ったかがわかるのです。もしそれをもたなかったら、守るべき信念が何もないので、信念に合わないというものもありません。それで、価値観がない場合は、何でもやる、何でも受け入れるということになります。価値観をもたない人々が何をするか、私にはわかりません。何が正しくて何が間違っているのでしょう？　わからないですよね。その人が正しいと決断したことが、何でも正しいということになってしまいますね。

宗教から来る価値観は、ほとんど例外なく、健全なビジネス活動を否定するというよりも、それをしっかりと補完するものと考えられている。カミンズ社のJ・アーウィン・ミラーがつぎに述べていることは、インタビューに応じてくれた人のほとんどが賛同している。

私はキリスト教の価値観を信奉している家庭で育ちました。特定の宗派のというよりは、広い意味での、ということです。それで私は、責任ある態度とは、すぐれた長期的計画ともいえると思っています。倫理的に行動することは、少しも難しいことではありません。責任ある態度を避けて、手抜きをしたり、回避策を取ろうとすると、とても難しいことがわかります。また、ふつうはひどく後悔することになります。長い目で見れば、倫理的に行動することは……ビジネスをうまくやるために、まったく理にかなった方法なんです。

マクドナルドのジャック・グリーンバーグも似たようなことを指摘している。

ビジネスで関わりをもっているコミュニティにお返しをすることは、グッドビジネスだといえます。それは正しいことです。なぜなら、社会的義務があるからです。ビジネスにも個人にも——私にはそう思われます。しかし、お返しをすることは、ビジネスのためにもなります。それはたしかに、私たちのブランドを築き上げる助けになりました。私たちはそんな理由のためにそうするのではありません。動機はさまざまです。ですが、結果は同じなのです。

宗教の文化資本——幾世代もの蓄積された知恵——を引き出す機会を得ることによって、大量の精神エネルギーを節約することができる。宗教上の慣習に従う人は、自分が下す決定にいちいち疑問を投げかける必要はない——正しいか間違っているかが明確なのである。何が**なされるべきか**思いめぐらす代わりに、物事を実際になすことができる。人生の意義に疑いはなく、信者はうつ病になったり死の恐怖にとりつかれたりすることを避けられる。もちろん否定的な側面はある。個々人の信心が、意識の進化を促すというよりも、宗教的信条と慣習を守ろうとするのと同様に、長い間に宗教は、魂の対極である教義や思想によって塗り固められてしまった。細心の注意をもって、宗教の真の明察を関係のない付着物から区別しなければ、道徳的判断を誤ったまま人生を送る可能性がある。

クリスティン・コマフォード－リンチは、修道院で修道女として何年もの瞑想と修行の生活を送った後で、人生にかんする仏教の哲学を取り込んだ人である。彼女はこのような経験からどのようにして、自分の余分なエネルギーを他者を助けるために使うようになったのか。彼女はこう言っている。

でも、誰かが助けを求めてきたら、すぐに応じて助けてあげるべきです。なぜなら、そうすることであなたのためになることは、始めは何もないのですが、この言い表しようのないエネルギーが動き始めるからです。私は若いとき、こんな考え方をしていたものです。「私はスージーQのためにあんなことやこんなことをしたわ。だから私が呼んだら、彼女は力を貸してくれなきゃいけないわ」。それから、それがどんなに愚かなことか、物事はそんなふうにはいかないのだということに気づきました。あなたが誰かを援助したら、同じ人ではないかもしれませんが、他の誰かがきっとあなたを援助してくれるでしょう。何か転がっているものを手に入れるようなものです。金銭的についているときに、お金を渡すようなものです。もっとたくさんのお金が入ってくることでしょう。そこには、私が理解しかけている「宇宙の法則」のようなものが働いているのです。その大部分を占めるのは、誰かを助けるということです。ほんとうに、そうすることで違いが生まれてくると思いますよ。

対照的に、ジョン・テンプルトン卿は魂を欠くビジョンをまざまざと表す利己主義を、こう定義している。

はっきりわかっているわけではありませんが、利己主義は自分自身に目を向けることで、愛は自分の外側へ目を向けることだと思います。そして私たちの仕事は、神に仕え、あるいはより神に近づくために、他者のためにどれだけたくさんよいことができるかということに焦点が合わされていて、自分たちに見返りがあるかどうかということは、ほとんど考慮されていません。見返りがあるかどうかなんて、考えていられないでしょう。

もし宗教的な伝統に頼らないことを選んだとしても、人は己の存在を正当化してくれる意味の体系をさがさずにはいられない。しかし、こうした意味というものは、人の内面からだけ生まれるわけではない。それでは、私たちが死ぬときに意味もなくなってしまうからである。ジェーン・フォンダの話にあるように、しばしば、その意味は人の関係性から生まれる。

ほとんどの人と同じように、私は自分の人生に意味をもたせたいと思っています。死ぬのは怖くありませんが、多くの後悔をかかえたまま、人生が終わりに近づきつつあることが怖いんです。私にとっての後悔とは、私を愛してくれた子どもや家族といった人たちを後にのこすことではありません。やりたかったけれどもできなかったことがたくさんあるということでもありません。後悔とは、人がただ生まれ、生きて、死ぬだけで、まったく関係性や意味をもたない人生を送ること……私は、人生に何か意味があったと感じたいんです。

多くの場合、人の物質的存在を超えた「関係性や意味」をもつ人生をさがすことは、魂にとってもっとも重要なことである。これはまさに、自分の有限性に気づいている人が感じる必要性、何かより偉大で永続的な存在の一部になりたいというモチベーションを抱かせる必要性である。もしもリーダーが、その組織のために働けば関係性が生まれると納得させることができたら、ワーカーたちは死を免れない肉体という殻を出て、何かより意味あるものとつながっていくだろう。そのとき、リーダーのビジョンはパワーを生み、人々は自然に、そのような会社の一部になりたいと夢中になって思うだろう。

リーダーのビジョンがこれらの目標——可能なかぎり最高の仕事をすること、人類と環境を救うこと、宇宙の意志に従うこと——の一つを含んでいると、組織それ自体が魂をもつようになる。組織は、たんに組織自体の利益や、組織に投資してその育ての親となった人々の利益のために存在するのではない。組織は組織そのものを超えた意志をもっており、他のシステムを救うため、また、組織の別の形を創造するために手を差し伸べる。

それでも、このようなすぐれたビジョンによって動機づけられているからといって、リーダーや組織が実際に魂のこもった行動をするとはかぎらない。ほとんどの場合、このような価値観は利己的行動から注意をそらすために使われる偽善的態度にすぎない。先に述べたように、そのものが魅力的であればあるほど、その本質を尊敬することなくその形だけを真似る人々によって、食い物にされるだろう。このことは、なぜ若さ、健康、性、楽しみといったイメージが、それらと論理的な関係が何もない商品を売るために広く使われるのか、またなぜ愛国心や宗教、利他的行為が、しばしば餓えた狼が身を隠す羊の皮のように利用されているのかを説明している。

しかしながら、もしもビジョンに偽りがなく、実行に移されたとしたら、組織のメンバーのエネルギーを力強く惹きつけることだろう。それは仕事によって得られる内発的報酬を超えて、それ以上に追求する価値がある目標になる。この種のビジョンがなければ、働く理由は給与と昇進だけである。これらは強い誘因ではあるが、動機づける力には限界がある。もしも給与や昇進の機会に不満がつのると、精神エネルギーのすべてを喜んで会社の衰退に注ぎ込むことになるだろう。一方、仕事が何か偉大な理想に貢献するとしたら、他の報酬がそれほど魅力的でない場合でさえ、創造的な事業にたずさわっているという満足がモチベーションの尽きぬ泉となって、さらなるエネルギーを注ぎ込んでもよいと思うだろう。

偉大な魂の素質

ある人が、ぬきんでたことや人々を助けること、神の意志に従うことに関心をもち、自己を超越した意志と個人的な目標とを結合できるようになる。それは、どのようにしてそうなるのだろうか。この点について、実際のところ、その疑問にたいする明確な答えはまだ出ていない。インタビューに応じてくれた人のほとんどが、強い価値観、また、しばしば宗教的信仰を芽生えさせてくれたということで、家庭背景を指摘している。しかし、これもまたはっきりしているようである。つまり、どんな理由にせよ——遺伝的性質の気まぐれか、幼い頃の教育によるのか——未来に飛躍するビジョンをもつリーダーたちは、とても早いうちから自身の人生を明確に形づくり始めた。彼らは好奇心旺盛で、より大きなチャレンジをさがさずにはいられないような、また生産的活動にフローを見出さずにはいられないような、人生への熱意をもっていた。

彼らの多くはどうにか食べていけるレベルでなんとか暮らしている家庭の出で、かなりの人は目立った学歴ももちあわせておらず、なかには高校さえ出ていない人もいた。彼らの親は多くの場合遠い存在で、子どもにはそれほど干渉せず、その分ありあまる自由を与えた。幼少期のそのような状態にもかかわらず、いや、そのおかげかもしれないが、こういったリーダーたちは、利己心をなくすとともに、成功へのすさまじい願望をもって成長したのである。

このような明確なビジョンをもったビジネスリーダーたちの発言や、実際に組織を動かすやり方を再考するなかで、彼らの人生にたいする態度においてもっとも重要だと思われる五つの特徴がみえてきた。第一はかぎりない**楽観主義**である。それは一般に人類の幸福を考え、未来について積極的でいるということにある。しばしばこの楽観主義は、使命や天職の感覚——人には人生という舞台で演じるべき重要な役割があるという信念——にもとづいている。第二は、**誠実さ**が重要であるという強い信念である。それはつまり、互いの信用に基礎を置くことができるという原則を揺るぎなく厳守することである。このような人の第三の特徴は、**志**の高さである。それは**粘り強さ**と対になっていて、それがあるために彼らは困難を切り抜け、どんどん難しくなるチャレンジに向かうことができるのである。第四の目立った特徴は、つねに**好奇心**と学ぶ意欲をもっていることである。最後に、彼ら全員があげたものがある。それは、他者に対する**共感**の重要性と、互いに尊敬する気持ちである。これらの特徴のそれぞれをより詳細にみていくことは役に立つだろう。

こうしたリーダーたちのなかのある人が指摘したのだが、もっとも明らかな特徴は、おそらく、彼らのうちの一人が「病的な**楽観主義**」と呼んだものだろう。たとえば、クリスティン・コマフォード－リンチは、なぜ彼女のすることがうまくいっているのかと尋ねられたとき、こう答えている。

衝動……心です。私はほんとうにこれをもっていて、役立てたいと思っています。私はほんとうに役に立ちたいんです。私はほんとうにハイタッチによって衝動を感じます。インチキくさく聞こえるでしょうから、説明しなくてはいけませんね。でも、ほんとうにその存在を信じているんですよ。私にとってのハイタッチは、私が死ぬとき、神様でも仏様でもアッラーでも誰でもいいから、あの世から出てくるものなら何でもいいから、「感動だよ、きみ！」と言ってくれることです。そして私にハイタッチしてくれるんです。「きみはこの神を感動させた。すごい仕事をしたな、イェイ！」と。なぜなら人生は実際、贈り物だと思うからです。そして、一つの人生をすごす機会があるということ、しかもちょうどこの時代に、それはほんとうに特別なことだと思います。

彼らの全員がそのような彩り豊かな言葉を使ったわけではないが、彼らはたしかに、人生は機会と責任とをもたらす贈り物だという感覚を共有していた。彼ら全員が、この時代に生きていることに感謝し、この時代はよい時代で、よりよくなると感じている。この点で、彼らは楽観主義を表しているが、それは個人的興味をさらに包括的な目標に向かって引き上げることのできる成功した政治的リーダーに共通する特徴として、心理学者がすでに見出しているものである。

ビジネス界のリーダーたちにとって、楽観主義はほとんど必要不可欠な特徴である。それは困難な問題を解決するために必要な自信を与えてくれる。C・ウィリアム・ポラードは、仕事で難題に直面したときにもっとも役に立つ戦略は、すべての問題には解決策があると単純に信じることだと主張する。

そんなによく言うわけではないんですが、精神的に、私がやる方法です。解決策がないはずがない。これを解決する方法は存在する。解決できないとか、解決できないほど大きい問題なんてない。それが解決力の思考法です。そしてそれが、たぶん、もっとも重要な戦略です。

少数民族向けの市場に特化した大手広告会社ユニワールド社の創始者、バイロン・ルイス・シニアは、彼の楽観主義がどれほど彼のなかのアフリカ系アメリカ人の血に由来しているかを、こう説明している。

黒人文化は、よいことが必ず起きるという信条——宗教的基盤ですが——の上に築かれています。私の世代ではそうです。つまり、私は先祖を尊敬しているんです。なぜなら彼らががんばり通したからです。そんなに機会がなかったと思われる時代……今はありますが……一所懸命に働かなければならない義務を負っていました。なぜならそれが、この国が、すべて国の責任で人々に押しつけたことだからです。そして有色人種の共同体には、一所懸命に働くことに対する絶対的な約束があります。新たにやって来たカリブ人も、南から来た黒人も、アジアから来た人々も、一所懸命に働くことを絶対に約束します。……家族やスモールビジネスの発展を強調するのと同じように、たしかに、これらの人々の多くに宗教的基盤があることを強調しなければなりません。私は、宗教もまた前進するための非常に力強い要素だと思います。多くの人々がそこに帰ってくるのを見ています。

彼らが人生を楽観的に認識していることは、リーダーたちがあまりにやすやすと仕事のなかにフローを見つけ、新しいチャレンジの追求に我を忘れることの説明になるかもしれない。多くのアカデミー会員の厭世的な視点からすると、この態度は子どもっぽくて世間知らずにみえるかもしれない。だが、楽観主義の人は、働くことで単純に人生を楽しむだけでなく、簡単に他者の幸福のために働くことさえできるように思われる。私たちが人生をもっと楽観的にみる方法を知らないのは、嘆かわしいことである。

楽観主義は、ほとんどのことに積極的な姿勢を他者に広げる。信頼はビジネスを行うのにまさに中心的な必要条件である。なぜなら、人間性の基礎となる良識を信じられなければ、被害妄想的になることなく会社を運営するのは難しいからである。この態度について、デボスはこのように表現している。

ほとんどの人はすばらしい義務感と責任感をもっています。さもなければ、システム全体が機能しなくなります。警察官にドアのところに立っていてもらっても、ずる休みの監視員にすべての従業員がほんとうに病気なのかどうか確かめてもらっても、そんなことはできません。信頼の基礎の部分に働きかけることです。世界はそのようにして動くんです。そして、人がその信頼をもてなければ、世界はバラバラになってしまいます。しかし、私たちの世界はとてもうまくいっていますよ。そして、それが私が生きている世界なんです。

しばしば、この楽観主義には使命の感覚、つまり、人の人生には目的があり、偉大な事業をなし遂げるべく運命づけられているという感覚が伴う。よい例がジョン・テンプルトン卿の幼少期からの回想である。

私がまだ幼く、八歳くらいの頃でしたが、なぜ人間がつくられたか不思議に思ったのです。なぜ人間は存在するのでしょう？　私は信仰心の厚い町の出身なので、こう考えました。神は何かの目的のために人間をつくられたに違いない。そしてそれはきっと、神の創造的行いを早めるためだ。偉大な創造的行いがなされつつあるのは間違いない。また、それが実際にスピードアップしていることも……。そのような幼い頃の考え方から、私は自分の人生を役立てたいと思っているのです。神が私になせと望まれることを見つけたかったのです。そして、神が私に望まれたことの一つは、おそらく、神の創造的な作用をスピードアップさせる手伝いなのです。

リチャード・ヤコブセンもまた、これとよく似た感じ方をしているリーダーである。

何かすべてを覆う目的や計画が人生にあって、みんなも私もその計画の一部だということを信じています。そう信じているので、私は見るものすべてにその関係を感じます。その関係において見てしまいます。……今していることが、とても大きな絵画の一部であるように感じるというくらいに。自分がしていることは自分自身だけのためではなく、自分という存在は、自分よりもずっと大きな何かの一部なんです。そして私は、神の使い走りをしているように感じ、神が私のすることに興味をもってくれているように感じるんです。

クリスティン・コマフォード－リンチも使命についての同じ確信を述べている。権限を与えるという彼女の任務が、なぜ彼女にとってそれほど重要なのか、彼女はこう説明する。「それはただ、私はそうすることになっていると思うからです。それはちょうど、こう言うときに私が感じていることです。「わかりました神様、この授けられた人生において私は何をすることになっているのでしょう？　私の特命が何なのか教えてください。ほんとうにお役に立ってみせましょう」と」。

重要な仕事をなし遂げるために選ばれたというこの感覚の起源は、はっきりしない。ほとんどの場合、これらのリーダーが子どもだった頃に、親や他の大人が彼らを非常に高く評価したという様子はない。もしあったとしても、彼らの子ども時代の典型的な特徴は、悪意はなくなおざりにされていたことのようである。そしてまた彼らは、彼らの天職へと方向づける劇的な人生を変える出来事などは一切経験しなかった。代わりに彼らは、どんな理由によるものか、ある任務をもって人生を始めたように感じられ、徐々に自分の天職のほうへ成長していった。ベストを尽くすように求められたという彼らの意識は、避けがたい間違った目標や失敗、人生にたいする幻滅などによって消えることはなかったのである。

楽観主義に加えて、これらのリーダーが共有するもっとも顕著な価値観は、**誠実さ**があると信じることである。誠実さはここまでに述べた信頼の感覚の鏡像だといえる。他者を信頼するためには、まず自分を信頼できなくてはならず、自分が他者に信頼されなければならない。彼ら全員が、誠実さはあまりにも基本的な価値観なので、彼らの組織では議題として取り上げることさえないと主張する。アルフレッド・ザイエンはこう言っている。「仕事の基礎に誠実さと透明性の価値観がないという組織で働いたことがありません。私はつねにこう言ってきたと思います。どんな立場に置かれようとも、検察官の前の証人台にいる自分自身を思い描きなさい。それでもまだ同じことが言えますか？」。このようなリーダーたちの見解では、だましたりごまかしたりして短期間で成功することは可能だが、このような不誠実は発覚を免れず、仲間の尊敬を失い、そこから利益を得る人は避けられるということである。ジャック・グリーンバーグはこのように説明する。

私たちは世界中で何百何千という供給業者を得てきました。多くの場合、私たちはその業者の唯一の取引先であるか、事業の九〇パーセントを占めます。そして、ついでながら、それらすべては信頼によって行われます。握手するだけで――契約書などつくらずに――一二〇から一四〇億ドル分の食品や紙パッケージを毎年購入しています。すべては友好関係と信頼にもとづいているのです。

一般に、彼らの誠実さを敬う気持ちは、家庭の雰囲気から吸収され、自然に育ってきたように思われる。ある人は、自分の母親に新聞で読まれたくないようなことはしてはいけないというルールを、幼いときに身につけたと言っている。また他の人々は、彼らの父親が同僚から非常に尊敬されていたので、これこそが言うまでもなく行動の指針だと思い込んだと説明している。ロバート・シャピロは誠実さの概念を彼が信頼性と呼ぶものに広げている。それはまた、他の多くの人々によってさまざまな言葉で述べられているが、本来の自分になれる能力であり、同時に他者と親身な関係をもてる能力である。シャピロの信頼性の概念は、私たちがここまでに学んだ複雑さの構成要素であり、進化が向かう方向である差異化と統合化の二つから成り立っている。

信頼性は、自分自身と深く結びつく能力に関係していて、筋の通った統合された行動で自分自身を表現できることです。「統合された」という言葉で私が言いたいのは、すべての面において首尾一貫しているということです。そして「思いやり」という言葉で言いたいのは、人のモチベーションというものは、貪欲さや恐れを超えた何かである必要があるということです。貪欲さも恐れも、関連した現象、いや、もしかしたら同じ現象なのだとわかりますが。理想を言えば、何か、つながり合っているという感覚が必要なんです。小さいところでは、仕事で関係のある人々と。理想的には、仕事によって影響を受けるであろう人々と。

天職という感覚を達成可能な理想として保持するのに役立つ二つの特徴に、**志と粘り強さ**という強力な薬がある。志はしばしば、会社をビジネスで一番にしたい、もっとも高品質な製品をつくりたいといった、無私無欲の形で表現される。同時に、個人的な志の大部分もそこに含まれていることを否定するリーダーは一人もいない。ジョン・ソブラートはその典型である。

そうですね、自分がよくやっていると認められたい願望はいつも心にあったと思います。つまり、大学在学中に住宅を販売していたときに、職場で一番のセールスマンになることが、ほんとうに重要なことだったんです。卒業した後も同じです。不動産部内で一番のセールスマンになることが、もっとも重要なことでした。もちろん、これらはみんな後からわかったことですが、そのためにほんとうに働いたものです……。目標に向かって懸命にがんばりました……。自分ができることすべてにおいて一番になることは、私にとって、ほんとうにがんばりを生むものでした。

フロー理論からわかるように、そこに含まれるチャレンジが増大し続けないかぎり、同じ活動を楽しみ続けることは難しい。志は人々が自分のすることを楽しみ続けるための強力なモチベーションである。シーラス・ロジック社のマイケル・ハックワースがこう述べている。「とても意欲的な目標をたてるのがよいと信じています。人は達成しようと決めたことしか達成できないと思うからです。昔、誰かが言ったことが、ずっと胸に残っています。「人が手に入れるものは、手の届く範囲を超えるべきだ」。簡単につかむことができるものを超えたものに手を伸ばすべきです。だから私は、非常に積極的な目標、積極的な目的を設けるようにしています」。

粘り強さは、これらのリーダー全員が賞賛するもう一つの特性である。彼らのうちの何人かは誇らしげに述べた――あなたがたが研究でインタビューする人々のなかで、自分がおそらくもっとも決然として不屈な人間だと信じている、と。ニューバランス社のジェームズ・デービスはこう言った。「粘り強さ、それは重要だと思います。誠実さも重要です。忠実であることも重要です。労働の倫理とは粘り強さに伴うものだと思います。それは公正で基本的な原理です。それには実際ややこしいことは何もありません。これが自分のしたいこと、することだと、決心するだけです」。多くのインタビューのなかで回答者は、ビジネスキャリアについて考えている若者にとってのキーポイントは、障害にでくわしたときに決してあきらめないことだと述べている。

時として、勝ちたい、一番になりたいという願望はもっとも主要な動機になるので、そのような人の人生は無限に高まりゆく競争になる。テッド・ターナーは「私にとって人生は、つねに勝ちたいと思う戦いやゲームのようなものでした、まるでモノポリーゲームやチェスのように」と言っている。人生がいったん明確な規則と目標のあるゲームに形を変えると、仕事はたいへん楽しいものとなるので、それをやり抜くことは簡単になる。第三者にはリーダーたちを絶え間なく仕事に駆り立てる厳しい決断のように思われるものが、実はフローと深く関わっているのである。ジェーン・フォンダはそのことをうまく述べている。

この仕事はいつでも私の人生のなかに、そして頭や心にあるものです。そう、いつのときにもです。私はつねに読み、書き、話し、考え、計画を立てているんですが、ときにはモンタナ州で魚釣りやハイキング、乗馬などをしている間でもそういうことをしています。やらずにいられない性分なんです。テッドは私を仕事の虫と言っています。でも、私はそんなふうには思ってもいません。私にとってそれは仕事ではなく、私の人生だからです……。それが私のしていることであり、大好きなことなんです。それが私を私たらしめるものなんです。

しかし、生き生きしたビジョンは使命と志だけに基礎を置くというわけではないだろう。これらの要素だけでは、何ら新しい方向へ導くことのない、自分本位の冒険のための土台を残すことになる。ビジョンあるリーダーたちの使命には、未完成の感覚、既知のものの境界を超えていきたいという感覚が含まれる。彼らが好む生き方は変化することである。それは広範囲の**好奇心**、すべての類の体験にたいする開放性のなかにみられる。ベイン・アンド・カンパニー社のオリット・ガディーシュはその典型である。

私は歴史書を読み、伝記、戦史も読みます。面白いと思うからです。数学や科学についての本も読みます。哲学書も読みます。ある国へ旅するときはいつでも、とくに休暇で行く場合、その国の著者が書いた本を買います。それによって、人々のほんとうの感じ方についての多くの洞察が得られるからです。演劇が好きです。旅行が好きです。ある程度は何にでも興味をもちます。……すべてについての専門家にはなれませんが。

このような広範囲の興味は、エネルギーが自己中心的になりすぎないようにし、さらに複雑な関係をつくり上げることができるようにするもう一つの特徴である。これらのリーダーたちは全員、生涯にわたる学習者である。好奇心によって、彼らはもっと知りたい、自分を向上させたいと思い続ける。アニータ・ロディックはこう説明する。「成功……それは物事をもっとうまくやる方法を継続的に学び続けることです」。また、前述のガディーシュも言う。「私にとって楽しいことの一つは、いつでも学び続けることです」。学ぶことを通して、私たちは以前の自分を超えて成長する。その意味で、学ぶことは利己的ではない。なぜならそれは結局、以前の自分自身を変革し、より複雑になった自分のために古い自分を捨て去ることになるからである。

利己主義から人を遠ざける他の特徴は、**共感**、すなわち他の人々の必要性に対する感受性である。これらのリーダーたちにとって、自分たちの行動が従業員や顧客、広範囲の社会、彼らが暮らす環境に役立っていると信じることがどれほど重要か、私たちは何度もみてきた。マイケル・ハックワースは、共感がどれほど彼のためになってきたかを、こう述べている。

キャリアのなかでとても役に立ってきたことの一つは、私が他の人の都合に自分を合わせられたことです。交渉のなかでも、チームの人々にモチベーションをもたせて仕事をさせたり、短期間でとんでもない量の仕事をやり遂げるようにさせたりするときでも。……彼らの問題に敏感に反応し、問題を切り抜けるのに役立ったのは、私の共感できる性格のおかげだと信じています。そしてそれによって、彼らの目標達成への意欲は飛躍的に増大しました。彼らはエネルギーを倍にして仕事に注ぎ込み、なみはずれた結果を達成したんです。

別のリーダーは自分の成功の理由をこのように説明している。「お客様と腰を下ろして、そのニーズを理解するという意味で、共感は重要な鍵になります。共感によって多くのことが処理できたと思います」。共感の重要な表現は**尊敬**である。同僚や顧客、部下を敬意をもって遇することは、このグループが支持し、もっともよく言及する価値観の一つである。ジェームズ・デービスはこう語る。「尊敬は非常に重要です。互いに尊敬することは、非常に、非常に重要です。一緒に働いている人たちがどう考えているかを考え、彼らの立場に自分を置こうとしなければなりません」。尊敬がなければ、組織を束ね、あるいは商取引にはずみをつける微妙な錬金術は効き目がなくなって、互いに疑念や敵意をもつようになってしまうだろう。

このような典型的な企業人たちの非常に顕著な特徴を、科学や芸術のような他の分野でリーダーになり高く評価されている人々の特徴と比較するのは、興味深いことである。特徴の多くは双方のグループに共通しており、それは、科学者たちや芸術家たちもまたともに誠実さを尊重し、高い志と粘り強さをもち、好奇心で満ちあふれていることである。しかしながらビジョンあるビジネスリーダーたちの違うところは、彼らの無限の楽観主義と、同胞たちを信頼し、そして共感と尊敬を尊重していることである。これらは他の職業のリーダーたちにみられることははるかに少なく、このグループをはっきりと区別できる特徴といえるだろう。

たとえこれらの主張のいくつかは、ある程度が自分のためのものと割り引いて考えられようとも、そのようなリーダーたちが自分の仕事に熱中し、また効果的に自分のビジョンを打ち立てることができるのは、自分の努力がよりよい世界を築くのに役立っているという純粋な信念の賜物であることは明らかである。彼らのメッセージが魂に響き、私たちはみんな、より偉大な目的のためにつながり合わなくてはならないという必要性に訴えかけるので、他の人々は進んで彼らの指導に従い、仕事にフローを見出すのである。

第8章　人生におけるフローの創造

可能なかぎり人生にフローを多くもたらすために取るべき第一のステップは、そのために生きるに値すると信じる事柄の優先順位を明確に定めることである。そうすると、漫然とした存在を目的のある楽しい冒険に変える根本的な目標が得られる。そのことはまた、統率する組織に他の人々のエネルギーを注入させるモチベーションになるビジョンを形成するのに役立つだろう。リーダーは、もし自分の核となる価値観、基本的なアイデンティティを表現しないなら、首尾一貫したビジョンを表明するのは難しいと気づくだろう。さらに、誰もが当然自分のアイデンティティは明白だと決めてかかっていても、実際には人の本性ほど欺瞞のベールで包まれているものはめったにない。そういう理由で、信頼のおける魂のこもったビジョンを創造するためには、人はまず自己発見という困難な旅路に乗り出さなければならない。

あなたは何者か？

私たちの文化の歴史で伝えられてきたアドバイスのもっとも古典的な言葉のなかに、デルフォイのアポロン神殿の入口の上に刻まれた「汝自身を知れ」がある。哲学者たちはその後ずっとこの戒めを、幸福な人生のための必要条件として繰り返し唱え、またビジョンあるビジネスリーダーたちもそれに同意し支持してきた。クリスティン・コマフォード－リンチは、キャリアについて考えている青年にどんなアドバイスをするかと聞かれたとき、こう答えている。

自分自身を知ろうとする方針を取ることをほんとうに心から強調したいですね。もしそこからはずれ、自分が誰なのか、また何を信じてよいのかということがわからないと、一生道に迷ってしまいます。間違った人と結婚し、間違いもたくさん犯してしまいます……。それが問題なんです。そしてある日、二〇歳か五〇歳か九〇歳かわかりませんが、目が覚めて、「ああ、これはほんとうにうまくいっていないよ」となるわけです。なぜもっと早くそのことを学ばないんでしょうか。人々は自分自身との関係を発展させようとせず、自分が信じる何か精神的なものとの関係も発展させようとしません。世のなかはほんとうに混乱しているかもしれません。こういう類のよりどころがなければ、どうやって正しいことをするという希望をもつつもりなんでしょうか。どんな種類のよりどころも築いてきていないので、何が正しいことなのかを知るよしもないですし……またそれがなければ、他にほんとうに重要なものは何もありはしません。

しかし、人はどのようにして自分自身を知るようになるのだろうか。哲学者とビジネスリーダーとでは、この質問にたいする答えは違うものになる。考える人にとって、答えは内省——すなわち批判的な反省と、信念と知識の基盤を絶え間なく試し、問うこと——である。現代ではこの努力には、行動の理由とノイローゼの原因を研究する精神分析学の研究も含まれるかもしれない。さもなければ、脱構築主義者になって、すべての事実にたいして疑いをもち、際限なく批判し続ける道を選ぶことになるかもしれない。思想の専門家にとっては、知るとは何かを探求することは、それ自体が目的となる生涯の努力であり、ニヒリズムにつながる危険な探求であり、いやそれどころか門外漢からみれば、さらに悪くすれば自己欺瞞でさえあるのである。

これはビジネスリーダーが自己探求を始めるようなやり方ではない。彼らにとって自分自身を知ることは目標ではなくて手段である。最終目標は社会で効果的に行動することであり、そうするために、自分が何者であるかを学ばなければならない。それで、自分の存在の根源をとめどなく研究する代わりに、人生を通して自分を支えられる核となる信念をさがし求め、正しいと感じるものを見つけたときにそれを取り入れ、それをさらに探求することはせずにもち続けるのである。今までみてきたように、この核となる信念は、しばしば、伝統的な宗教や文化的価値観にもとづいて人生の初期に学んだものである。

どちらがよりよいやり方だろうか。知的探求はより深遠なもので、真の理解により導いてくれそうだと主張する人もいるかもしれない。しかし同時に、自己の内側に注意を向けて、世界の他の部分との連絡を断っている間に、魂を失うこともありうる。リーダーたちのやり方の不都合な点は、結局は浅はかで、借り物の価値観にもとづいた幻の自己認識になりうることである。他方、そのやり方は人のエネルギーを解放し、世界で行動し、複雑さを増すように力づける。それぞれのやり方は物事の体系のなかで当を得ているのである。

「自分自身を知ること」において、ビジネスリーダーは哲学者ほど骨の折れる探求をしないかもしれないが、それでもやはり、それは難儀な仕事だといえる。それは自分の体験を真剣に見つめ直して、このように問うということである。

「**私にとってもっとも重要な物事は何か。私がもっとも敬服する人は誰か。私が絶対になりたくない人とはどんな人か。いかなる環境においても私が妥協しない価値観とは何か**」。つまり、マックス・デプリーの言葉によれば、こういうことである。「経営には答えを出さないといけないことがたくさんあります。しかしリーダーは、問うことが仕事なんです。そしてリーダーにたいする最初の問いは、いつも「どんな人間になるつもりか」です。「何をするつもりか」ではなく、「どんな人間になるつもりか」なんです」。

自分自身を知ることとは、つまり自身のなかにあるものを発見するという探求ではなく、むしろなりたいと思うような人物像を創造するという探求である。たとえば西洋文明では「自己」について、骨と皮で仕切られた独立した存在であると考えられている。しかしながらアジアとアフリカの文化の多くにおいては、自己とは、関係性のネットワークのなかの一つの点として理解されている。木の根のように、過去何世代にも広げて、先祖や両親、兄弟、従兄弟といった観点から、自己というものを考えるのである。人は実際、このネットワークのなかにあるもの以外の何ものでもない。そうでなければ、おそらく大馬鹿者（idiot）――ギリシャ語で、動物の組織を人間に変えた共同体から離れて、ただ一人で暮らす人のこと——である。

「どんな人間になるつもりか」という問いには、現在だけではなく全人生を見渡す観点から一番うまく答えられる。チベットからメソアメリカにいたるまでの多くの宗教において、賢人のアドバイスは、死を相談相手に選ぶべきだというものだった。これは多少ぞっとする考えのように聞こえるが、実際にはまったく解放的なものである。自分の死をおそれる代わりにという観点からそれを考えてみると、こう問うことになるだろう。「これはよい考えかどうか教えてください。この仕事に就くべきでしょうか、この人と結婚すべきでしょうか。命が尽きるとき、これをしたことを悔やむでしょうか、あるいは喜ぶのでしょうか」と。死を免れないということを考えれば、死とは私たちが生きている間の助言に役立つものだと理解したほうがよさそうである。

ジェーン・フォンダは人生を三幕に分け、六〇歳の誕生日をすぎてから、今、最終幕に入っていると判断し、つぎの結論に達した。「ひそかに考えたんです、もしそうだとしたら、もしおそれているものは死ではなく後悔とともに最期を迎えることだとしたら、最終幕に達したときまでにしなかったり、なし遂げなかったりしたなら、そのときに後悔することは何だろうかというものを見つけ出さなければなりませんでした。そしてそれはこういうこと——親密な関係をもつこと、違いをつくること——だったんです」。言い換えれば、彼女がやり遂げたいと思うのは差異化（「違いをつくること」）と統合化（「親密な関係をもつこと」）からなる精神的な複雑さを完成させることだった。

強さを発展させ、機会を発見すること

自己を創造することにおいて強さを発展させることは意義あることである。「すべての人は平等である」という言葉は啓蒙された政治的考えだが、それは人間の真実の状態を表現していない。生まれつき肉体的に優れた強靱さをもっている人もいれば、空間的に物体を視覚化することに優れた能力をもっている人もいる。また音楽を苦もなく記憶できるように思われる人もいれば、数字を写真のように記憶する人もいる。特殊な天賦の才能を授けられた人は、彼らにはやすやすとできることを、たいていは追求し続けるだろう。

しかしながら私たちは、才能を試してみる機会をもったことがないので、自分の才能がどんなものかについてきちんと知らないことがよくある。たとえばジョン・ガードナーは、第二次世界大戦で徴兵されるまでは、謙虚な大学の講師だった。軍務で管理職として責任をもたされたのだが、それによってその仕事のほうが教鞭を取ることよりも自分の才能にぴったり合っているということに気づいた。一般市民の生活に戻ってからは、ますます要求の多い経営の仕事をせざるをえなかった。その後、カーネギー財団の理事長に任命され、リンドン・B・ジョンソン大統領によって健康、教育、福祉の最初の長官に任命された。五〇代後半でワシントンの政界に入ったのだが、そこでまたもう一つの発見をした。巨大な官僚制度を運営することや、閣僚を動かし、扱うことが好きで、得意でもあったのである。ガードナーはこの経験によって、決して珍しいことではなく、ほとんどの人は生まれつきの才能のうちごく一部しか使っておらず、ほんとうに自分ができる能力について知ったことがないのかもしれないという考えに自信をもったのである。

ビジョンあるリーダーたちのなかには、むしろ人生の初期に自分のスキルを詳しく調べた人がいる。ジョン・テンプルトン卿は大学時代に宣教師になろうと考えていたことを思い起こす。しかし、他の多くの若者がその方向には自分と同じかそれ以上に優れた才能をもっている――より外向的で、説教や助言がより上手い――と思うようになった。それでその方向に進まずに、自分のスキルはもっと違った仕事に向いていると結論づけたのである。

大学時代に神が私に授けてくださった才能を吟味したのです。神はすべての人に、それこそ幾多の才能を与えますが、同じものはありません。だからある段階で、私たち一人ひとりが、どんな才能をもち、またもっていないのかを注意深く吟味するべきです。そうすれば、それを一番効果的に利用できます。そして大学にいたときに具体化したような気がするのですが、投資金をもっている人がいるということを人生で初めて知ったのです。しかしクラスメートの両親に聞いたのですが、一つの国以外に投資をしている人は誰も見つかりません。そしてそんなことは、視野が狭いように思えて――ただ一つの地域や一つの産業分野だけでなく、あらゆるところを調査したら、きっともっとよい仕事ができます。

自分が考えたことは他の人よりうまくやれるチャレンジだと確信した結果、彼は長い道のりに乗り出し、結局、世界初のもっとも成功した国際投資ファンドの一つを設立したのである。ときに、さらに早い時期に使命を見出すこともある。クリスティン・コマフォード-リンチは子ども時代に路上に設けたケースからレモネードやカップケーキを売っていたときにどのように実感したかを、典型的なホレイショ・アルジャーの立志伝風にこのように述べている。「ああ、これは楽しいわ。楽しいわ！　今日中にケースを空にすることができるかどうか、食べてしまってではなくてね、それを見るのは楽しみよ」。リチャード・ヤコブソンもほとんど同じことをつぎのように語っている。

最初ビジネスの世界に入ったのは一〇歳の頃でした。友人と一緒にB&J飲料会社をつくりました。一台のワゴンとクーラーをもっていて、よくネヒボトリング会社まで行ってケース入りのソーダ水を買いました。それから氷を買ってワゴンにクーラーを入れて、ソーダ水のビン全部をクーラーに詰め込んだんです。付近ではたくさん建物を建てていたので、建築の現場から現場へワゴンを引っ張っていって、ソーダ水をそこの作業員に売ったんです。

しかし、高校を卒業してから、またもっと後でも、ビジネスとはどれほど楽しいものかを発見することがよくある。あるCEOたちは、法律、経理あるいは技術における専門的な仕事に就いた後でビジネスのとりこになった。スキルについて検討するときに考えなければならない大きな要素は、違ったことをするのをどのように感じるかについて綿密に注意を払い、そして成果の評価については客観的であることである。ジョン・ソブラートはこう説明している。「私は自分がすることをうまくやりたいんです。そうでなければしませんね。トランプ遊びはうまくないのでしません。もしあることをうまくできないときは、ちょっと席をはずして何か他のことをするようにします」。ダグラス・イャーリーは技術者として訓練を受けたが、ハーバード大学で経営コースを受けた後に、ビジネスがもっと楽しくなり、方向転換することによって「より多くの価値を付け加える」ことができると思った。「ビジネスというゲームをどれほど好きか気づいたんです……。自己判断ですが、自分がかなり劣った技術者だとわかってね。私がビジネスに出会ったのは幸運なことです」と語っている。

オペラに合った声をもっていないのにオペラ歌手になりたいとか、目と手の連携動作に優れていないのにメジャーリーグのバッターになりたいと思うのは、ほとんど意味のないことである。血を見るのが耐えられないのに医師や獣医になりたいと思うのも、時間をかけるだけほとんど無駄なことである。これらは明確な結論だが、どれほど多くの人が、現実を無視して自分の手の届くところになかったり、たとえ手が届いても楽しめないような目標を求めているかということは、驚くほどである。

上手にすることができること、楽しめること、必要とされていることはどんなことでも、伸ばすべきスキルとして真剣に考える価値がある。しかし、それはどんな隠された潜在能力も見逃さないように、できるだけ多くの自分の能力を細かく調べてみるべきだということを意味している。アニータ・ロディックは、ビジネスキャリアの計画を立てている青年にどんなアドバイスをするかと聞かれたとき、こう答えている。

まず始めに、その人たちにそんなことは話しませんね。こんなふうに話します。「聞いてください。ビジネスについては話すこともしないでください――言葉には惑わされないで。「ビジネス」という言葉を口に出すことさえやめてください。それは忘れてしまってください。暮らしについて話しましょう。そう、自分自身のために創造する暮らし、自由をもたらす名誉ある暮らしについてですよ」と。それで、あなたのもっているスキルは何ですか。たぶん人には何かスキルがあって、そのスキルにもとづいて暮らしを創造できる関心事をつくることができるんですが……。だからあまり大きく考えないことです。それはこのむごたらしい文化にまとわりついた強迫観念だからです。一番大きなものになるようにいつも求められているんです。一番よいものや一番創造的なもの、一番面白いものや、何か他のものになったらどうでしょう?

これらの引用が示しているように、チャレンジとスキルを切り離して評価することは困難である。というのはチャレンジの機会であると見分けるためには、ある程度のスキルが必要だからである。あるいは逆に、もしあるチャレンジに出くわしたときにうまくできたら、スキルがあるということになる。チャレンジとスキルとは本質的にコインの両面なのである。

人生の大部分を無気力とくつろぎのうちに送っている人は、周りで起こる行動の機会に気がつくことは決してないし、もし気がついても、行動する資格がないと思ってしまう。世のなかの物事の成り立ちからいって、運命論的に自分の居場所を受け入れる態度がある。それで、何か新しいものや試されていないことは何でも、手の届かないものとして判断される——「それは私向きじゃない」と。この態度によって、人は可能性にたいして盲目になるのみならず、どんな潜在的スキルがあるか発見することまで難しくなってしまう。

ここで、ビジョンあるリーダーに強くみられる好奇心や興味、体験にたいする開放性といった特徴が、とくに役に立つ。進んでさがし出す機会が多ければ多いほど、自分の強さを発見する、よりすばらしい機会が訪れる。一方、このような強さを早く知ることにはよくない面もある。というのはそのために発見と成長の進行を止める結果にもなりうるからである。緊急事態の処理が得意なマネージャーは、処理すべき事態が起こることに強く依存するようになるかもしれず、積極的に自分自身の計画やビジョンを展開することは決してしない。また成功してより上位の立場に昇進すると、何をしたらよいのかわからなくなってしまう。同様に、出会ったチャレンジが仕事関連だけだったとすれば、退職すると人生は退屈で、目的のないものになるだろう。継続してフローを体験するためには、人は興味と好奇心を育成し、広範囲の機会に応じ、できるだけ多くのスキルを伸ばしていく必要があるのである。

したがって、自己を知るようになるには、二つの異なった方法がある。第一は、考える人の発見への旅であり、第二は、行動する人の創造的試練である。ビジネスリーダーはふつう、第二の分類に属する。すなわち彼らは自分の強さ、文化や家族の背景、周りにみられる可能性などを調べ、これらの要素から理想的な自己をつくり上げるのである。それは本人のビジョンとなる自己の表現である。

自分の居場所を見つけること

独立した農場主や芸術家、ある種の専門家などのような数少ない例外は別にして、大部分の人は組織で働いている。それは、理想的にはフローをワーカーに与えてくれる行動の機会を提供する組織である。職場でのチャレンジがスキルを向上させるのにふさわしい適切なレベルのチャレンジを与えてくれるはずだが、それを確実にする二つのアプローチがある。第一に、つまり起業家のやり方になるが、自分の会社を創立することである。起業家精神の主な魅力の一つは、自分の目標を設定し、自分のスキルにもっともふさわしい仕事を明確に定める、まさにこの能力である。

第二に、才能に適合する既存の環境をさがすことである。仕事を見つけることはたんに収入源を見つけるだけの問題では決してないことを頭に入れておく必要がある。働く組織はその人全体のアイデンティティを形成する。それによって成長することも萎縮することもあるし、元気づけられることも消耗することも、また、価値観が強固になることも、世をすねたものになることもある。ソブラートは、「あなたを指導する時間を取ってくれる人のために、また、同業者仲間のなかでリーダーと認められている人のために働きに行きなさい」とアドバイスしている。

多くの人は初めて仕事に就くときには、まだ何になりたいか、またスキルについてははっきりしておらず、専門的に進む方向を決めるのは、この期間に仕事で積んだ経験によることが多い。代表的なアドバイスとして、アニータ・ロディックはこう言っている。

あなたの情熱はどこにありますか？　なぜわくわくしますか？　なぜ夢中になりますか？　……ほんとうに好きな、すばらしいと思う会社に向かって進んで行ってごらんなさい。……それは何がすばらしいのでしょうか。できればそこで研修させてもらうとか、またはドアをノックして、「すみませんが、ここで安く雇っていただけませんか」と言ったらどうでしょう……。できれば心が動かされるような組織を見つけてごらんなさい。そこで働いて……楽しむことです。たくさん楽しめますよ……。楽しく働ける環境で人生の九五パーセントをすごせたら、機嫌が悪くなるわけはないでしょう。

もし初めての仕事がうまくいかなかったり、面白みがなくなったら、行き詰まりの環境で働き続けるよりは、もう一度、仕事をさがしたほうがよい。ジョン・テンプルトン卿はこのように述べている。

最初にアドバイスしたいことは、現場を調べ、誰がもっとも進んでいるか、もっとも尊敬されているかを決めて、彼らと一緒に働けるよう努力をすることです。……最初の選択がつねに正しいとはかぎりません。つねに勉強し、問うべきです——世界中のどこか他の場所で、一つの国にかぎらず世界中のどこかで、自分の才能が必要とされていないだろうか、と。「これが生涯の仕事になります」などと言ってはいけません。こう言うのです、「ここから出発するつもりですが、絶えず世界中のことを勉強して、そこでもっとすばらしいことができるようになりたいのです」と。

一見したところ、これら二つのアドバイスはほとんど反対のことを言っているように思われる。アニータ・ロディックは自分の思いの根拠を情熱と楽しみに置いている。一方、テンプルトン卿はピューリタンの倫理——神から与えられた才能はどこで一番うまく使われるか——の言い回しを語っている。しかしより深いレベルでは、これらのアドバイスは同じものである。二人のリーダーがともに主張しているのは、「一〇〇パーセントの力で働けるところを見つけなさい。そこに自分の価値やスキルを十分に表現する機会があるのです」ということである。言い換えれば、「魂のある環境、そこでは仕事がフローになりうる」ということなのである。

意識の支配

人はしばしば、有名な会社の成功したＣＥＯなど、このうえもなく有能な人たちに出会う。彼らは一〇億ドルの決裁をするときは完璧に意識をしているが、自分の意識をすっかりコントロールしているわけではない。古い習慣に従ったり、よく見聞きすることをヒントにして、多かれ少なかれ機械的に行動しているのである。たとえ彼らの権力が泣く子も黙るほどのものでも、自分自身で事を決める能力を失ってしまっている。自分の行動——株主の利益や市場占有率、ブランドの認知度を上げること——を指図するプログラムの一部分になってしまっている。精神的な複雑さを抑制されている。つまり彼らが行い、考え、感じることは、予測でき、型にはまったものになっているのである。

目に見えない仕事の天井の下に押さえつけられて成長が止まるのは、とてもよくあることである。生涯を通してフローを体験するためには、自分の精神エネルギーを自由に操れる名人になることが必要である。ワレン・ベニスは、リーダーシップの戒律を「自己管理」——経営者も組織もともに健康な状態に保つことが必要なもの——と呼んでいる。フロー理論の観点からいうと、自己管理のもっとも重要な一面は、注意力や時間、習慣を自己にたいするビジョンと連携させることを学ぶことである。

〈「注意力」について〉　第4章で、生涯で体験することができる物事の量が頭脳で処理できる情報量によってどれほど制限されているかということをみてきた。私たちは何に注意を払うべきかを決定し、またどれほどの期間どれほど真剣に注意を向けるかによって、人生を形づくっている。注意力は物事を意識にのぼらせるものであるため、それを精神エネルギーと考えると便利である。ある人にとって注意力は、外因的な緊急事態や仕事や家族の要求のような刺激によって、自分の外側から誘導されるものである。また、よく考えもせず自分の文化的環境から簡単に取り上げた目標と価値観に導かれて、精神エネルギーを向ける人もいる。「汝自身を知れ」というアドバイスに従った人は自分の適合性と価値観を十分に考慮した後に、はじめて取り込むことを決めた価値観にもとづいてエネルギーを向ける。

クリスティン・コマフォード－リンチは成功の理由は何だと思うかと聞かれたとき、まず自分の「直観」だと答え、その後その言葉をこのように訂正している。「それはたんに直観ではなくて――注意を払うところからくるんです。注意を払えば払うほど――気が散っていきます、間違いなく。一度に二〇〇〇万個のことをするのが好きですが、たぶん、二〇〇〇万個ではなく、一度に三つのことをするべきでしょうね。注意を払うのは大変なことですから」と。今までみてきたように、実際には一度に最大二つ三つのことしかできない。しかもこれは一つの仕事からもう一つの仕事に非常に素早く切り替え続けることによってのみ可能である。そのためまるで同時にやっているように見えるのだが、実際には順次行っているのである。それでもなおコマフォード－リンチが指摘している点は妥当なもので、注目すべきである。それは何を、どれくらいうまくなし遂げるかを決定する、注意力の方向とその集中度である。

私たちは通常、好きなもの、興味を起こさせるもの、スキルを必要とするものに注意を向ける。しかしこの関係はまた逆に働く。つまり気をつけて注意を向けるものは、どんなものでも好きになる。こういう理由で、よい戦略とは、はじめのうちはそれにとくに興味がないとしても、成長を維持する潜在能力をもつ物事にエネルギーを投入することである。そのうち、その物事のことを知れば知るほど、興味が喚起されることになる。実り豊かな仕事のための一つの領域は、計画の具体的な詳細である。何がビジネスにおける成功の原因かと聞かれたとき、ソブラートはこう答えている。

詳細に注意を向けることです。私は細かいところに関心があるんです。何か計画を進めているときは、自分たちの計画を他の計画より優れたものにしているすべての細かなことに、ほんとうにのめり込みます。交渉をしているときは、ちょっとした細かなことについてうんざりするほど話し合うことができると思います。そういう類のことが楽しいからです。

偉大なモダニズム建築家、ミース・ファン・デル・ローエはかつて、「神は細部に宿る」と皮肉った。どんな仕事でも細部に細かく注意を払えばフローの深い精神集中をもたらし、その状態で人はまるで一時的に、いつもと違う、より高次元の存在として生きているかのように感じるということを意味したのかもしれない。

他のどのようなこととも同じように、注意力を管理するには、両極端のことのバランスを保てなければならない。ある人々は興味の範囲が非常に狭いので、周りで起こっていることにほとんど気がつかない。そのような人は、専門分野には非常に熟達するかもしれないが、生きている世界はひどくせまいので、遅かれ早かれそれが与えてくれる機会を使い切ってしまうことになる。また、どんなことにも注意を向け、何百という未解決の問題を追いかけ、どんな問題も完全に理解することはできず、どんなスキルを身につけることもできずに、精神エネルギーをめちゃくちゃに浪費する人もいる。

このような極端なことを避ける一つの方法は、化学と平和の分野でノーベル賞を獲得したライナス・ポーリングによって使われた戦略である。彼は精神エネルギーの使用についてつぎのように述べている。

数十年にわたってつくり上げてきた、心のなかにある一種の宇宙に関する一般論ですが、私には一つのイメージがあります。もしある記事を読んだり、誰かがセミナーの話をするのを聞いたら、あるいは何か他の方法で今まで知らなかった科学に関する情報を知ったら、「それはどうしたら私の宇宙のイメージにぴったり合うだろう」と自問します。そしてもし合わなかったら、「どうしてぴったり合わないのだろう」と問うのです。

ポーリングの言葉は複雑な意識の働き方の上手な説明である。人は長期にわたって育まれた「一般論」（あるいは核となる価値観、またはビジョン）をもってスタートし、その後、その理論を支持するものでも、異議だろうと、すべての関連情報をそれに統合する。このようにして、独自の見通しを維持しつつ、つねに関係の輪を拡大しながら、安定した基盤から成長し続けるのである。

〈「時間」について〉　注意力と時間とは基礎となる同じプロセスの二つの別の面である。つまり注意力を自由に操れるということは時間を自由に使えるということであり、またその逆も成り立つ。一つの計画やゴルフのゲームにどれくらいの量の精神エネルギーを注ぐことが必要かがわかれば、時間の使い方については心配する必要はない。というのは最初の方程式を解くことによって、二番目の方程式も解けるからである。ビジネスリーダーは時間の有限性となし遂げたいと思っている仕事との関係について知っている。彼らは全員、クリスティン・コマフォード - リンチの考えに賛成する。すなわち「もっとも貴重な贈り物は時間です。というのは、時間は間違いなく総量が限られているからです。人がふつうあると思っているほど十分な時間はありません——巨大な「命のデリカテッセン」のなかで、いつ順番がくるのか誰もわからないのです」。

リチャード・ヤコブセンは私たちが皆経験する時間の危機についての個人的なイメージをこう述べている。

　時間は宇宙人の形でやってきます。時間の宇宙人は本来残忍なものです。規格化されて動かされた宇宙人は他のものに比べてもっと残忍です。人は時間の宇宙人を管理する方法に気をつけなければなりません。

時間を節約してくれると考えられていた技術の進歩は、皮肉にも、その代わりにしばしばプレッシャーを強める。クリスティン・コマフォード - リンチはこの傾向について最新の状況を論評し、時間の奴隷になる代わりに時間を支配することを学ぶことがいかに重要かについて、つぎのように提唱している。

技術はビジネスの世界にどんな影響を及ぼしたでしょうか。おわかりのように、役立ってきたと言いたいのですが、常時働くことを可能にしたことも同じように役に立っているとは思いません。それはいやなことですよね。今ではEメールがあり、パソコンを家に持ち帰り、もはや常時働いています。よいことかもしれませんがね。多少は役に立っています。もっと人間らしくなるか、それとも趣味をもたず、家の外では活動しない、仕事のことだけを考えるような人になるかを決めるのに、役に立っているわけです。

人は楽しい活動の類に注意力を注いでしまうが、それと同様、時間も多く割り振る傾向がある。仕事が好きな人は、家族と一緒にすごしたり人生の目標を考えたりするような、あまり面白くないことはやめて、仕事にさらに多くの時間をかけてしまう。多くの人は家庭生活のための時間が十分にないと不満を言うが、しかし事実は、これは彼ら自身がした選択――ふつうは無意識に――なのである。なぜなら、彼らがやっていられることのなかで一番多くのフローを生み出すのは仕事だからである。たとえばオリット・ガディーシュはこのように認めている。

私は働きすぎだと感じるときがあります。しかし基本的に、人は楽しむことを選択しますから、そんなふうに感じたとき、自分が選んだことだと認めざるをえないんです。自分がした選択だということは絶対に確かです。そしてたぶんそういった面を楽しんでいるんです――たとえ他に何かしたいと思うことがあって、それをしていなくてもね。

ここで重要なことは優先順位を決めること、そしてそれに従うことである。マイク・マレーは断固として自分の意見を曲げない人である。

つねに自分自身と交わしてきた契約は、このようなものです。「仕事のときにはできるかぎりがんばって働こう。それから家へ帰って、家族と個人的な生活をも手にしよう」。もしそういうことが会社にとって具合が悪かったら、会社には一つの選択があります。その選択とは、会社が私に離職を求めることができるというものです。でも一番長く働く人に与えられる褒美を取るつもりは決してありません。そのことで自分自身の気分を害したくないんです。なぜなら、私はそのようにして人生を送るという特殊な基準を選んだんですから。

ジャック・グリーンバーグは多くの同僚と同様、仕事と家庭生活との難しいバランスをうまく取る戦略を考え出そうとしている。

私が家庭にいる時間があまりないことをぼやいていたとき、一度一緒に働いた人がこう言いました。「うまくやる方法は、自分の家族を一番大切なお客様と同じように扱うことだね。そうすれば家族のための時間がつくれるよ。そして、家族とすごしている時間は充実した時間だということがわかるようになるよ。きみはただそこにいるだけじゃなく――新聞を読み、ぼくにブツブツ言わないでくれているがね――実際は、お客様とつねに関わっているのと同じように、家族とも関わっているんだよ」。

この戦略の問題点は、客と接するときには条件が十分明確に定められているということである。つまり、目標ははっきりしていて、フィードバックが迅速で、一般にスキルは機会にぴったり合っている。言い換えれば、フローの条件が存在するということである。一方、家庭では、状況ははるかに不明瞭である。すなわち、配偶者と子どもたちはそれぞれの予定があり、家族それぞれの年齢や背景も異なっているので、同じ話題に関心を集中させるのが困難であり――その結果、多くの努力をしても多大なる時間の無駄のように思われる。驚くに当たらないが、大きな効果をもたらすように思われるところにエネルギーをつぎ込むことはより簡単で、興味をそそることである。そして、ふつうそれは仕事である。しかしながら、もし家庭生活について真面目に考えるなら、それをフロー体験に変えるチャレンジをつくらなければならない――それはビジネス組織を動かすのと同じくらい多くの精神エネルギーをそこに向けることを意味している。

多くの場合、たとえ身体が家庭にあっても、心はそうではない。関心は仕事に関係した問題に向けられたままで、精神的に、また情緒的にからっぽだと家族はすぐに気づく。アップルコンピュータ社のマイク・マークラはこの状況を防ぐうまいやり方を考え出した。それは、仕事は人の精神エネルギーのすべてを要求しているわけではないという見方からなるものである。

それで、私が考え出したちょっとしたテクニックを使い始めました。工場を出て家に向かう車のドアを閉めるとき、家では何が重要かについて考え始めるんです。そうするのは難しいですよ、だって仕事のことから突然いろんな家庭の雑事が飛び込んでくるんですから。しかし帰宅途中に半時間もそれに気を向けると、家のドアのなかに入る頃には……、今日きみがやったあれこれはどう進んだかなと聞けるくらいにはなりますよ。そしてこの違った世界に戻ったわけですから、実際興味が出てくるんです！

デボラ・ベセマーは仕事と家庭のバランスを保つ、また違ったやり方を述べている。

生きるのに指針としているルールは、週末には働くなというものです。最初はたしかに難しいことです。あまりにも多くの仕事があるからです。でも週末にはオフィスには来ません。パソコンを家にもち帰り、実際、朝は誰よりも早く起きてそれに向かいますが、子どもたちが起きてくるとパソコンを閉じます。飛行機で会議に行くと皆がこう言いますよ。「おやまあ、前の晩に夕食でも食べる時間に来られたらよいのに」と。私は「いいえ、決して前の晩に夕食を食べにはやってきませんよ」と言います。朝四時に起きて、一番機に乗って会議に間に合わせます。でも、せめて子どもたちは私が寝かせようと、それまでには家に帰るんです。

あまりにも仕事に没頭した結果起こるもう一つのことは、時間の「浪費」はどんなものもとても不快になるということである。私が中堅クラスの幹部のカウンセリングをしていた数年間、マネージャーたちが変えたがっていた個人的な特徴で一番頻繁に聞いたのは「短気」であり、これが強く印象に残っている。それは何を意味するのだろうか。その例は次々と聞かされた。たとえば、「部下たちの説明を最後まで聞けないんです。何を言わんとしているのかわかるんですよ。彼らがわけのわからないことを言っているのをじっと聞いていられません」「昔、子どもたちによく読んでやったものと同じようなばかげた物語を孫に読んでやるのは、まったく時間の浪費のように思われるんです」「私は夕食に出かけるのは大嫌いです。みんなは豪華なフランス料理のレストランで、ウェイターがテーブルの上のパンくずを取り除いているのを見ながら、二、三時間も時間をつぶしています。どうして？　私なら家でテレビニュースを見ながらピザを食べているほうがずっと楽しいです」「全速力でない人にはますます気が短くなってきます」などというように。

マイケル・ハックワースの説明は典型的なものである。

私たちがしようとしていることをすぐに**理解**できない人には、ものすごくイライラしていました。それで、怒ってしまい、とても興奮して、それから理解し始めたんです――この世界には人々の分類がある。一握りの人たちと一緒にいなくなるつもりでなければ、ほんとうにするべきことは、さまざまな態度、知性、そういったものに適応できるようになることだ、と。そして、それは啓蒙的体験というか、成熟というようなことでした。私が確か二〇代半ばの頃にわかったことです。

ウィリアム・ポラードは同じような展開についてつぎのように述べている。

ときどき、無能さにあまりにイライラすることがあります。ほんとうに失敗したと感じるのは、対人関係においてです。……その決定において私は正しかったと思うんですが、その正しい決定の一部に他の人が反対していたという点で、悪かったのかもしれません。……他の人との関係において、決定にたどりつかなければならないときはいつでも、もし他の人が賛成してくれなくて、最後まで正しいことのためにあなたと闘わなければならないか、たんに折れるかしなければならないと感じているなら、そのときは……その仕事を正しくやり遂げられていないということになります。

これらのマネージャーたちは、短気があまり好結果を生まないことを理解していた——短気によって、一緒に働く人々とは疎遠になり、配偶者や子どもたちを傷つけたのである。彼らは仕事をうまくやるためには、他の人々をそれぞれのニーズや癖がある個人として認めなければならず、ただ計画に貢献できる——しかもほんの短い時間だけ——ことにしか意味がない、取るに足らないロボットであるかのように扱ってはいけないということを知っていた。けれども依然として、より忍耐強くなることはほとんど不可能だということがわかっていた。たとえばマックス・デプリーは、「人が抱いている問題の一つは、もし物事を解決できると思うならば……それができない人々にたいしてとても我慢できないということです。それは実際、人間関係を壊してしまいます。それを理解するのに誰かに教えてもらわなければならなかったんです」と述べている。あまりにも多くの精神エネルギーが仕事に向けられたとき、仕事の価値は心のなかで成長して、その他のすべてのことを覆い隠すところまでいってしまう。そして最後には、慢性的な短気もまた、否定的な方向でビジネスでの決定に強い影響を与え始める。クリスティン・

コマフォード－リンチはこう述べている。

物事が台無しになるのは、あまりにも切迫しすぎていると思われるときです。それは最初、「もしあなたがこのつなぎ融資をしてくれなかったら他の人のところに行きます」というように始まって、あなたはというと、「これはほんとうにすばらしい取引のようだ。たぶんこれに応じるべきだ」ということになります。そうして、平静さを失い、小切手を切り、時間を使っているとき、それが物事を台無しにしてしまうときです。なぜなら、そうすることで、他の誰かの都合によってプレッシャーをかけられているからです。そしてそのことで学んだことは、「どこか他のところに行ってください。私にはもっと時間が必要なのです。これがこちらのスケジュールです。私にはこれだけの時間が必要なのです」と言うことです。

ジャック・グリーンバーグもまた、創造性の研究では「インキュベーション」――意識せずに問題を解決しようとしているときに、潜在意識において並行して起こる活動――と呼ばれていることの重要性に言及して、より時間を取るために同じような遅延方策を用いている。

私も、こういうことを知っていますよ。つまり、何をすべきかはっきりわかっていなくても、それについて二、三日じっくり考える時間を取りさえすれば、どうにかして――意識的にではなくても――その問題について、もっとはっきりと理解できるんです。すぐに決断を下すように自分自身に強制しなくてもね。決断は、まさに内面化するんです。どう説明したらいいかわからないんですが……。でも、決断の一部は潜在意識のなかにあると思います。脳は当人が考えていない物事について働いているに違いありません。決断は、しばしばある明確な形で思い出されるんです。

時間を管理するための一番の方法について編み出された有用なアドバイスが非常に多くあるが、私の経験からいえば、ほんとうによい方法は一つもない。ある人のために有効なことは他の人のためには有効でないかもしれない。いつも数カ月も前から計画を立てるやり方で非常に成功しているリーダーもいれば、一方、予測できない機会をうまく利用するために、できるだけ柔軟に計画するやり方を好んで成功しているリーダーもいる。また、その日の早いうちに簡単な決定事項を扱い、後で重要事項に集中する時間を取ることで一番うまくいっている人もいれば、まずはじめに主要課題に取り組み、その後その余勢でより簡単な問題に目を向けていくやり方を好む人もいる。習慣がどうであれ、自分のリズムに注意を払うことが重要である。自分にとって、何がもっともうまく働いてくれるのか？　もしきついスケジュールと先に重要事項を処理することが好きなら、そのような条件で最善の仕事ができるだろう。したがって、もっともフローをつくり出しやすいリズムを仕事で時間を使う方法に組み込むことは意味あることである。また同じことが自分の下で働いている人にたいしても当てはまる。つまり、チームの誰もが同じ調子で進むべきだという理由はないのである。

〈「習慣」について〉　注意力が一つの方向に注がれ続けているときに、習慣が形成される。アリストテレスは、美徳は長期間にわたって育て上げられてきた習慣の結果であると言い、アメリカの昔の偉大な心理学者ウィリアム・ジェームズは、習慣は人の心理のもっとも重要な要素であると記した。この言葉の真意は、人の人生は何年にもわたって、どこに、どのように注意を向けてきたかの結果であり、また同様に、幼い頃に注意を向けるために学んだことが人生の基盤となっているという点をよく考えてみると、明確になる。この膨大なテーマをこのかぎられたページで十分に論じるのは不可能だが、少なくともそれに関連するいくつかの課題は考察する価値がある。

ある人がどのような種類の習慣を身につけてきたかは、主に二つの要素による。一つは、規律と性格──すなわち厳しい仕事による。二つ目は何をすることを楽しむかによる。理想的には、複雑さの成長につながる種類の探求を学ぶことを楽しむべきである（これは第4章で論じた精神資本の形成の過程である）。もしテレビを見たり、パーティーに行ったり、賭け事をしたり、麻薬にふけったりするような行動だけを楽しんで成人したとすると、それ以外のことは何もうまくできないようになるだろう。このように人生の初期に学んだエネルギーの注ぎ方によって、生涯に重大な結果がもたらされるのである。

そうはいっても、新しい習慣はいつの時点でも──年老いてからでも──身につけられる。自分の思考や行動のあるやり方が他の人のやり方ほど効果的でないとわかると、自分の行動のレパートリーによりよいやり方を取り込むことができる。たとえば、ジャック・グリーンバーグはやり方を変えた一例としてつぎのように述べている。

もう一つ学んだことは、自分の心構えが健全な状態でないと、重要な決定はできないということです。健全でなければよくない決定をする傾向があるんです。あまりにも疲れすぎていないか、落ち込んでいないか、あるいは意気消沈していないかとか——言い方はいろいろあるでしょうが——そういうことを確認しなければなりませんね、なぜって、思考過程に影響するからですよ。

宗教は多くの人の人生において非常に強い核となる価値観であるため、祈りは人を自分の心に触れさせ、未来にたいする姿勢を決めるのに役立つ重要な習慣となりうる。ジョン・テンプルトン卿は、日常的な行動にどのように習慣的な祈りを統合しているかについて、こう述べている。

十分に、また自然に祈ります。祈るときは——前にも言ったことですが——二つ、三つのことを同時にしようとします。たとえば運転している最中に祈るときは、新しいことを考え出すよりも、以前に何回も祈ったことを祈るほうが簡単だと思います。だからおおかたの場合は、何年も前に願ったことを祈るのです。でも同時に、これと違ったもっとよいやり方がないか、いつも見つけようとしています。

モールデン・ミルズ社のアーロン・フォイエルシュタインは、たとえ第三者にはそれが極端に難しいことのようにみえても、自分で選んだ楽しい習慣が人生の後期にどれほど活力と意気込みを取り戻すかについて、つぎのように生き生きと述べている。

毎日五時一五分に起き、一時間運動をします。あるときはランニングで、あるときは柔軟体操です。一時間です、五九分ではありませんよ。一時間、そう、一時間です。……体の運動と同時に、心の運動もする努力をします。走っているときは一時間分のヘブライ語の詩を暗記し、柔軟体操をしているときは英語の詩を一時間です。だから体だけでなく脳にも公平に訓練していると思いますよ。それでし終えたときは疲れていますが、終わってしまって工場に行くと疲れもなく……さあチャレンジだという気になるんです。

末日聖徒教会のメンバー、リチャード・ヤコブセンは同じようなことを実行しており、「毎朝一時間か一時間半ばかり、聖書を読み、お祈りをし、日記をつけます」と言っている。

習慣が前述のように完全に規則化していないときは、自分は今までどうしていたのか、またつぎはどうしたいのかをよく考えるのに特別な思案の時間を取ると役に立つ。これは毎日でもできるし、年に数回でもよい。クリスティン・コマフォード‐リンチは自分の生活設計の実行についてこう述べている。

座って日記をつけるんです。ふつう六月と一二月にだけなんですが、そんなやり方なんです。そうですね、人生はうまくいっているかしら。そこにはいろいろな面があるんですよ。仕事のほうはうまくいっているかしら。個人的な生活はどうかしら。ストレッチは十分にやっている？　何が心配？　つぎのレベルに到達するためにはどうすればいい？　精神的に進歩している？　まだ神様に近いと思っているの、あるいはガラクタになって掃き捨てられて、ダメになっていっているの？

そう、まさにガラクタになって掃き捨てられて、それから二、三年後に目を覚まして、「わあ、私の人生はどこにいったの」と言うのは簡単に起ることだと思いますよ。そう、評価することはほんとうに大切なことです。とても、とても大切なんですよ。

しかしながらそのような疑問に間違いなく答えるためには、日々、自分の感情や行動に注意を払う習慣を身につけることが必要である。これは本章の始めに述べた点に帰ることになる。つまり、自身を知るということは、フローを全人生の一部にするための第一歩である。しかし、ちょうど物質的経済に無料の昼食はないのと同様に、精神的経済にもただのものは何もない。もし進んで精神エネルギーを意識の内にある現実に注がず、代わりに外部の報酬を追い求めることに空費するなら、自分の人生を自由に支配することはできず、結局、周囲の事情の操り人形になってしまうのである。

第9章　ビジネスの将来

ビジネスは生き残るのか？

あらゆる歴史的段階において、ある種の重要な社会的役割を占める人々は、残りの全人口に優越する地位を勝ち取っている。結局、経済のみならず、政治や文化まで支配するようになるのは、生産手段と社会の価値観によって、猟師か、兵士、また、僧侶、地主、商人といった人たちである。彼らは富を蓄積し、法に影響を与え、真理と美の基準さえも決定する。現代において社会でもっとも力をもっているのはビジネスに従事する層だということはかなり明確である。つまり、彼らは食物から石油まで、資源の流れをコントロールするだけでなく、どのように、また誰によって国が運営されるかということについても不釣合いな発言権をもっている。

ラテンアメリカのバナナ園やクウェートの油田への投資を保護するかどうかなど、ビジネスの関心事によってアメリカの外国への介入が左右されてしまう。かつては市場からは比較的独立していた社会のもっとも重要な機能は、今やウォールストリートの召使いになっている。健康管理から農業ビジネスまで、マスメディアから遺伝学の研究まで、教育から音楽と娯楽まで、これらの制度の本質的な価値は、市場での評価によって影を薄くされてきた。有用な情報を提供するのに新聞が優れた仕事をしようとしまいと、もはや大した問題ではなく、予想レートになったときにチンと鳴らしてレジを開けないなら、失敗だと思われるのである。もし病院が地域社会の健康によく役立っても役立たなくても、それは大きな問題ではなく、重要なのはその配当金が投資家の期待を満足させるかどうかなのである。期待された利幅はかつては一桁だったが、今や二〇パーセント台にまで上昇した。

もちろん、この重大な局面に達した責任はビジネスだけにあるのではない。できるだけ短い間に可能なかぎり大きな投資のリターンを得たいという過度の欲望を大きくしたのは社会全体である。昔、人々は自分たちの幸福はすべて市場が与えてくれるとは期待しなかった。先人たちは自分の仕事に誇りをもち、土地と家畜から金銭的な安定を得、宗教に希望を見出し、家族と地域社会から安らぎを得た。お金を投資してわずかばかり増えた富は、ただ多様な天の恵みの一部だと考えられた。しかし今や仕事や宗教、家族、コミュニティを育むということにはあまりにも多くの努力が必要なように思える。たんに私たちの蓄えが奇跡的に増加するのを待っているほうがずっと簡単である。株式公開された企業のマネージャーたちに、この期待の潮流をせき止めるためにできることはほとんどない。というのは、他の価値観をできるだけ効果的にするために、あまり利益を生まないやり方を実行すると、目の鋭い投資家はつぎの株主総会で彼らを解雇するよう求めることを知っているのである。

このような市場の状況では、たんに利益を生み出すことよりも、より高い目標をもったビジネスマンたちが苦闘に直面する。しかも権力とリーダーシップとともに社会的責任の重荷がついてくる。過去において、人々が、教会は自分たちの生活により多くの価値をつけ加えていないのではないかと疑い始めたとき、その正当性は低下し始め、その結果、権力も低下し始めた。ヨーロッパにおける地主の貴族階級が全体として市民の幸福に弊害があるとわかったとき、それが衰退することは避けられなかった。同様に、もし市場が少数の人々のために役立っているにすぎないと広く認識されるようになり、多数の人々の幸福に役立たないということがわかれば、ビジネスはその主導権を維持することはできないだろう。

研究でインタビューに応じてくれたビジネスリーダーたちは一般に、自分たちの歴史的な役割についてどこか曖昧だった。一方で、自分たちの仕事が社会に貢献していることについて、彼らは一様に確信していた。ときには熱心に自己推奨してつぎのように言った。「ビジネスでの成功がほんとうに国の経済を築き上げていきます。ビジネスはアメリカンドリームを築き上げるのです。これこそビジネスがなすことなのです。ビジネスは税金を払います。また、キャリアをつくり、志に火をつけます。ビジネスは家を建て、高速道路を建設します。それらすべてがビジネスからできあがるのです……。そしてビジネスはこの国へ来るように人々を魅了します……。ビジネスは教育が発展し、健康が増進され、技術が進歩することにお金を払います。ビジネスがアメリカ合衆国を現在あるものにしたのです」。

同様に、インタビューに応じてくれた人々は、一般的にいってビジネスが向かっている方向にはまったく楽観的だった。彼ら全員が、ビジネスを行うことは、以前にそうだった以上に現在ではより倫理的だと主張した。従業員の幸福やコミュニティ、また環境にたいしてより大きな関心があるだけでなく、より透明性も責任もある。彼らは皆、冷淡で非倫理的な仲間を知っていることは認めたが、それは例外であって、ビジネスにおける不道徳な人の比率は、たとえば教育の場や聖職者におけるよりも大きくはないと断言した。

もちろん、ビジネスの同業者仲間がそのような好ましい評価をするのだろうということは予想しうる。そこには利己主義が含まれているだろうし、第7章でみてきたように、気質としてほとんどのことに楽観的な人々が存在するのである。ビジネス企業に批判的であっては、重役会議室やゴルフ場で長く生き残ることはできない。

一方、全体としてビジネスを是認しているこの判断にもかかわらず、ビジョンあるリーダーたちはまた、ビジネスが取り組まなければならないきびしい問題があるということに気づいている。それは、社会の他の部分との暗黙の社会契約――その分け前を支え続けるということである。もっともよく言及される厄介な問題の一つは、報酬のシステムで不公平さが増大していることである。ダグラス・イャーリーがそのジレンマについてこう述べている。「否定的な面はもっとも有能な人ともっとも無能な人との差と、その報酬がどんどん広がっていることです。……あまりにも欲が強すぎるんです。スコアカードには、あなたはいくらのお金をもっているのか、いくらの価値があるのか、と記されているんです」。J・アーウィン・ミラーは同様の問題を取り上げてつぎのように語っている。

またその問題の例として、一般的な賃金がまったく上昇していないときに、CEOの一部が得よう努め、そのために争う、驚くほどの高賃金があります。これは遅かれ早かれある種の社会的な不安に導くものだと思います。私は賃金を例に取りましたが、大部分の組織におけるトップと底辺の人の差は、いまだかつてなかったほど大きくなっています。

……私がビジネススクールを退学させる若者たちのうちあまりにも多くが、主な目標について、「三〇歳になるまでに一〇〇万ドル稼ぎたい」と言うんです。「よい仕事をしたい、会社や何かそんなものを築き上げる役に立ちたい」なんてことは言わないんです。無私というものは何もありません。もし、彼らの価値観に無私の気高い特質がなく、大学や企業やその他どこでも属する場所への帰属意識をもって、「この組織を築き上げる役に立ちたい」と言うことができないのなら、彼らは失敗する運命にあります。お金という観点で自分の価値観を表現することは、たぶん失敗ですよ。

自身の仕事人生を通して、ビジネスの習慣はよりよくなってきたと思うか、それとも悪くなってきたと思うかと尋ねられたとき、マックス・デプリーは水平線上に浮かぶ真っ黒な雲にたとえて、ますます拡大する不公平と欲深さを指摘した。

私はビジネスにはつねにある程度の非倫理的な行為があるだろうと、そしてそれをコントロールしようとしていないように思います。それに役立つ法律でもあればいいんですが。私自身の思いとして、自由市場のシステムにとってより危険になりつつあるものは、コントロールされない不公平さです。一つの例ですが……ＣＥＯたちが企業から手に入れているまったく法外な額の金銭です。

それはお客様に払っていただくようにお願いすることがほんとうに公平なのかという問題に戻ります。お客様が買いたいのは椅子とか車だけだとすると、払う必要のないものがそのなかにいくらか含まれているんです。わかりますか。私がSUVを買いたいと思っても、CEOがチューリッヒのアパートで愛人を囲うためにお金を払わなければならないとは思いません。私はそれが車の価格に含まれているべきだとは思わないんです。

注目すべきことに、成功した資本家はつぎのような考えを述べている。「束縛のない自由市場は必ずトラブルに向かうと思います。強力な消費者がいて、強力な生産者と供給業者がいます。そこで、そのうちの一つが他のものを食いつぶしてしまわないようにするために、聡明な仲裁者として政府が必要になるでしょう」。アニータ・ロディックはさらなる一歩を踏み出し、グローバリゼーションの暗い側面——それは二世紀半前に産業革命がイギリスやドイツといった国々に引き起こしたような、世界規模の混乱の類を引き起こす——を指摘して、強欲さを非難している。

CEOたちのぶ厚い給料袋や、適切なビジネス行為と見なされている人員縮小、そのためにまさに消えていっているコミュニティ全体をみるとき、また、賃金体系が異なっているためにもっともおとなしくて扱いやすい労働者を得られる国に向かっていくという、このいびつな状態をみるとき——そこには保護などというものは何もありません、とくに女性労働者には。あらゆる方法で人間性が遠ざけられています。……全体として私が言いたいことは、教会や寺、偉大な哲学者、他のどんなものだろうと、これらの価値観を試し、もち込むこと、そしてビジネス言語の一部として取り込むことです。

この引用は支配的な権力とともにくる危険の一つを指摘している。ビジネスの成功は、私たちの身体の健康な組織を蝕む強力ながん細胞のように、人生全体に拡大し支配することを可能にするかもしれないということを示唆している。その筋書きでは、ただ一つの価値の尺度は経済的な成功であり、よいことは利益を増やすことだけなのである。長期計画は短期間の利益にたいして後回しにされ、忠誠心は市場価値で取引される。空気や水、健康は需要と供給の法則に従って分配されるだろう。ビジネス言語が「教会や寺、偉大な哲学者の価値観」を取り込むことは、まさにこの恐ろしい薄っぺらな未来を回避することなのである。

残念ながらこれらの価値観はすべて普段ビジネスを行うなかで、あまりにも簡単に忘れられてしまう。結局のところ、不断のチャレンジは達成されなければならず、どんな企業においても日々の活動は人類の究極の幸福にまったくわずかな効果しか及ぼさないように思われる。私たちが当たり前に思うようになってきた即席の成功という狭い尺度からみれば、人は長期的観点での結果を無視することによって、よりうまくやれるようである。けれども、もしビジネスが手に入れた権力に伴う責任を念頭に置かない状態が続く場合は、遅かれ早かれ社会の免疫システムが自由市場のパラダイムを拒絶するようになるだろう。

このジレンマにたいする一つの解決策は、純粋に市場主導型の世界観にもとづく結論や、導かれた反省を含んだ進路に、もっと直接的に向き合うことである。ウィリアム・ポラードはつぎのように述べている。

リーダーたちに反省するように勧めてきたのではありません。実行するように勧めてきたのです。それは教育的な過程から始まります。私の著書 *The Soul of the Firm*〔『企業のすべては人に始まる――サービスマスター　社員の成長に献身する会社』ダイアモンド社、二〇〇三年〕で、他の株式会社でつぎのCEOの面接担当の一員をしていたときの経験を述べました。多数の応募者の面接を行いました。その人の人生哲学は何か、思慮深くて道理をわきまえた人かどうかを何らかの形で理解したかったのです。そのための方法はいろいろあります。何を読み、何を読まないのかを聞いたりすることもできます。しかし私たちはたんに、「あなたは何かがよいか悪いかということをどのようにして決めますか」という質問をすべての応募者にして、さぐることにしたのです。それにたいして千差万別の回答がありました。まず、大部分の人は、ビジネスを行ううえで、あることにたいしてそれがよいか悪いかをどのように決定するのか、問題が発生するのをどのように未然に防ぐのかとか、何かそんな類のことを尋ねられているのだと思ったのです。そう、それが第一の反応でした。それでこう言ったのです。「いや、私たちはそういったことをお聞きしているのではありません。倫理的問題のことを言っているのです」と。嘘をつかないことがなぜ正しいのですか。なぜ二〇年前には、女性はある種の仕事だけしかできず、男性はその他すべての種類の仕事をしなければならないと考えられていたのが正しかったのですか。どうしてでしょう。なぜ今日では間違っているのですか。法律で間違いだと決められているから間違っているのでしょうか。あるいは、基本的に間違っていて、ただ昔はそう認知されていなかったということですか。また最近の問題は何ですか。今、目の前にあって検討しなければならない問題は何でしょうか――ビジネスを行ううえで、また人を扱ううえで、何が正しく、何が間違っているのでしょうか。環境問題を取り上げることもできました。ありとあらゆる問題を取り上げました。リーダーは何によってそのような問題を予測するのでしょうか。企業はものやサービスを生み出すことに加えて、人々の発展に貢献するために倫理的共同体になれるでしょうか。それは基本的な問題です。さて、もし倫理的共同体になれるなら、そのとき、このような倫理的規範の問題について考えることにおいて、リーダーシップはどこにあるのでしょうか。

もし、ビジネスでリーダーシップの地位を求めている応募者全員が、何が正しくて、何が間違っているのか、また何が倫理的共同体の基礎を形成しているのかということについての自分たちの概念を面接担当者に説明しなければならないとしたら、それはビジネス環境全体に変化をもたらすだろうか。それはおそらく価値ある第一歩だろうが、これらの道徳的な責務を考慮に入れた成功や昇格、また報酬の基準が続いて考え出されていかなければならない。残念ながら、責任を伴う方法で実際に行動もせずに責任ある地位を装うのは、非常に簡単である。大きく広がった貧困のまんなかで莫大な財宝を蓄積しながら、教皇たちは自分たちを「神の従僕の従僕」と呼んだ。ちょうど封建君主たちが初夜権を楽しみながら、自分たちを寡婦と孤児の保護者と称したように。偽善は、たんなる忘却よりも多くのものを腐敗させるのである。

時間を取ってひと休みしてよく考える人は、マックス・デプリーがそこにいたったものによく似た結論を出す傾向がある。

自分の仕事のキャリアは、そうですね、どうしたら収入を増やすことができるかとか、どうしたら一株当たりの利益をベストにもっていけるかということから離れて、民主主義において自由市場のシステムを保護する原則は実際にはどんなものかを理解するという目標に向かう、一種の巡礼の旅だったと考えています。もし私たちがその保護原則が何であるかを理解し、尊重しなければ、民主主義も自由市場のシステムも存続することができないと、心の底から信じています。歴史的にいって、私たちはまだまだ未熟です。そして自由市場のシステムを駄目にしようとする態度ややり方の兆しをたくさん示しています。

グッドビジネスの原則

私たちがこうしたビジョンあるリーダーたちから学んだことは、グッドビジネスを実践する方法——理にかなった利益を得る組織を運営する方法、とりわけ人間の幸福と福祉に貢献する方法についての、具体的な信念である。彼らの多年にわたる業務経験——それは振り返ってみれば中世から積み重ねられてきたもので、未来へも広がるものである——のおかげで、グッドビジネスが築き上げられる基盤の概要をたどるところから始められる。多くの考えのなかから、私は、もっとも本質的でもっとも広く支持されているように思われる主なものとして、三つだけを選びたい。

自己を超えたビジョン

ここまでにみてきたが、ビジョンあるリーダーたちのもっとも重要で顕著な特徴は、おそらく、自分たち自身だけでなく、他の人々にも同様に恩恵をもたらす目標があると信じていることである。他の人々の精神エネルギーを引きつけ、組織にたいする義務感を超えて喜んで仕事をする気を起こさせるのは、そのようなビジョンなのである。第7章で、私はこの種のビジョンを「魂」と呼んだ。なぜならそれは、ワーカーを自己本位で活気のない人間から、成長し、他の存在と結びつくことを切望する独立した存在に変化させるものだからである。

しかし「ビジョン」という言葉はあまり適切ではない。というのは、その言葉はリーダーが達成しようと思っているものの目に見える、あるいは心に抱くイメージを含んでいるからである。インタビューからは、彼らを駆り立てるのは精神的イメージよりも、むしろより本能的なものであるということが感じられる。それはまた必然的に感情を、また、自己を含むさまざまな力が働き合っている場に根づいているという身体的感覚も伴うが、もっとずっと大きいものである。ほとんどまるで、彼らはこの惑星に束の間いるだけの存在ではなく、宇宙の体系のなかに永遠不変の居場所をもっているかのようである。つまり、ある明確な責任を伴う独自の立場——言い換えれば、個人的な運命、使命である。そのようなビジョンは強力な装置となる。どんなに少なく見積もっても、そのビジョンのもち主は多大な量の精神エネルギーを節約できる。つまり、目の前に伸びる道がまっすぐで明確なので、自分の行動や態度についてあれこれ考える時間を取る必要がない。危険と疑惑で他の人が無気力になってしまうような危機の時代においても、強いビジョンの所有者は困難な仕事を思いとどまることがないのである。

こうしたリーダーたちのやる気を起こさせる使命には、主に三つのものがある。第一はたんに**ベストを尽くす**ということである。イヴォン・シュイナードが破れないシャツを製造したいと思おうと、ノーマン・オーガスティンが世界で一番の航空宇宙企業を築き上げようと決心しようと関係なく、ぬきんでたことをしようとする衝動は強い力であり、それは人から人へと伝わり、組織全体を一丸《いちがん》とすることができる。ベストを尽くすことはまた創造性へ導く刺激であり、可能性の限界を超えて進むための推進力となる。それは進化の最先端となるものである。

実現するのに絶対必要なことは、各人が自分のベストを尽くすという選択をすることである。ぬきんでた存在になることは、数十億ドル規模の企業のみが目指せる目標だというわけではない。シュイナードが世界で一番の登山用具をつくろうというビジョンを初めて抱いたのは、財産としてたった一台の老朽化したステーションワゴン車しかもっていない請負の鍛冶工のときだった。アニータ・ロディックが体によい有機化粧品をつくり市場に出そうと決意したときは、無一文で、信用や経験もない一介の主婦だった。強いビジョン以外に何も物質的な手段をもたずに出発した起業家たちは――ヘンリー・フォードからヒューレットとパッカードまで、ロス・ペローからビル・ゲイツまで――枚挙にいとまがない。彼らを成功に導いたのは調達資金ではなく、それまでよりも物事をうまくやる方法のアイデアだった。

事実、創造性は永遠に続く革新の源である。つまり、物事をなすうえでは、つねによりよい方法があるということである。それはまた非常に民主的な過程でもある。つまり、人はすばらしい新規アイデアを思いつくのに、裕福でなくても、コネがなくても、また教育さえ十分に受けていなくてもよい。ピザのチェーン店をやろうが、バイオテクノロジーの会社を経営しようが、改善の可能性はいつも存在する。ぬきんでたビジョンを創造することは、グッドビジネスをしたいと思っている人には誰にでも開かれているのである。

使命の二番目の主な形は、**人を助けること**にもとづいている。ここでは、リーダーの責任感は、よりよい商品やサービスを考え出すことではなく、従業員や顧客、また供給業者やコミュニティが、よりよい生活を送れるように手助けする仕事に、主に焦点が合わせられているのである。もちろんこの目標はかならずしもベストを尽くすことに反しているわけではない。これらはよく、両方同時に存在するのだが、ふつうどちらか一方に優先順位が置かれているものである。

技術的な競争は大きな利益をもたらすが、組織内の人間関係をつくり上げ育てていく能力は、より不可欠でさえあるということに、リーダーたちは賛同する。ティモシー・ローはこう指摘している。「誰かが長期的な成功に集中するときは、人間関係中心の考えになります。そう、信頼できて、最後までやり遂げることに集中するわけです。ほとんどの人間関係は誠実さにもとづいています」と。あるリーダーたちにとって、自分の行動が他の人々のためになっていると感じることほど重要なことはなく、この利他主義によって、リーダーシップはより効果的になるのである。ジャック・グリーンバーグは、「私が人々に興味をもち、人はどのように扱われなければならないのかという観点から、人間関係とその関係の価値を楽しんだことは、概して私のキャリアのなかで、経営者として、またリーダーとしての役割をより効果的に果たすことに役立ったと思います」と言っている。

他者に奉仕するという目標は優れていると同時に、インスピレーションの尽きることない源でもある。一緒に働く人々や、生産物やサービスを利用する人々の人生を改善する機会は、つねに存在する。神や仏の愛のためになされようと、すべての人間が努力する値打ちがあるという基本的な信念のためになされようと関係なく、それによって満足のいく目標が果てしなくもたらされるのである。

そして三つ目の、**よりよい社会を築く**という使命がある。ここまでの論題において、責任感について詳しく説明してきた。その責任感は、自分が働く地域社会や、市民機関の最高の支持者としての民主主義や、生き残り繁栄できる環境を求めて手を伸ばすのである。リーダーたちの多くは、職場の外で、精神エネルギーや資金をさまざまな非営利的企てにつぎ込むことによって、使命のこの面を実行している。しかし、この世界規模の責任を、自分たちの組織の戦略上の目標としてうまく引き受けているリーダーもいる。それが起こるとき、ビジネスは真に魂をもつのである。

ビジョンのこれら三つの要素――ぬきんでることへの関心、人々への関心、より広い環境への関心――があるとき、ビジネスは利益をあげるための手段から、人生をよりよくするための創造的で人間味のある試みに形を変える。たしかに、利益をあげるということはまた、株主が経済的利益をあげるというかぎりで、人生をよりよくする。しかし、ビジネスの目標をただたんに経済的利益――容易にわかるが、知っての通り、それは生活の質を高めはしない――に縮小してしまうことは、事業の結果についてはは最小限の法的関心しか示さない、えり抜きの少数のオーナーにだけ利益をもたらし、ビジネスの力強い可能性を見くびることである。ビジネスにとって、公共の福祉にほんとうに貢献すること、そして前述のように、社会の支えによって生き残ることを確実にするには、より多くのビジョンあるリーダーを育むことを必要とする。そのようなリーダーたちは、自分たちの組織に魂を吹き込み、たとえその利益率が人々の夢のレベルを下回ろうとも、自分たちの計画に投資することは価値があると他の人々に悟らせるのである。

グッドビジネスはどのように機能するか

しかしビジョンのみでは不十分である。というのは、制度として実際に機能する行動に変えられなければならないからである。結局のところ実行されない非常に高い目標は、皮肉な考え方や偽善的行為につながる。こうしたリーダーたちからグッドビジネスをうまくやっていく方法を何か学んだだろうか。いや、学ぶところは何もない。

インタビューから浮かび上がってきた、もっとも重要な組織行動の原則は、おそらく**信頼**の重要性である。そして、信頼とは**尊敬**から生じるものである。共通の目標に向かって働く人々のグループは、どんなグループも二つの動機、つまり利己主義と共通の関心との組み合わせによって結びついている。利己主義は外部的誘因、すなわち給料、昇進、名声などによってもたらされうるものである。また共通の関心はチームのメンバーの価値観を尊敬することによってもたらされるに違いない。ワーカーはもし組織の規則が公正に適用されず、貢献が認められず、また誠実さが尊重されないと感じるならば、リーダーのビジョンのためには働かないだろう。

この目的を達成するために、マネージャーはグループの幸福を観察し、より大きくすることに多大な精神エネルギーを注がなければならない。そして何よりもまず、自分たちが気まぐれで利己的な行動をとらないように、自覚にもとづいた自己鍛錬を発展させなければならない。リーダーが手を抜いたり、えこひいきをしたり、また公正を欠くとか非常識だったりするときはいつも、グループの共通の関心の土台をくずしているのである。もしこれが頻繁に起これば、組織をまとまったものに保っているただ一つの動機は利己主義ということになってしまう。これは勤労意欲を低下させるだけでなく、組織の活動コストを増加させる。なぜなら、人々に仕事をやり続けさせるには、より多くの外部的誘因〔給料、昇進、名声など〕が必要になるからである。ロバート・シャピロは、リーダーが共通の信頼の基盤をつくり上げるためには何が必要かということについて、つぎのように述べている。

大きな組織に伝統的な力があるとは、ほんとうは信じていません。なぜなら、大きな組織がうまく機能しているとは思えないからです。歩き回ってこうは言えないでしょう。「ああ、きみがうそをついているのを見たよ。首にするよ」と。それはまったく不可能なことです……。あなたは話し合いを始める立場にいます。人々が何を話し、何を考えるかに影響を及ぼす立場ですよ。そしてその立場にいてどんな結果をもたらすかは、あなたが始めた話し合いの質が直接的に影響するんです。人々と共鳴できるかどうか、彼らにとって重要な何かをアピールできるかどうかです。信頼できると思われるかどうか、ほんとうに取り組みたいと思わせられるかどうかです。そして強いたりするすべはありません。それは提案なんです。

シャピロが述べた「提案」は時間を要する終わりのないやり方であり、また、旧い命令と支配方式の指揮の明確さを欠くものである。たとえばジンギスカンはそれにショックを受けることだろう。それにもかかわらず、それは有機的な団結、共通の目的によってグループの人々をまとめるただ一つの方法である。そのようなグループは大いに自己組織的であり、未来にたいして開放的である。つまり、閉鎖的システムというよりも進化する組織なのである。そのようなグループの人々が一緒になって自由に共通の仕事に取り組むとき、生じる結束はすばらしく、満足いく共同体を感じることができる。シャピロはそれを愛と呼ぶことをためらわない。

……「嘘のない」ことにもとづいた仕事をしたい。ほんとうの、人々にとって価値がある、重要な仕事をしたい。また、自分の周りの人々を気づかい、周りの人々は自分を気づかってくれることを知っている、そんな立場にいたい。そんなあこがれがかなり広がっているように感じます。それはほんとうのあこがれです。……そして、このことは――かつてビジネスの世界には、人々がお互い純粋に愛し合える環境がたくさんあったということは、何か、話すことがはばかられるほんとうのタブーのようなものです。私が言うように、それは話題にできることではありません。ですが、他にそれを表現する方法がないんです。……そして、少なくとも私のみるかぎり、そのような環境はまた、もっともすばらしい業績とすばらしい経済的成果をも生み出すだろうということは、偶然の一致ではないんです。

尊敬と共通の目的の感覚を提供することを超えて、グッドビジネスを行う組織はまた、**そのメンバーの個人的成長に関心がある**。進化している組織は静止しておらず、複雑な方向へ向かう傾向がある。この関心のもっとも明確な表現は、生涯学習の機会の提供である。C・ウィリアム・ポラードはこう指摘している。

今、行われつつあることは、ビジネスが継続的な学習のための主要な手段を提供するということです。私たちの人生のある部分では、学校へ行って学ぶことができ、そして残りは仕事に行って働くだけという考え方ですが、学校と仕事との違い、そのさかい目をぼかしていくわけです。

しかし問題なのは専門的な学習だけではない。大人たちが人生の大半を職場ですごすという事実を考えると、メンバーたちを人間として成長させること――自覚において、知恵において、また他人とうまく付き合う能力において成長させること――ができない組織は、何ら彼らのためにはなっていない。必要なのは、ロバート・シャピロが述べているような職場である。つまり、「適切な環境のもとで、人々が精神的に成長して完全なものになり、自分自身について学び、成長し、発展し、また、利益を追求するビジネス組織の文脈において協調してやっていける」ということである。反対に、人間の複雑さ――成長だけでなく愛にたいする必要性まで――を無視し、従業員を生産過程の歯車のように扱うだけのビジネスは、結局従業員を失うことになる。

ワーカーが共通の目標を追求し、そうする過程で成長するよう動機づけるのを、経営者側が手助けできる一番の方法は、**職場においてフローのための機会を提供すること**である。訴えるビジョンが理解され、信頼が確立したと仮定すれば、そのとき、さらにしなければならないことは、ベストを尽くせることで自然に得られる楽しみを、組織行為がワーカーから奪ったりしないように図らうことである。フローが起こるのに必要不可欠な条件を簡潔に要約すると、つぎのようになる。つまり、変化する状況に適応可能な明確な目標、行動にたいする迅速なフィードバック、仕事のチャレンジとワーカーのスキルとの一致である。これら三つの必要な事柄については、それぞれで一冊の本が書けるほどだが、第3章と第4章でより詳しく述べてきた。目標が明確で、チャレンジは高いが達成しうるときに、職場はワールドシリーズの最終戦のように胸を躍らせるものに、あるいは宗教復興のように魂のこもったものになりうる。シャピロはこの感情をつぎのように述べている。

この仕事の前任者は、「あなたがここで働いている間に体験したことで一番よい体験は何ですか」とよくみんなに聞いて回っていましたよ。それでみんなはいつもある種の危機について話したんです——洪水が起こるから工場を守らないといけないとか、お客様が電話してきて、今まで合格したことのない規格をパスしないと注文をキャンセルすると言っているとか、そんなことをいろいろとね。そのなかには、ほんとうに難しいチャレンジもいくつかありました——おそらく不可能で、大体はそれを処理するのにかぎられた時間しかなくて、みんながもっていると思っている能力を超えるチャレンジです。それからしばらくの間、いろいろな規則を全部忘れてしまって、みんなが同じ話をするんです。危機が何であるかは関係なくて、話はいつも同じなんです。こんな具合です。

「私たちはほんとうに一所懸命に働いたんです。それでちょっと、どれが誰の仕事なのかわからなくなってしまったんです。みんなでよってたかってやって、そうしたら、とても出てきそうにないところから、一番いいアイデアが出てきたんです。仕事の制度からいえば、アイデアがあるとは思えない人たちからね。そのおかげで、ほんとうにすばらしい仕事ができたんですよ」……そして、彼らはみんな、そのことをすばらしいと感じていたんです。

フローについてこれより上手い表現をさがすのは難しいだろう。人の「一番よい体験」、人がもっとも前向きと感じる体験は、人が限界を超えて能力を一杯に伸ばすような危機の瞬間、創造的になるようにチャレンジしなければならず、運があれば成功する危機の瞬間を、必然的に含むのである。このような深いフローの瞬間は私が「魂」と述べたことの現れ、すなわち、人が自分の努力によって、以前にそうだったよりも複雑な自分に変わったことの現れである。

ここまでの章でみてきたように、フローの条件があるとき、その体験はつぎのことを含む。つまり、かぎられた仕事に注意力を集中すること、個人的な問題や自己について忘れること、コントロールの感覚、時間を忘れること、である。これらは意識の内側の状態の要素である。そして、これらによって、私たちがしていることは何でも、それ自体のためにする価値があることになるのである。もし経営者がそのような体験が盛んになるような環境を提供することができれば、組織は効率的に動き、スタッフは、仕事は息をつまらせるものではなく、成長を支えるものだということに気づくだろう。

もしフローが欠けていると、仕事はつらくなり、ワーカーは創造的な決断力を失う。ウィリアム・スタプロプロスはこう言っている。「好きなことをするべきです。それで、朝起きたらこう言うんです。「ああ、これを楽しみにしているんだ。ぼくは難題を抱えているけれども、それが楽しみなんだ。なぜって、それが好きなんだからね」と」。ダグラス・イヤーリーはこの考えに同意してこう言っている。「私がまず最初に言うことは、あなたがしていることを楽しみなさいということです。だって、もし楽しくなかったら、退屈でやめてしまって他のことをしてしまうでしょう。あまりにも熱中しすぎて自分の周りで起きていることの見通しを失わないように、絶えず仕事以外のところでユーモアとバランスのセンスをもち続けることです。一所懸命に働き、倫理的であること、でも一番大事なことは楽しみをもつということです。ありふれたことですが、私はほんとうにそう思うんです」。

新しい企てを始める起業家たち、また複雑な事業に関わっている組織のリーダーたちはふつう、仕事のなかでフローを体験する多くの機会をもっている——もしチャレンジがとても大きすぎたり、あるいは退屈で決まりきったものにならなければの話であるが。インタビューに答えてくれたリーダーたちのほとんどは、毎朝、文字通り仕事に就くのが待ちきれない。典型的なものとして、クリスティン・コマフォード－リンチは自分の仕事への熱中をこのように述べている。「それはこんな感じです。「ひゃあ、これはとてもすばらしいわ！」。アイデアを練ったり、ものをつくったり、人々の興味をそそることに関わったりすることは、ほんとうにすばらしいことです。投資者を幸福にすることも、また楽しいことです。ほんとうに。とくに、莫大なリスクを負って初めて投資してくれるような人たちをね」。

経営幹部は自分の仕事に多くのフローの源を見つけるかもしれないが、事務員や販売員、サービス担当者たちはどうだろうか。オフィスの掃除やトラックの荷扱いをしたり、イライラした顧客に一日中電話応対している人たちはどうだろうか。彼らは仕事でどれほどのフローを体験するだろうか。多くの組織において、経営者はそんな問題は自分には関係ないと思っている。なぜなら、すべての従業員が仕事それ自体のためにする価値がある仕事を、そして複雑さという点で成長することができる仕事をもつように取り計らうことが企業の責任であるとまでは考えないからである。この「いやならやめろ」という態度は、人間関係の市場モデルの枠組みのなかでならうまく働くかもしれないが、ここまで論じてきたすべてのやり方に照らして、それは絶対にグッドビジネスではない。

人間を助ける商品

強力なビジョンをもち、そのメンバーにフローと成長を与える組織は、まさに本質的にすばらしい創造物である。しかしそのような企業がグッドビジネスを実行しているという前に、まだもう一つ満たされなければならない基準がある——すなわち、その組織によってなされる仕事の本質である。その商品やサービスは、現在におけるのと同様、長期的にみても人々をより幸福にするか？　人間の幸福についてはどちらともいえないのか？　あるいは導入されたことをゆくゆくは後悔することになるようなものなのか？　とくに、現在の行動による未来の結果を考えたいと思う場合、これらは簡単には答えられない問題で、しばしば未解決のままになっている。

そうはいっても明確な例がいくつかある。リベラル派の批評家が現在好んでいる標的の一つ、大手タバコ会社を取り上げてみよう。喫煙の危険性について集められた証拠を考えると、その産業で働く人々にとっては、自分たちがやっていることは価値があるということを確信するためには、並々ならぬ精神的な操作が必要に違いない。五〇年前、いやつい二〇年前でさえも、タバコは明確な良心のもとに製造され、販売されていたと思われる。しかしかなりの利益を上げ続けているにもかかわらず、それは絶対にグッドビジネスではないということが、ますます明確になってきている。

人々がその危険性に気づいていないながら進んで買っているかぎりは、有害な商品を売ることについて、本質的に悪いことは何もないという立場を取る人がいるかもしれない。しかしこの「個人の自由」の考え方は、若い人やその他十分な情報をもたない人、経験不足の人々に応用すると破綻する。危険な商品を手に入れられるようにすることは合法でありうるし、またそれは、不適当なものを排除することを是認する社会進化論者の見方からすると意味あることでさえありうるが、それは決してグッドビジネスではないのである。

前向きな例をみてみると、私は最近人工肺や呼吸器疾患の患者の苦痛を軽減する他の呼吸器具をつくる企業で働いている技術者に会った。その業界は競争が厳しいため仕事は長時間労働でストレスがたまり、組織の勤労意欲は低下していた。それでその技術者はその企業の商品を使っている人を何人か工場に招待して、その器具がその人たちの人生にもたらした違いを説明してもらおうというアイデアを出した。不思議なことに、ワーカーたちはそのときまで自分たちが行っていることの結果にはあまり関心がなかった。彼らがつくっている器具には当面必要な技術的変更がなされて、それで日常的な仕事は行われていたが、その最終的な使用についてはそれほど考慮されておらず――ちょうど地雷や肉挽き機のようなものだった。その会社の商品のおかげで初めて気持ちよく呼吸し、リラックスし、学び、生きることが楽しいと感じた子どもたちを、その家族が連れてくるようになって、思いがけないことが起こった。

ワーカーたちは自分たちの努力が実際に人々の人生をよりよくするという具体的な証拠を見て元気づき、職場の勤労意欲は大きく高揚したのである。

ビジネスが取り扱う問題の多くは、前記の二つの例と同じほど明確ではない。結果は、ふつう評価するのがより難しく、その本質をつかむ意見に、正直にみても、違いが出るかもしれない。ふつうの使用頻度では有益な商品のほとんどが、むやみに使いすぎると有害になる。人々がよいことをしすぎたら、結局のところそれは誰の責任なのか。たとえばテレビを例に取ってみよう。タバコの場合と同様に、テレビの見すぎは子どもにとっては有害であることは今やまったく明白である。銃やアルコールと同じように、そのような商品がとくに子どもたちに濫用されないように気をつけるのは、親か、地域社会の責任だと論じる人がいるかもしれない。そうはいっても、知的生活を妨げる手段を提供することがグッドビジネスになるという主張を支持することは難しい。

社会は結局のところ指定された商品を何でも生産し、販売し、使用することからこうむる予想費用を作業コストとして加える公式を考え出さなければならないだろう。小さな単発的なケースでは、排出する化学汚染物質を除去する責任があるガソリンスタンドや洗車場の例にみられるように、これはすでに実施されている。しかし結局誰が膨大な核廃棄物処理の費用を負担するのか。あるいは、子どもたちを狙った広告宣伝が引き起こす愚かな消費依存症への対策費用はどうか。仮に人間が今後も進化し続けるならば、このような問題に本腰を入れ、すぐにも回答を出さなければならない。

ところで、人は現存する市場パラダイムのなかでグッドビジネスが広く行われることに役立つ、小さな一歩を踏み出すことができる。すべてのワーカーは、ただ合法性だけでなく人間の幸福への長期的影響という点から、組織がなすことの結果を考慮すべきである。否定せずに熟慮してみた後に、もしその組織がよいことよりも悪いことをしているようだとわかったなら、その結果を改善するよう努力すべきである。もしそれが不可能なら、良心を満足させる仕事をさがすべきである。

グッドビジネスを支えるためのもう一つの明確なやり方は、自分の投資にかんしてもっと選択能力をもつことである。多くの投資ファンドは現在「社会的選択」という選択肢を提供しており、それは、ある水準の環境的あるいは行政的検査に合格した企業に投資するというものである。適格になるための基準は非常に低いことがしばしばで、その企業が国を発展させるために武器を売ることには関わっていないとか、労働搾取工場は運営していない、あるいはアザラシの赤ん坊は殺していないという以上のことは何も示していないかもしれない。しかしこれらの課題についての意識が高まり続けるとき、啓発された投資の方針は、広く行き渡っているひたすら欲望を追う論理にたいし、強力な反対の力を発揮し始めるかもしれない。

最後に、グッドビジネスを支えるためにより直接的で、経済的かつ政治的な現場がある。パタゴニアやザ・ボディショップ、ベン&ジェリーズ、Ｌ・Ｌ・ビーン、ブラックダイヤモンドのような企業は、有機生産物だけを使うことを、またワーカーの成長に責任をもつことを、環境倫理の促進に役立つことを、さらに、その収益の一部を幸福を増進することにささげることを経営戦略の一部にしている。

他の企業や人々は、莫大な金額と多大な時間を、健康、教育、芸術、文化、非行の防止等に向けられる具体的な社会奉仕活動にささげることによって、生活の質の改善にビジネスの利益を使用している。これらの努力は社会を豊かにするために重要だが、それはビジネスの一般的なやり方というより、個々の団体の責任感に、より依存している。過去においては、余裕のある個人的資産を貧しい人々のために水道や孤児院、また病院などを建設するのに使用した聖職者や貴族もいた。彼らが支配する制度は社会を発展させることを妨げていたが、芸術を振興させ、永続的な建造物を築いたという面もある。未来にたいするチャレンジとは、ビジネスそのものの活動に、人生を改善する責任をもたせることである。

グッドビジネスの原則の起源

ビジョンあるリーダーの多くが主張することとして、行動するもとになる価値観は非常に明確で自然なものなので、どんな説明もさがす必要はないという。人は正直で、信頼できて、他人の幸福を案じるということは、当然のことではないのか。そしてとにかく、正直なことは利益をあげるビジネスを運営するのに最良の方策ではないのかと論ずるのである。もしこのような原則が実際にそれほどわかりきったことだったら、すばらしいことだろう。しかし現実においてはそうではないのである。インタビューの回答者たちでさえ認めているように、彼らの多くの同輩たちは、自分たちがそうしなければならないとは思っていない。多くの成功している遵法的なビジネスリーダーは、私生活では思いやりがあり、寛大だが、自らの仕事として利益以上のことに責任を取ることを考えに入れていない。

価値観は偶然に、あるいは何か神の思し召しの結果として身につくものではない。また偽りの価値観をつくり上げることもない。両親が話す言葉を、あるいは計算の仕方や音楽を楽しむことを学ぶように、価値観を学ばなければならないのである。価値観は思想的因子であり、世代を超えて受け継がれる、考え方や行動を形成する情報の集積である。文化の進化は、ますます包括的になる価値観を発展させることに大いに関係している。東アフリカの痛ましい言い回しに、「私とソマリアは世界に逆らい、私と私の部族はソマリアに逆らい、私と私の家族は私の部族に逆らい、私と私の兄弟は私の家族に逆らい、私は私の兄弟に逆らう」というものがある。未来はこれと逆に、「私とみんなは全世界のために」という信念にかかっているのである。

私たちをこの方向に向かわせる思想的因子は、伝統的に宗教によって保護され伝えられてきた。私たちがインタビューしたリーダーたちのなかでは、グッドビジネスの原則は、ユダヤ教や仏教、カトリック、さまざまなプロテスタントの宗派、モルモン教会などの教義制度によって伝えられた。まったく予期しないほどに、宗教的教育を通して身につけた価値観における信念は、航空宇宙産業からソフトウェア産業にいたるもっともハイテクなビジネスに関わっている人々に、確固たる行動規範を与えていた。

文化がますます世俗化する傾向にあるにもかかわらず、宗教的伝統は文化の進化と人間の幸福の改善にとって必要不可欠な価値観を依然として維持しているように思われる。このことは、こうした価値観を生み出したのがかならずしも宗教自体ではないことを、あるいは、価値観が根づいているのは宗教だけではないことを示している。反対に、宗教は人々がよい人生を維持するために、試行錯誤によって必要に応じて見つけ出してきたいくつかの核となる価値観の周辺で発展しているのである。先人たちは経験を通して、ある行動——両親や年長者を尊敬しないとか、乱交するとか、人生を放埒にすごすとか——が、個人の幸福を増大することなく、社会の和を乱すので、危険だということを学んだ。しかし、先人たちはこういったことが危険な理由を、ほんとうには理解していなかった。宗教は、それらの価値観をはめこんだ神話の枠組みをつくることによって、徐々に、なぜ人はある価値観に従うべきかということの意味をつくっていった。宗教を取り囲む物語ふうの枠組みがさまざまに異なっている一方で、偉大な宗教の核となる思想的因子の多くが似通っているというのは、この理由によるのである。

いずれにせよこの点で、グッドビジネスは主な宗教的伝統を支える同じ価値観に大きく依存している。大部分の人々がそのような価値観を知るようになるのには、二つの具体的な道がある。第一の道は、直接の体験を通して、あるいはいろいろな慣習に組み込まれた考えとの個人的な闘いを通して、その有効性を発見することにより、このような原則を採用するリーダーたちが取る道である。二番目の道はより典型的なもので、自分の親の足跡に従うことである。苦労して勝ち取られた、いわば「すでに完成したもの」を得ることは、それを自分の力で最初からつくり直さなければならないことに比べれば、はるかに効率的であることは間違いない。もし世代ごとにそのつど自動車を最初からつくり直さなければならないとしたら、精神エネルギーの無駄はどれほどかを考えてみてもらいたい。つまり、もし世代ごとに人生を価値あるものにする具体的な価値観を自力で発見しなければならないとしたら、それは同様に大きな損失となるだろう。

けれども、すでに試され、真実となっている価値観に従うことによって効率的に獲得することには、よくない面もある可能性がある。もっとも優れた宗教や哲学、ライフスタイルでさえも、時が経つにつれ主眼と本来の力を失うことがある。ときには、意図していたことと反対になることもある。つまり、イスラム教の教えがタリバンによって実践されているとはムハンマドは思わないだろうし、それに、イエス・キリストは、多くのテレビ伝道師の物質主義的メッセージのなかに自分の福音があるとは、また、アイルランドや他の場所における内紛の主張に自分の名前が引き合いに出されているとは、認めないだろう。少しの皮肉の跡もなく、ナチ突撃隊員のベルトのバックルには「神は我々とともにおわす」という銘が刻まれている。前章で論じたように、自分自身を知るようになるということは、学んだ価値観のどれが重要なのか、どれが本質のない、歴史のなかでたまたま付随してきたものなのかを問うことを伴わなければならないというのは、この理由による。そのような問いに時間をかけることは、ついには、既成の信念のシステムによってもたらされる効率性を失う可能性がある。しかし、それは力を注ぐに値する努力である。

宗教的な言葉で表現されようと、あるいは世俗的な言葉によってだろうと、グッドビジネスの核になる原則は早い時期に――家族のなかで、教会で、あるいは、学校、ボーイスカウト・ガールスカウト、体操チームのような人と人のつながりの場で――学ばれる。これらの原則を真に吸収するために、人は自分自身の力で生きている人々と接触しなければならない。というのは、彼らは事例とやり取りとを通してもっとも効果的に判断を下せるからである。自分の仕事を愛し、正直で信頼でき、そしてコミュニティで尊敬という報酬を受けている両親とともに成長することで、子どもは両親のやり方が生きるうえでもっともよい方法だということを当然のことと思うだろう。書物もまた有益だが、それだけではめったに仕事の役に立つものではない。よい両親や他の強力なロールモデルとなる人物がいなくても、十分に成功することはやはり可能である。しかし公益のために努力する重要性を信じるということはなさそうである。

そしてここに、本書で出会ったようなビジョンあるリーダーたちの、また彼らが代表を務める企業の必要不可欠な事例がある。この研究に含めることはできなかったが、よりよい世界をつくることを同じように誓っているリーダーやビジネスは他にももちろん数多く存在している。メルク、ジョンソン・エンド・ジョンソン、モトローラ、ヒューレット・パッカード、ソニー、ギャラップ・オーガニゼーションなどの企業は、強欲に濁った潮流を抜けてグッドビジネスを実行する道に向かって私たちを導く灯台のように光り輝いている。もしますます多くのビジネスリーダーが――小規模の起業家から中堅企業のマネージャーや主要産業の大物にいたるまで――その先例に従うならば、ビジネスはすべての人々の人生をより幸福にするのに役立つ可能性を真に実現するだろう。

注釈

（行頭の漢数字は本文のページ数を示す。参考文献に含まれる人名と書名、日本語で表記しにくいものは原語で表記した）

第1章　未来を導く

四　ビジネスにおけるグッドワークプロジェクトは三人の主な研究者——William Damon（スタンフォード大学）、Mihaly Csikszentmihalyi（クレアモント大学院大学）、Howard Gardner（ハーバード大学）——によって始められた。テンプルトン財団の認可番号六二九の支援を受けたものである。一九九八年の秋に、ビジネスで（主としてCEOや一流のビジネススクールの教授職としての）広範囲な経験を有する一四名の人々が、「高い業績と強い道徳的責任とを兼ね備えたビジネスリーダーを選出すること」を依頼された。「道徳的責任」とは、「コミュニティや、それに属する人々、人類全般の利益を増進するという目標への長期的貢献」と定義づけられた。合計一四〇名以上のビジネスリーダーが推薦されたが、この中から、三名以上が推薦し、私たちの基準に合った二四名を選んだ。この中で一八名が、仕上げるのに通常二時間を要し、回答者の目標と目的、信念と価値観、仕事のプロセス、自己形成の背景、コミュニティと家族などのテーマに焦点を当てた体系的な実施要綱のあるインタビューに応じてくれた。

インタビュー以外にも、回答者のバイオグラフィー、またその他の書籍なども広範囲に参考にした。

評判を聞いてこの研究に含めるべきだと思われた二一名のリーダーも追加して、実施要綱を用いてインタビューを行った。これら合計三九名の人々が、私が本書で**ビジョンあるリーダー**と呼んでいる人々である。

インタビューは三人の主な調査員とそのスタッフによってなされた。スタンフォード大学のメンバーは、Barbara Tolentino（スタンフォードプロジェクトのチームリーダー）、Mollie Galloway, Aasha Joshi, Ben Kirshner, Kristen Palmer, Liza Percer, Susan Verducci, Joel Zarrow である。ハーバード大学のチームは Kim Barberich（ハーバードプロジェクトのチームリーダー）、Lynn Barendson, Jonathon Heller, Mimi Michaelson, Dan Dillon, Marcy LeLacheur である。クレアモント大学院大学のチームは Jeanne Nakamura（クレアモントプロジェクトのチームリーダー）、Heather Campbell, David Creswell, Jeremy Hunter, Martha Uenishi である。

三九名の回答者のうち、三三名が男性。年齢構成は、五〇歳以下が六名、六五歳以上が一一名。ビジネスの分野別では、コンピュータのソフトウェアとハードウェア五名、製造業四名、小売業五名、バイオテクノロジー四名、エンターテインメント産業三名、不動産業三名、ベンチャーキャピタル二名、経営コンサルタント二名、石油産業二名、航空宇宙産業二名、鉱業、レストランフランチャイズ、財政投資、教育、プロダクトデザイン、サービス、輸送の各業種から一名ずつで構成された。

インタビューは次の各氏から頂戴した。

Norman Augustine（Lockheed Martin 社、前CEO）
Deborah Besemer（BrassRing Systems 社、CEO）
Peter Bijur（Texaco 社、CEO）
Yvon Chouinard（Patagonia 社、創業者）
Christine Comaford Lynch（Artemis Ventures 社、常務）
James Davis（New Balance 社、創業者兼CEO）
Max DePree（Harman Miller 社、前CEO、会長）
Kenneth Derr（Chevron 社、会長兼CEO）
Richard DeVos（Amway 社、共同創業者兼CEO）
Aaron Feuerstein（Malden Mills 社、CEO）
Jane Fonda
Orit Gadiesh（Bain and Co. 社、CEO）
Leon Gorman（L. L. Bean 社、会長）
Jack Greenberg（McDonald's 社、会長兼CEO）
Gerald Greenwald（United Airlines 社、前会長兼CEO）
Michael Hackworth（Cirrus Logic 社、会長）
Richard Jacobsen（WSJ Properties 社、共同経営者）
David Kelly（IDEO 社、創業者兼会長）
Lars Kolind（Oticon 社、前CEO）
John Leonis（Litton Industries 社、CEO）
Byron Lewis, Sr.（UniWorld Group 社、創業者兼CEO）
Michael Markkula（Apple Computer 社、共同創業者）
J. Irwin Miller（Cummins 社、名誉会長、CEO）
Michael Murray（Microsoft 社、前副社長）
Mads Ovlisen（Novo Nordisk 社、CEO）
C. William Pollard（ServiceMaster 社、会長）
Anita Roddick（The Body Shop 社、創業者）
T. J. Rodgers（Cypress Semiconductor Corporation 社、社長兼CEO）
Timothy Rowe（Cambridge Incubator 社、創業者兼CEO）
Robert Shapiro（Monsanto 社、前会長兼CEO）
John Sobrato（Sobrato Development Companies 社、創業者兼会長）
John Sperling（Phoenix 大学、創設者）
William Stavropoulos（Dow Chemical 社、社長兼CEO）
Sir John Templeton（投資家）
Ted Turner（AOL Time Warner 社、副会長）
McDonald Williams（Trammel Crow 社、名誉会長）
Ann Winblad（Hummer Winblad Venture Partners 社、共同創業者兼共同経営者）

Douglas Yearly (Phelps Dodge 社、前CEO)
Alfred Zeien (Gillette 社、前CEO)

ビジョンあるリーダーがどのように行動し、どのように世界を見ているかを説明するために、本書で使用された引用の大半がこれらのインタビューの記録による。

八　持続可能　持続する物質主義的社会と経済についての批評は非常に多く、また一般によく認識されているので、ここでそれを繰り返すことは不要と思われる。これらの問題についての導入としては、たとえば *Foundation for the future* (2000) を参照。

一一　カール・マルクス　Stiglitz (2002) の最近の分析では、富裕国と貧困国との間の格差の広がりによって、過去の世紀において大きな不幸をもたらした国内規模の社会階級闘争が世界規模で繰り返されているとしている。また、Solos (2001) 参照。

一四　ランドーネ　Enrico Randone および Elisabeth Noelle-Neumann のインタビューは創造性にかんする私の著書 (Csikszentmihalyi [1996]) のためになされたものである。

一八　カミンズ　Cummins Engines の魅力的な歴史について、Cruikshank and Siclia (1997) を参照。

二一　オーストリアの経済学者、Joseph **Schumpeter** は、一九三九年に、古い企業が発展せずにビジネスから撤退するときにビジネスのサイクルの循環が加速されるという概念を展開した。Schumpeter (1985) 参照。

第2章　幸福のビジネス

二五　Aristotle が幸福を理解した方法（たとえば *Nichomachean Ethics* の第一巻、および第九巻の終わりの部分）は依然として極めて有用である。現代的な考え方からすると Aristotle の見解がどのように成り立つかという点についての最近の解説は、MacIntyre (1984) や Robinson (1978) を参照。

二六　ほとんど一世紀にわたり……の後、心理学者は幸福について研究することに関心を示すようになってきた。心理学者はいつもそれをそのように呼ぶわけではない。「主観的な安らぎ (Subjective well-being)」や「快楽的心理 (hedonic psychology)」は、より科学的な響きをもった好ましい同義語である (Kahneman, Diener and Schwarz, 1999)。このテーマについて、最近、*Journal of Happiness Studies* という名の新しい学究的な専門誌までが出版されることになった。

二六　幸福を決定するのに**遺伝子が大きな役割を担う**と信じている心理学者の中には Lykken (1999) と Buss (2000) がいる。遺伝子が正確にどれほど貢献するかは、五〇パーセントという攻防線でいまだに厳密に議論されている。言い換えれば、幸福についての調査で、個人のスコアの約半分が遺伝子の性質の結果であることが一般に認められている。

二七　この急激に展開されている研究分野では多少時代遅れになっているが、優れた**幸福の研究**に、Myers (1993) がある。より新しい論説 Myers (2000) も参照。さまざまな国における幸福の比較は Inglehart (1990) によって切り開かれた。

Veenhoven（1992）, Diener（2000）も参照。

二七　南アフリカの住民の幸福に対する**政治情勢の影響**についてはMøller（2001）で報告されている。*Journal of Happiness Studies*（Veenhoven, 2001も収載）の特集号で、ロシアにおける経済的、政治的、社会的変化がどれほど幸福に影響を与えたかを調査している。一般に、幸福は収入や購買能力よりも社会的比較から影響を受ける。金銭があまりないためではなく、富をもつに値するとは思えないのに自分たちより裕福な人々と自分たちとの格差によって、人は不幸になるのである。Schyns（2001）, Lyubomirski and Ross（1997）も参照。

二八　心理学に大きな影響を与えた**Abraham Maslow**の独創的な研究はMaslow（1968, 1971）にも見られる。*Eupsychian Management*（1962）というぎこちないタイトルの彼の著書（一九九五年に*Maslow on Management*とタイトル変更）や、Peter Drucker（1999）のような経営の専門家によるさらなる発展型を基礎として、彼はビジネス経営に貢献している。

二九　**自己実現**についてのもっとも説得力のある議論のいくつかは、心理学者から政治家に転向したJohn Gardner（1990）の研究に見られる。彼は潜在能力を一〇〇パーセント生かす人間の能力があることを堅く信じている。

三〇　**Dante Alighieri**はかつて存在したもっとも偉大な詩人の一人だが、人間心理に対する非常に鋭い洞察力の片鱗は、彼のあまり知られていない政治的な作品、たとえば*De Monarchia*に見受けられる。そこから一節を翻訳して引用した。

三〇　**幸福な組織**　労働者たちの活発な参加（内発的モチベーションと呼びたい）にもとづく、新しいパラダイムをビジネスが必要としていることは、最近広く認識されてきている——少なくとも理論的には。たとえば、Ellsworth（2002）, Scott（2000）, Thomas（2000）, Weihrouch（2000）を参照。

三一　**John Locke**　*Essays*（1689）第二巻第二一章六三ページより。

三一　Loyall Rue（1994）は進化における**欺くこと**の役割について広く論評を行っている。

三三　経済学における**「創造的破壊」**の利点は、最初にオーストリアの経済学者Joseph Schumpeter（1939）によって認められた。この考えの現代的な応用についてはFoster and Kaplan（2001）を参照。

三三　**物質主義**　Shumuck and Sheldon（2001）に収載された最近の研究では、幸福は刹那的で利己的なものを超えて到達する目標にエネルギーを注ぐときに高められることを示している。目標がまったくないよりは短期的な目標に取り組むときのほうが、短期的な目標よりは長期的な目標に取り組むときのほうが、より幸福に感じる。たんに喜びをもつより働いているほうがよい。また、自己本位の目標に向かってただ努力するよりも、他の人やグループ、またはより大きな存在の幸福のために働くときに、より幸福と感じる。

三五　差異化と統合化による**精神的な複雑さ**の概念はCsikszentmihalyi（1993）に詳しく述べられている。Inghilleri（1999）も参照。

三六　ワーカーが今日体験している**ストレス**の量——より正確にいえば、自ら招いたストレスの量——については多くの議論がある。ぎりぎりの最低生活を送っている家族のうち大部分は、両親（あるいはシングルマザー）が一つの仕事にとどまらず、より多くの仕事につくことが必要不可欠である（Ehrenreich, 2001を参照）。しかし、他の多くのものにとって、過度の労働は消費主義のライフスタイルへ導く洗脳によって発生する。

三七　進化は物質の複雑さを解き明かすことによると議論してきたのは、生物学者のErnst Mayr（1982）や古生物学者のTeilhard de Chaldin（1965）を含む多くの人々や、新しく台頭してきた複雑系の科学の理論家たち（たとえばWaldrop [1992]）である。

三九　**ライフサイクル**は複雑さにつながる差異化と統合化との間を弁証法的に揺れ動くことからなるということは、以下のような著作の啓発的なモデルから読みとれる。Erikson（1950），Kegan（1982），Levinson（1980），Loevinger（1976），Vaillant（2001）ほか。

四三　インタビュー以降、**Jane Fonda**は伝統的な信仰を土台とした宗教団体に加盟した。

第3章　行動における幸福

四七　**フロー体験**はCsikszentmihalyi（1975）で初めて触れられた。その後の研究はCsikszentmihalyi（1990, 1997）とCsikszentmihalyi and Csikszentmihalyi（1998）で報告された。ロッククライマーや外科医、ダンサーなどの引用は、とくに断りがないかぎりこれらに基づく。

四九　自分の娘に本を読んでやっているときのフローを述べている母親の引用はAllinson and Duncan（1988）による。

五六　ヨット航海についてのフローはPardey and Pardey（1982）による。Macbeth（1988）も参照。

五七　**独房での監禁**　非常に過酷な条件下でさえフローを体験できることの重要性はLogan（1988），Csikszentmihalyi（1990, Chapter 9）で論じられている。

五八　どれほど多くの若者が、自分たちの周りには**「何もすることがない」**と思いながら成長したかについては、Csikszentmihalyi and Schneider（2000）に詳しく述べられている。Hunter（2001）も参照。

五九　**競輪選手**についての引用はJackson and Csikszentmihalyi（1999）からのもの。**詩人と作家**についての引用は、仕事でフローを体験するのに妨げとなるものは何か、そしてそれをどう克服するのかを明らかにするためにアメリカの主要な作家たちにインタビューしたSusan Perry（1999）の研究からである。

六三　**オリンピックのランナー**についての引用はJackson and Csikszentmihalyi（1999）からである。オーストラリアで教鞭をとっているスポーツ心理学者のSusan Jacksonは、スポーツにおけるフローの研究に依拠した質問を実施するのと同時に、世界中の一流アスリートに対する数多くのインタビューを収集した。

六七　**Bailey**の引用はJackson and Csikszentmihalyi（1999）による。**Davison**の引用はPerry（1999）から、またクライマー**Doug Robinson**の引用はRobinson（1969, p.6）による。

六九　**Dennis Eberl**の引用はEberl（1969, p.13）による。ロ

ッククライミングは典型的なフロー活動だが、金銭的な報酬はなく、またほとんどステイタスにもならない。しかも、命を落とす結果となることもよくある。クライミングの不思議な喜びについてもっと読みたいと思う人には、イタリア人のクライマーで詩人でもある Guido Rey の著書 *Peak and Precipices*（1914）か、より新しいものなら Knight（1970）や Lukan（1968）がある。近年の登山の商業化や高山へのガイド付きの登頂に付随して新しく発生してきた危険は Krakauer（1997）に述べられている。

七〇　自尊心とフローとの関係は Ann Wells（1988）により研究された。

七一　ナチの強制収容所でかろうじて生き延びた精神科医の **Viktor Frankl**（1963）は、人生において意味があることに集中することで、人は劣悪な環境下でさえもどのように正気を保てるかということについての、すばらしい説明を残した。

七四　トルストイからの引用は Constance Garnett（1993）の新たに改訂された翻訳からである。

七五　フローと宗教との関係については、たとえばフローに似た儀式に根づいているものとして儒教の起源を述べている Eno（1990）や Massimini and Delle Fave（1991）, Inghilleri（1999）を参照。**「それは神ではないのです……」**の引用は Perry（1999, p. 74）による。

七六　西洋諸国の**信仰心**にかんする資料は Marniga（2001）による。

第4章　フローと成長

八七　フローにあるティーンエイジャー　生産的な活動においてフローを体験することの重要性は、Csikszentmihalyi, Rathunde and Whalen（1993）や Hunter（2001）などのさまざまな研究で示されている。

八七　社会資本の概念はフランスの社会学者 Pierre Bourdieu（1977, 1993）やアメリカの社会学者 James Coleman（1988, 1990）が発展させた。

八八　井深氏の使命についての声明は Collins and Porras（1997, p. 50）からの引用である。

八九　体験サンプリング法は研究のためにこの方法を用いている論文や書籍に詳しく述べられている。たとえば Csikszentmihalyi and Csikszentmihalyi（1988）, Kubey and Csikszentmihalyi（1990）, Csikszentmihalyi and Schneider（2000）である。

九四　フローの頻度　アメリカ合衆国の調査は、一九九八年に Gallup Organization が行い、ドイツでは Allensbach Institute（Noelle-Neumann, 1995）が行った。

九五　精神資本の最初の実験による調査は私たちの研究室で始まった（Hunter, 2001）。

九五　ドラッカーの**資本**の定義は「資本（すなわち、現在の消費を抑制し、将来期待されるもののために配分する資源）」（1985, p. 27）となっている。

九六　精神的な経済における**注意力**の重要性を初めて明確に説明したのは一九世紀の偉大なアメリカの心理学者 William

Jamesだった（一八九〇、とくに第一巻第一一章）。そのとき以来多くの人々がそのテーマについて書いてきたが、注意力がどのようなプロセスで形成されるのか、そしてそれがどのように私たちの人生に影響を与えるのかについては、正直いってほんの表面的な理解しかされていないといえる（Csikszentmihalyi [1978], Kahneman [1973]）。

九七　話をしたり耳で聞いたりするときの**注意力の限界**については、Nusbaum and Schwab（1986）および一般的にはCsikszentmihalyi（1997）を参照。

九九　James Coleman（1988）は人が活用しうる人間関係のネットワークを**社会資本**として見なした。たとえばハーバード大学に行った父親をもつことは、結果として入学しやすくなるかもしれないので、その子どもたちにとっては社会資本である。同様の概念で、文化資本とは、一定の環境で育てられることによって人が吸収する機会をもつ知識のことである。たとえば家庭に五〇冊以上の本があるような家庭のティーンエイジャーは、エリート大学に入学するチャンスはより多く、一方、寝室にテレビを置いている子どもはそのチャンスはずっと少ない——親の教育や収入などに左右される——ことがわかっている（Sloan の研究の予備的結果。Csikszentmihalyi and Schneider [2000] を参照）。

一〇〇　満足の後回し　自分の仕事を楽しんでいるが、どこか他の場所にいたいと思っているワーカーについての逆説的な発見は、Csikszentmihalyi and LeFevre（1989）の中で初めて示された。同様の結果は Abdumedeh（2002）によって報告されている。

一〇一　アジア系アメリカ人のティーンエイジャー　Asakawa and Csikszentmihalyi（2000）を参照。

第5章　仕事でフローが起こらない理由

一〇七　人は働くためにつくられている　多くの研究では、失業者は経済的にも精神的にも苦しんでいることが示されている。たとえば一六か国における約一七万人の回答者による比較研究に基づき、Ronald Inglehart（1990）は、ホワイトカラーのワーカーの八三パーセントとブルーカラーのワーカーの七七パーセントは「人生に満足している」と言ったのにたいし、失業者では六一パーセントしかそう言わなかったという結果を得た。その差は、必ずしも仕事のないことが人を不満にさせるわけではないという点で、注目するべきである。おそらく人生に不満な人は、仕事を見つけようとする動機に欠けているか、あるいはおそらく病気の人で、満足できず働く気もないのだろう。しかし他の研究（たとえばHaworth and Ducker [1991]）では、失業すると満足できなくなるのは、ある程度、結果として自分が経験できる範囲が狭まるためだと提言している。

一〇九　青年の仕事への期待感　四〇〇〇人以上のアメリカ合衆国のティーンエイジャーの研究（Csikszentmihalyi and Schneider, 2000, p. 45）で、彼らの多くがしたいと思う仕事は、医師（一〇パーセント）、続いて実業家（七パーセント）、法律家（七パーセント）、教師（七パーセント）、運動選手（六パーセント）、俳優（五パーセント）である。これらの六つの仕事でほとんど半分を占める。「売春斡旋」や「麻薬密売人」をあげた者も少しはいるが、ブルーカラーの仕事はいうまでもなく、伝統産業や技能職を希望する若者はほとんどいない。経済的背景に関係なく、大多数の高校生は卒業すれば専門的な仕事に就き、一年間に二五万ドルは稼ぎたいと願っている。教師になりたいと思っている生徒（七パーセント）は、より妥当で現実的な収入を期待している点で、他の生徒とは異なっている。

一一一　伝統的な狩猟採集社会の労働時間の見積もりは人類学者 Marshall Sahlins（1972）による。

一一一　伝統的社会における仕事の条件については、たとえば Massimini and Delle Fave（1988）および Inghilleri（1999）を参照。

一一二　オーストラリアのアボリジニ　昔、アリススプリングスでカンガルーが切り分けられた方法は Firth（1958, p. 71）に述べられている。Firth では、メラネシア、ビルマ、サモアなど、他の伝統的社会において富を分配する同じような方法についても書かれている。

一一三　John Hope Franklin の仕事に対する姿勢は Csikszentmihalyi（1996, p. 209）に詳しく述べられている。**George Klein** は自分の仕事から経験するフローを著書 *The Atheist and the Holy City*（1990, p. 154）で述べている。

一一八　スキルは……機会にうまく適応していない。うつ病や心臓病の原因の一つは、要求が多く決定権はあまりない仕事をもつことである（フローモデルの不安の状態――チャレンジは高くスキルは低い――に該当）。Karasek et al.（1981）を参照。

一二〇　労働区分　米国労働省発行の半公式の *DOT*(*Dictionary of Occupational Titles*)は、以下のようなよくわからないものも含めて、数千もの職業を載せている。blind hooker, cookie breaker, dice spotter, finger waver, hand shaker, religious ritual slaughterer, worm-bed attendant (*Harper's*, August 2000, p. 31)。同じように細かく特殊化された職業は、どんな新聞の求人広告でも見られるように、今では知識労働者の中にも存在する。*Chronic of Higher Education* 紙（二〇〇〇年七月七日）には、数百の就職口の中に、以下のようなものをあげている。information literacy minority residency, production operations or information systems, national outreach manager, directors of Web services, regulatory compliance manager, director of disability services, director of major gifts などである。このわずかな例から言えなくもないことは、知識労働者の仕事は長い名前がつけられているということである。

一二二　仕事でのストレスについての調査の優れた論評は Zuzanek（2000）を参照。印象に頼ったものだが生き生きした説明は Ehrenreich（2001）を参照。

一二四　若者にとっての**魅力的な仕事が十人十色である**理由については Csikszentmihalyi and Schneider（2000, p. 49）を参照。

一二五　「仕事」は嫌なもの　六年生までに、アメリカの子どもたちは何か自分たちがすることに「仕事」と名づけるときはいつでも、それを何か（重要だが）悲しくて退屈なものと見なす。それに対して何かを「遊び」と名づけると、それは幸福で楽しいことだが、重要ではないと見なす（Csikszentmihalyi and Schneider, 2000, p. 73）。

一二六　グッドワーク　種々の職業においてグッドワークをするということはどういうことか、またそれに対する主な妨げとなるものは何かについては、Gardner, Csikszentmihalyi, and Damon（2001）の最近の研究で論じられている。

一二七　ポストモダンのビジネス　たとえば安定したビジネス組織の価値についての Collins と Porras の討論（1994）と、ポストモダンの脱構築主義者の立場をとり、長期にわたって存続している企業はSP五〇〇の中央値よりも利益が少ないと論じている Foster と Kaplan の討論（2001）を参照。後者の立場はオーストリアの経済学者で「創造的破壊」という言葉を新しくつくり出した Joseph Schumpeter（1939）によって前世紀の始めに提唱されたことを、より精密に構築したものである。この討論の優れた分析は Ellsworth（2002）に見られる。

一二七　永続的でない仕事の環境　一九九〇年代始めまでは、アメリカ合衆国のフルタイムとパートタイムの従業員で「伝統的な」週労働日数を働いた人は五五パーセントだけだった。このことと他の「フレックスタイム」方式については Zuzanek（2000）に概説がある。Epstein et al.（1998）は、伝統的な週労働日数を働かない人々の昇進を妨げるものについて論じている。時間のプレッシャーによる心理的ストレスは十分に実証されており、それについては Rifkin（1987）, Robinson and Godbey（1997）, および Zuzanek（2000）を参照。驚くべき技術の発達により生活がより快適かつ余裕のあるものになってきたにもかかわらず、産業社会にいる人々は過去にそうだった以上に時間に対してプレッシャーを感じている。アメリカ合衆国では、一九七五年と一九六五年よりも一九八五年のほうが、男性でも女性でもより多くの人が、「いつも急き立てられている」と感じているとの報告がある（Robinson, 1993）。一九七七年には、四〇パーセントのアメリカ人が仕事で物事をやり終えるのに「十分な時間があったためしがない」と述べているが、一九九七年までには、その比率は六〇パーセントに上昇した（Bond, Galinsky and Swanberg, 1997）。

一二八　仕事と職業、使命（または天職）の区別　このような意識（もともと Robert Bellah が提案した区別）をもつワーカーに関する最近の実際的研究のいくつかは、Wrzesniewski と Dutton が行っている。たとえば自分の仕事を**使命**と考えている病院の掃除係は、自分の仕事は患者の日々を明るくし、幸福を高めることで、患者を癒やすのに欠くことができないと述べている。一方、自分の仕事を**仕事**と考えている病院の掃除係は、自分の仕事はたんに部屋を掃除することだと述べている（Wrzesniewski and Dutton, 2001）。

一二八　Johann Wolfgang von **Goethe** のファウスト第二幕 *Zum Sehen geboren, Zum Shauen bestellt* を参照。また、ピーター・ドラッカーが自分のライフワークに向ける姿勢をそのように述べている。

一三四　価値観の変化　アメリカ合衆国の大学に入学する二〇万人以上の学生（合計では約六五〇万人）についての年に一度の調査からのもの。データは Dey, Astin and Korn（1991）および毎年の年次報告書による（Sax et al., 1998）。

第6章　組織におけるフローの形成

一三六　組織をつくり上げること（Collins and Porras, 1994）。近年の著書で、Jim Collins（2001）は、企業戦略を練り上げる前でも、「偉大な」企業は適切な人材を雇用することから始めるということを強調している。

一三八　ものさびしい環境での驚くべき仕事　Warren Bennis（1997）は、最先端プロジェクトに携わっているグループはみじめな環境においてもどのように勤労意欲を保つかについて、好例を紹介している。

一四三　優れた大学での調査研究　ヒューレット財団の資金でHoward Gardner, Bill Damon, Mihaly Csikszentmihalyiによって指揮されている。

一五一　Donald Campbellは二〇世紀の最も独創的な心理学者の一人だった。たとえばCampbell（1965）参照。

一五七　John Reedと次ページで触れられている**Enrico Randone**は、私の著書*Creativity*（Csikszentmihalyi［1996］）でインタビューした人物である。

一六六　強みを特定する　このテーマにかんしてより熱心な著述家の中には、この方針に従ってGallup Organizationを長年経営してきたDon Clifton（Buckingham and Clifton, 2000）と、強い影響力のある心理学者でアメリカ心理学協会の前理事長だったMartin Seligman（2002）の二人がいる。

一七二　Matteo Ricci（1552-1610）は、イタリアのイエズス会士で、初期の非常に懐疑的な態度にもかかわらず、中国の知識人に西洋諸国はまったくの無教養ではないと納得させることができた。

一七六　労働時間が規定されていない　フレックスタイムで働いたり家で働いたりしている人々が出くわす問題は一〇年ほど前にPressner（1989）が、最近ではZuzanek（2000）が論じている。もし家で働くことが悩みでなくありがたいことであれば、ワーカーにとって、個人的に規律をつくって働く日を体系化することは重要である。さもないと、不安が増して生産性が低下するだろう。もちろん通勤時間の節約だけでも膨大であり、そのために単位時間当たりの生産性の低下は正当化されうる。

第7章　ビジネスの魂

一八一　C. William Pollardはビジネスの組織における魂の核心について洞察に満ちた記述をしている。引用文はこのように続く。「会社の動機と人々の動機とが連携していると、さらによい。なぜなら、そこには驚くべき効率があるだろうからである」（1996, p. 45）。

一八二　物質の組織　フランスの古生物学者でイエズス会士であるTeilhard de Chardin（1965）は、組織化された物質はそれ自体の複雑さのレベルを上げるために利用されると思われる特別な「放射状のエネルギー」を常に放っていると提唱した。人間の脳においては、そのエネルギーは魂である。Teilhardの考えは、五〇年前には科学団体の嘲笑と疑惑の念で迎えられたが、彼の主張は今日の理解の光に照らせばそれほど非常識ではないように思われる。

一八四　魂の核心への関心　大部分の宗教や哲学は、他者のためにエネルギーを使うことは人間の本性、あるいは魂のもっとも気高い表現であると教えている。慈善はキリスト教のきわめて重要な美徳であり、仏教やユダヤ教、ヒンズー教、イスラム教などにおいても同じようなことが重要視されている。近年、哲学者の間では、Martin Heidegger（1962）がそう結論づけている。心理学者の Ann Colby and William Damon（1992）の重要な研究 *Some Do Care* も参照。

一八六　ビジョン　ビジョンとかなり共通点のあるもう一つの言葉は「目的」の概念である。リーダーシップにおける目的の重要性については、近年 Ellsworth（2002）がうまく述べている。

一九一　宗教的な信条　ビジネスにおけるリーダーシップとの関係において真剣に宗教的な信条について語ることは、近年、再び受け入れられるようになってきた。たとえば Banks and Powell（2000）を参照。

一九六　食い物にされる価値観　先に触れたが、Rue（1994）は生き残りと進化における欺くことの役割について優れた報告を行っている。他人を利用していないような振りをすることは、常に用心するべき頻繁にとられる策略である。

一九八　科学的調査のもとで誰よりも**楽観主義**を取り上げる学者は Martin Seligman（2002）である。たとえば彼は、スピーチでより楽観的な話し方をする政治的リーダーは、より楽観的でないメッセージを述べる候補者よりも選ばれる傾向にあることを明らかにした（Zullow and Seligman, 1990）。どこか似たようなアプローチを認知心理学者 Howard Gardner が取り上げ、リーダーシップはリーダーたちが聞き手に対して表現する語り口に大いに関係しているとみている（Gardner, 1995）。

第8章　人生におけるフローの創造

二一一　誰もが陥りやすい**自己欺瞞**の種類とその起源については *The Evolving Self*（Csikszentmihalyi, 1993）の第三章で述べている。

二一三　伝統的な宗教……価値観。社会科学は、宗教の信仰に伴う多くの矛盾と起こりそうもないことを指摘して、宗教に寛容ではなかった。しかしながら近年、宗教は信じられないところ——進化論——から支持を受けた。たとえば、David Sloan Wilson（2002）は進化論的な見方から、生き残ることは真理や理論に勝ると指摘している。人間の進化においては、協力することができるグループは闘いや不和でかき乱されたグループよりもうまくやっている。この種の内部の調和は、宗教と結びつくことでまったくうまく達成されてきた——少なくとも現在までの長い間は。このようにして宗教は、グループが生き残る可能性を高める順応であり、個人の生き残りの手助けにもなる。大部分のビジョンあるリーダーは、この結論に異論を唱えることはないだろう。

二一四　リーダーは、問うことが仕事なんです。創造性が適切な質問をする能力に大いに依存するということについては、Jacob W. Getzels が心理学者の関心を引き起こした（Getzels and Csikszentmihalyi, 1976）。問題の**解決**よりも問題の**発見**が創造性のためにきわめて重要であるという概念は、後に Silver

(1985) によって起業家精神の実践に応用された。Runco (1994) も参照。

二二六　John Gardner の経歴は Csikszentmihalyi（1996）に詳しく述べられている。

二三四　コントロールしていないCEOたち　多くのビジネスリーダーのコンサルティングやカウンセリングをしてきた John R. O'Neil は、「When Winning at Work Means Losing at Life（仕事で成功しているときは人生で失敗しているときだ）」というサブタイトルの優れた著書で、成功している経営幹部の落とし穴について述べている。

二三四　Warren Bennis は「自己管理」について、ぴったりのタイトルの著書 *Managing People Is Like Herding Cats*（1997, p. 86）で論じている。

二三七　Linus Pauling の働き方は Csikszentmihalyi（1996, p. 118）に詳しく述べられている。

第9章　ビジネスの将来

二四二　新聞に対する経済的プレッシャーと、メディアでの徹底的な報道の難しさは、Gardner, Csikszentmihalyi, and Damon（2001）に詳しく述べられている。

二六二　喫煙の危険性　増加する疫学的証拠に加えて、さらに驚くべきことは、近年、ハーバード大学の加齢にかんする研究——世界でもっとも綿密で広範囲かつ長期にわたる研究の一つ——で George Vaillant が述べている発見である。たとえば、飲酒、喫煙をほとんどしない男性の六四パーセントは、七五歳から八〇歳では身体的障害がみられなかったのに対し、同じ年代で飲酒はほとんどしないがヘビースモーカーの人は、二四パーセントしか強健で丈夫な人はいなかった（Vaillant, 2002, p. 208）。

二六四　子どもたちの**テレビの見すぎ**　たとえば Kubey and Csikszentmihalyi（2002）を参照。

参考文献

Alighieri, Dante (1317). *De Monarchia,* Florence : Rostagno, 1921. Book 1. Chapter 13.

Allison, M. T. and M. C. Duncan. *Optimal Experience : Psychological Studies of Flow in Consciousness,* M. Csikszentmihalyi and I. S. Csikszentmihalyi. New York : Cambridge University Press, 1988, pp. 118–137.

Asakawa, K. and M. Csikszentmihalyi. “Feelings of Connectedness and Internalization of Values in Asian American Adolescents.” *Journal of Youth and Adolescence,* 29 (2000) pp. 121–45.

Banks, R. and K. Powell. (eds.) *Faith in Leadership : How Leaders Live Out Their Faith in Their Work — and Why It Matters.* San Francisco : Jossey-Bass, 2000.

Bellah, R. N., R. Madsen, et al., *Habits of the Heart : Individualism and Commitment in American Life.* New York : Harper, 1986.

Bennis, W. *Managing People Is Like Herding Cats.* Provo, Utah : Executive Excellence Publishing, 1997.

———. and P. Biederman. *Organizing Genius : The Secrets of Creative Collaboration.* Reading, Mass : Addison-Wesley 1997.

Bondl, J. T., E. Galinsky, and J. E. Swanberg. *The 1997 National Study of the Changing Workforce.* New York : Families and Work Institute, 1997.

Bourdieu, P. *Outline of a Theory of Practice,* tr. R. Nice. Cambridge, UK : Cambridge University Press, 1977.

———. *The Field of Cultural Production.* New York : Columbia University Press, 1993.

Buckingham, M. and D. Clifton. *Now, Discover Your Strengths.* New York : Simon & Schuster, 2000.

Buss, D. M. “The Evolution of Happiness.” *American Psychologist,* 55 : 1 (2000), pp. 15–24.

Campbell, D. “Variation and selective retention in sociocultural evolution.” In eds. H. R. Barringer, G. I. Blankston, and R. W. Monks. *Social Change in Developing Areas.* Cambridge, Mass. : Schenkman, 1965.

Colby, A. and W. Damon. *Some Do Care : Contemporary Lives of Moral Commitment.* New York : The Free

Press, 1992.

Coleman, J. S. "Social Capital in the Creation of Human Capital." *American Journal of Sociology*, 94, (1988), pp. 95–120.

——. *Foundations of Social Theory*. Cambridge, Mass. : Belknap Press, 1990.

Collins, J. C. *Good to Great*. New York : HarperBusiness, 2001.

——. and J. I. Porras. *Built to Last : Successful Habits of Visionary Companies*. New York : HarperBusiness, 1994.

Cruikshank, J. L. and D. B. Sicilia. *The Engine That Could : Seventy-Five Years of Values-Driven Change at Cummins Engine Company*. Boston : Harvard Business School Press, 1997.

Csikszentmihalyi, M. *Beyond Boredom and Anxiety*. San Francisco : Jossey Bass, 1975.

——. "Attention and the Wholistic Approach to Behavior." *In The Stream of Consciousness*, eds. K. S. Pope and J. L. Singer. New York : Plenum, 1978, pp. 335–58.

——. *Flow : The Psychology of Optimal Experience*. New York : HarperCollins, 1990.

——. *The Evolving Self : A Psychology for the Third Millennium*. New York : HarperCollins, 1993.

——. *Creativity : Flow and the Psychology of Discovery and Invention*. New York : HarperCollins, 1996.

——. *Finding Flow :* The Psychology of Engagement with Everyday Life. New York : Basic Books, 1997.

——. and I. S. Csikszentmihalyi. eds. *Optimal Experience : Psychological Studies of Flow in Consciousness*. NewYork : Cambridge University Press, 1988.

——. and J. LeFevre. "Optimal Experience in Work and Leisure." *Journal of Personality and Social Psychology* 56 : 5, (1989), pp. 815–22.

——. K. Rathunde, and S. Whalen. *Talented Teenagers : The Roots of Success and Failure*. New York : Cambridge University Press, 1993.

——. and B. Schneider. *Becoming Adult : How Teenagers Prepare for the World of Work*. New York : Basic Books, 2000.

Dey, E. L., A. W. Astin, and W. S. Korn. *The American Freshman : Twenty-Five Year Trends, 1966 – 1990*. Los Angeles : Higher Education Research Institute, 1991.

Diener, E. "Subjective Well-being : The Science of Happiness and a Proposal for a National Index." *American Psychologist*, 55 : 1, (2001), pp. 34–43.

Drucker, P. F. *Innovation and Entrepreneurship : Practice and Principles*. New York : HarperBusiness, 1985.

——. *Management Challenges for the 21st Century*. New York : HarperBusiness, 1999.

Eberl, D. "Matterhorn." Ascent, 9 (1969), pp. 11–15.

Ehrenreich, B. *Nickel and Dimed to Death*. New York : Metropolitan Books, 2001.

Ellsworth, R. *Leading with Purpose : The New Corporate Realities*. Stanford, Calif. : Stanford University Press, 2002.

Eno, R. *The Confucian Creation of Heaven*. New York : SUNY Press, 1990.

Epstein, C. F., C. Seron, B. Oglensky, and R. Saute. *The Part-time Paradox : Time Norms, Professional Life, and Gender*. New York : Routledge, 1998.

Erikson, E. *Childhood and Society*. New York : Norton, 1950.

Firth, R. *Human Types, an Introduction to Social Anthropology*. New York : New American Library, 1958.

Foster, R. and S. Kaplan. *Creative Destruction : Why Companies That Are Built to Last Underperform the Market — and How to Successfully Transform Them*. New York : Doubleday, 2001.

Foundation for the Future (2000) *Humanity 3000*. Bellevue, Wash. : Foundation for the Future, 2000.

Frankl, V. *Man's Search for Meaning*. New York : Washington Square Press, 1963.

Gardner, J. On *Leadership*. New York : The Free Press, 1990.

Gardner, H. *Leading Minds : an Anatomy of Leadership*. New York : Basic Books, 1995.

——, M. Csikszentmihalyi, and W. Damon. *Good Work : When Excellence and Ethics Meet*. New York : Basic Books, 2001.

Getzels, J. W. and M. Csikszentmihalyi. *The Creative Vision : A Longitudinal Study of Artists*. New York : Wiley 1976.

Haworth, J. T. and J. Ducker. "Psychological Well-Being and Access to Categories of Experience in Unemployed Young Adults." *Leisure Studies* 10 (1991), pp. 265–74.

Heidegger, M. *Being and Time*. Trans. J. Macquarrie and E. Robinson. New York : SCM Press, 1962.

Hunter, J. "Vital Powers and Wasted Possibilities : Engaged and Bored Teenagers in America." Unpub. Doctoral Dissert. Chicago : The University of Chicago, 2001.

Inghilleri, P. *From Subjective Experience to Cultural Change*. New York : Cambridge University Press, 1999.

Inglehart, R. *Culture Shift in Advanced Industrial Society*. Princeton, NJ : Princeton University Press, 1990.

"Inside McKinsey" *Business Week*, July 8, 2002.

Jackson, S. A. and M. Csikszentmihalyi. *Flow in Sports*. Urbana, Ill. : Human Kinetics, 1999.

James, W. *Principles of Psychology*. New York : Henry Holt, 1890.

Kahneman, D. *Attention and Effort*. Englewood Cliffs, NJ : Prentice-Hall, 1973.

——. E. Diener, and N. Schwarz. *Well-Being : The Foundations of Hedonistic Psychology*. New York : Russell Sage Foundation, 1999.

Karasek, R., D. Baker, F. Marxer, A. Ahlbom, and T. Theorell. "Job Description Latitude, Job Demand, and Cardiovascular Disease : A Prospective Study of Swedish Men." *American Journal of Public Health*, 71 (1981), pp. 694–705.

Kegan, R. *The Evolving Self : Problem and Process in Human Development*. Cambridge, Mass. : Harvard University Press, 1982.

Klein, G. *The Atheist and the Holy City : Encounters and Reflections*. Cambridge, Mass. : The MIT Press, 1990.

Knight, M. *Return to the Alps*. New York : Friends of the Earth, 1970.

Krakauer, J. *Into Thin Air*. New York : Villard Books, 1997.

Kubey, R. and M. Csikszentmihalyi. *Television and the Quality of Life : How Viewing Shapes Everyday Experience*. Hillsdale, NJ : Erlbaum, 1990.

——. and M. Csikszentmihalyi. "Television Addiction : Not Just a Metaphor." *Scientific American*, 286, 2, (2002) 74–81.

Levinson, D. J. "Toward a Conception of the Adult Life Course. In *Themes of Work and Love in Adulthood*, eds. N. Smelser and E. Erikson. Cambridge, Mass : Harvard University Press, 1980, pp. 265–290.

Logan, R. D. In *Optimal Experience : Psychological Studies of Flow in Consciousness*, eds. M. Csikszentmihalyi and I. S. Csikszentmihalyi. New York : Cambridge University Press, 1988, pp. 172–82.

Locke, J. *An Essay Concerning Human Understanding*. Oxford : Oxford University Press, 1689, p. 63.

Loevinger, J. *Ego Development*. San Francisco : Jossey-Bass, 1976.

Lukan, K., ed. *The Alps and Alpinism*. New York : Coward-McCann, 1968.

Lykken, D. *Happiness*. New York : Golden Books, 1999.

Lyubomirski, S. and L. Ross. "Hedonic Consequences of Social Comparisons : A Contrast of Happy and Unhappy People." *Journal of Personality and Social Psychology*, 73 (1997), pp. 1141–57

Macbeth, J. "Ocean Cruising." In *Optimal Experience : Psychological Studies of Flow in Consciousness*, eds. M. Csikszentmihalyi and I. S. Csikszentmihalyi. New York : Cambridge University Press, 1988, pp. 214–31.

MacIntyre, A. *After Virtue : A Study in Moral Theory*. Notre Dame Indiana : University of Notre Dame Press, 1984.

Marniga, M. "*Dio é Morto. Nasce la Religiositá ?* [God Is Dead, Is Religiosity Alive ?]" *Social Trends*, 92 (2001), pp. 8–11.

Maslow, A. H. *Eupsychian Management* (reissued in 1995 as *Maslow on Management*) New York : Wiley, 1998.

——. *Towards a Psychology of Being*. New York : Van Nostrand, 1968.

——. *The Farthest Reaches of Human Nature.* NewYork : Viking, 1971. Massimini, F. and A. Delle Fave. "Religion and Cultural Evolution." *Zygon,* 16 : 1 (1991), pp. 27–48.

Mayr, E. *The Growth of Biological Thought : Diversity, Evolution, and Inheritance.* Cambridge, Mass : Belknap Press, 1982.

Møller, V. "Happiness Trends Under Democracy : Where Will the New South African Set-Level Come to Rest ?" *Journal of Happiness Studies,* 2, (2001), pp. 33–53.

Myers, D. G. *The Pursuit of Happiness : Who Is Happy — and Why.* New York : Avon, 1993.

——. "The Funds, Friends, and Faith of Happy People." *American Psychologist,* 55 : 1 (2000), pp. 56–67.

Noelle-Neumann, E. *AWA Spring Survey.* Allensbach, Germany : Institut für Demoskopie Allensbach, 1995.

Novak, M. *Business as a Calling.* New York : The Free Press, 1996.

Nusbaum, H. C., and E. C. Schwab, eds. "The Role of Attention and Active Processing in Speech Perception." In *Pattern Recognition by Humans and Machines.* Vol. 1. NewYork : Academic Press, 1986, pp. 113–57.

O'Neil, J. R. *The Paradox of Success : When Winning at Work Means Losing at Life.* New York : Putnam, 1993.

Pardey, L. and L. Pardey. *The Self-Sufficient Sailor.* New York : Norton, 1982.

Perry, S. K. *Writing in Flow : Keys to Enhanced Creativity.* Cincinnati, Ohio : Writers' Digest Press, 1999.

Pollard, C. W. *The Soul of the Firm.* New York : Harper-Business, 1996.

Pressner, H. B. "Can We Make Time for Children ? The Economy, Work Schedules, and Child Care." *Demography,* 26 : 4, (1989), pp. 523–43.

Rifkin, J. *Time Wars : The Primary Conflict in Human History.* New York : Simon and Schuster, 1987.

Robinson, D. "The Climber as a Visionary." *Ascent,* 9 (1969), pp. 4–10.

Robinson, D. N. *An Intellectual History of Psychology.* Madison, Wis. : The University of Wisconsin Press, 1986.

Robinson, J. P. "The Time Squeeze." *American Demographics,* 12 (1993), pp. 12–13.

——. and G. Godbey. *Time for Life : The Surprising Ways Americans Use Their Time.* University Park, Penn. : Pennsylvania State University Press, 1997.

Rue, L. *By the Grace of Guile : The Role of Deception in Natural History and Human Affairs.* New York : Oxford University Press, 1994.

Runco, M. A., ed. *Problem-finding, Problem-solving, and Creativity.* Norwood, N. J. : Ablex, 1994.

Sahlins, M. D. *Stone Age Economics.* Chicago : Aldine Press, 1972.

Sax, L. J., A. W. Astin, W. S. Korn, and K. M. Mahoney. *The American Freshman : National Norms for Fall 1998.* Los Angeles : Higher Education Research Institute, 1998.

Schmuck, P. and K. M. Sheldon. *Life-Goals and Well-Being.* Göttingen, Germany : Hogrefe and Huber, 2001.

Schumpeter, J. *A Theory of Economic Development.* Oxford, U. K. : Oxford University Press, 1985.

Schyns,P. "Income and Satisfaction in Russia." *Journal of Happiness Studies,* 2 (2001), pp. 173–204.

Scott, M. C. *Re-Inspiring the Corporation.* Chichester, UK : John Wiley 2000.

Seligman, M. E. P. *Authentic Happiness.* New York : Free Press, 2002.

Silver, A. D. *Entrepreneurial Megabucks.* New York : John Wiley & Sons, 1985.

Soros, G. *On Globalization.* New York : Public Affairs, 2001.

Stiglitz, J. *Globalization and Its Discontents.* New York : Norton, 2002.

Teilhard de Chardin, P. *The Phenomenon of Man.* New York : Harper and Row, 1965.

Thomas, K. W. *Intrinsic Motivation at Work : Building Energy and Commitment.* San Francisco : Berrett-Koehler, 2000.

Tolstoy, L. *Anna Karenina.* L. J. Kent and N. Berberova, eds. Translated by Constance Garnett. New York : Random House, 1993 (1878).

Vaillant, G. *Aging Well : Surprising Guideposts to a Happier Life from the Landmark Harvard Study of Adult Development.* Boston : Little, Brown, 2002.

Veenhoven, R. *Happiness in Nations.* Rotterdam, Netherlands : Erasmus University Press, 1992.

——. "Are the Russians as Unhappy as They Say They Are ? Comparability of Self-Reports Across Nations." *Journal of Happiness Studies,* 2 : 2 (2001), pp. 111–36.

Waldrop, M. M. *Complexity : The Emerging Science at the Edge of Order and Chaos.* New York : Simon and Schuster, 1992.

Weihrouch, J. *Joy at Work.* Naperville, Ill. : JAW Publishing, 2000.

Wells, A. J. "Self-Esteem and Optimal Experience." In *Optimal Experience : Psychological Studies of Flow in Consciousness,* eds. M. Csikszentmihalyi and I. S. Csikszentmihalyi. New York : Cambridge University Press, 1988, pp. 327–41.

Wilson, D. S. *Darwin 's Cathedral : Evolution, Religion, and the Nature of Society.* Chicago : The University of Chicago Press, 2002.

Wrzesniewski, A. and J. Dutton "Crafting a Job : Revisioning Employees as Active Crafters of Their Work." *Academy of Management Review,* 26 : 2 (2001), pp. 179 – 201.

Zullow, H. M. and M. E. Seligman. "Pessimistic Rumination Predicts Defeat of Presidential Candidates,1900 to 1984." *Psychological Inquiry*, 1, 1 (1990), 52–61.

Zuzanek, J. *The Effects of Time Use and Time Pressure on Child-Parent Relationships*. Research report submitted to Health Canada. Waterloo, Ont : Otium Publications, 2000.

訳者あとがき

本書を翻訳することになった動機から書きたい。きっかけは、私が中心になっているNPO「地域ルネサンス」で、著者ミハイ・チクセントミハイの『フロー体験 喜びの現象学』(今村浩明訳、世界思想社、一九九六年)の輪読会を始めたことである。もちろんそれ以前にチクセントミハイのフロー理論について読んだり、聞いたりしていたので関心をもって、同じ著者による『楽しみの社会学』(今村浩明訳、新思索社、二〇〇一年)なども併せ読んでいた。

やがてメンバーのなかから、フロー理論を企業の問題に応用できるのではないかという提言があり、自分たちの手で何か翻訳しようということになり、本書 *Good Business: Leadership, Flow, and the Making of Meaning*(二〇〇三年)にたどりついたのである。

著者は一九三四年、当時イタリア領だったハンガリー生まれで、シカゴ大学行動科学部心理学科・教育学科教授を経て、二〇〇八年現在、クレアモント大学院大学のピーター・ドラッカー・スクール・オブ・マネジメントで心理学の教授をしており、カリフォルニア、クレアモントにおいて実際的な心理学の研究をしている非営利組織であるクォリティ・オブ・ライフ・リサーチ・センター長も兼務している。日本でも周知のピーター・F・ドラッカーに縁があって、この著作にたいしても、「幸福（well-being）と達成（achievement）の心理学の基本書である」と、ドラッカー自身が評価している。また『ボストン・グローブ』紙も賞賛して、つぎのようにいう。「チクセントミハイは行動心理学にしっかりと基礎をおいて概念を構築し、見事な熟慮によって、幸福を高めていく「グッド」ビジネスの実践が何から成り立つのかを明らかにするというチャレンジに取り組んでいる。……取るに足らないささいなことのように思えることを非常に大きな問題として取り上げ、その特性を明らかにできるのは、チクセントミハイの業績の深さの証しである」。

さらに原書の内容紹介によれば、「未来の職場に充足感をもたらすために、大いに求められていた青写真」として、つぎのようにいう。「フロー理論の草分け的存在である *Flow : The Psychology of Optimal Experience*（『フロー体験 喜びの現象学』世界思想社、一九九六年）の著者が本書で明らかにするのは、成功し、人間的でもあるビジネス経営をなし遂げてきたビジョンあるリーダーたちを支えてきた価値観である。これらのリーダーたちは、物質的なものと精神的なものとのバランスをとりながら、共通して、三つの基本的な原則に献身している。つまり、社会に利益をもたらし、働く人がベストを尽くすような刺激となる目標。仕事上の成長を促進することによって、従業員の信頼と尊敬を獲得すること。収益を生むだけでなく人類に利益をもたらす生産物をつくること。本書にある知識は、これから仕事を始める人からマネージャーにいたるまで、すべての立場の人のワーク・ライフを改善するために意義がある。変化しつつあるビジネスの世界における個人の貢献を尊重するすべての人にとって、本書はきわめて重要なテキストとなるだろう」。

たしかに『楽しみの社会学』が、調査研究の方法を含めての社会における楽しみの基本論とすれば、『フロー体験　喜びの現象学』は喜びの現象のなかでのフロー体験の楽しみを学ぶ内容論である。それらをふまえて、本書はビジネスの領域にフロー体験がどのような意味をもたらすのかを展開する応用論といえる。そこで、日常的によく混同されているので注意したいのは、楽しみ（enjoyment）と喜び（pleasure）の区別で、チクセントミハイはそれらを経済学の生産（production）と消費（consumption）に対比させて、フロー体験における楽しみの創造的な生産性についての論述を展開している。

またドラッカーがいうように「幸福（well-being）と達成（achievement）の心理学」という評価は示唆に富んでいる。しばしば日本の経済と経営、そして松下幸之助や井深　大などの企業者について評論していたドラッカーの表現だけに、松下幸之助がいう「水道哲学」およびPHP（Peace and Happiness through Prosperity）を想起させる。社会の平和と個人の幸福はつまりwell-being、そして繁栄はachievementの成果である。

そういえば、ソニーの創業者、井深　大について、チクセントミハイは本書でふれている。元ソニー上席常務（工学博士）の土井利忠（筆名、天外伺朗）は、話題になったエンターテインメント・ロボットＡＩＢＯの開発責任者などの経験から、テーマとして「燃える集団」について『マネジメント革命』（講談社、二〇〇六年）を著しているが、その「まえがき」にこのように要約している。「指示、命令をしない組織マネジメント・スタイル」、しかも「昔から存在した組織マネジメントを体系化」したものである。「それをまずチクセントミハイの「フロー理論」で読み解いていく」という。そこに「井深さんのマネジメントの再発見」があり、「従来の経営学は、人間の本質や深層心理に関する視点がスッポリと抜け落ちていたからだ」と語る。またチクセントミハイ教授との直接の面談で、ソニーの設立趣意書の「会社設立の目的」第一項目、「自由豁達ニシテ愉快ナル理想工場ノ建設」を強調して、「これが、フローに入るコツなんです！」と断言され、驚嘆したという。

最後になるが、このように翻訳として成果をまとめることが可能になったのは、現在のNPO「地域ルネサンス」の一五年来の研究活動によるものである。その翻訳グループのメンバーは後に記している。出版社との折衝をはじめ、すべてチームワークによるものであるが、それを寛容に受けとめてくださり、完成まで導いてくださった世界思想社の社長高島照子氏をはじめ編集部秋山洋一氏、またチクセントミハイ教授との懸け橋役などご高配をいただいた千葉大学名誉教授今村浩明氏、法政大学国際文化学部教授・アメリカ研究所現所長浅川希洋志氏に心から感謝の意を表する次第である。そして、校正などで幅広く親身なご尽力をいただいた半澤紀子氏ほか関係の皆様方にも有り難くお礼申し上げたい。

平成二〇年六月

大森　弘

ヤ　行

ラ　行

ナ　行

ハ　行

マ　行

タ　行

索　引

※頻出用語については，とくに重要なページのみを挙げた。

ア　行

カ　行

サ　行

翻訳協力

吉村孝史

大阪大学経済学部卒業。松下電器産業勤務を経て，近畿大学・大阪産業大学・鳥取環境大学非常勤講師，NPO 法人大阪環境カウンセラー協会理事等。

前田正三

大阪大学基礎工学部卒業。松下電器産業勤務を経て，現在，前田技術英語翻訳事務所代表。

翻訳研究

NPO 地域ルネサンス

理事長：大森　弘　副理事長：堀　正幸・宇田成徳　専務理事：田中誠一　理事：有田健一・小川行光・真田啓志・中田邦夫・山本憲司・吉村孝史

訳者紹介

大森　弘（監訳）
神戸大学大学院博士課程修了。松下電器産業勤務を経て，1975年近畿大学経営学部教授，2005年同大学名誉教授。2013年瑞宝中綬受章。専門分野は「経営理念論」「経営戦略論」。
著書・論文：『研究開発政策——松下電器の事例研究』，「企業者論」（『論叢　松下幸之助』に連載），『フロー体験入門——楽しみと創造の心理学』（M. チクセントミハイ著，監訳）ほか。

真田啓志（謝辞・第1章）
滋賀大学経済学部卒業。松下電器産業勤務，松下ビジネスサービス常務取締役等を経て，現在枚方市氷室財産区議会議員・学校法人吉見学園法人本部長。専門分野は「人事労務管理」。

有田健一（第2章・第7章）
神戸商科大学商経学部卒業。松下電器産業勤務，松下精工専務取締役，松下環境空調エンジニアリング社長等を経て，近畿大学経営学部非常勤講師。専門分野は「環境経営論」「環境ビジネス論」。

堀　正幸（第3章・第4章）
神戸大学経営学部卒業。松下電器産業勤務，台湾松下電器総経理，エクセルインターナショナル社長等を経て，近畿大学経営学部・関西学院大学商学部・大阪市立大学商学部非常勤講師。専門分野は「国際事業経営」。
著書：『松下の海外経営——台湾松下電器成長の軌跡』

田中誠一（第5章・第9章）
近畿大学大学院商学研究科博士後期課程単位取得退学。商学修士。現在田中出版社副社長。京都コミュニティ放送ほか多数の放送局のエグゼクティブ・プロデューサー。専門分野は「放送事業」「放送作家育成」ほか。

宇田成徳（第6章・第8章）
広島大学工学部卒業。工学博士。松下電器産業勤務を経て，近畿大学経営学部非常勤講師，同志社大学商学部大学院嘱託講師，鳥取・広島・和歌山各県技術アドバイザー等。専門分野は「化学材料」「表面処理」「金属材料」。
著書：『病気になりたくてもなれない話』『就職試験に落ちたくても落ちられない話』

フロー体験とグッドビジネス――仕事と生きがい

2008年 8 月20日　第1刷発行　　定価はカバーに
2021年 5 月20日　第7刷発行　　表示しています

監　訳　大《おお》森《もり》　弘《ひろし》

発行者　上　原　寿　明

世界思想社
京都市左京区岩倉南桑原町56　〒606-0031
電話　075(721)6500
振替　01000-6-2908
http://sekaishisosha.jp/

落丁・乱丁本はお取替えいたします　　（共同印刷工業・藤沢製本）

ISBN978-4-7907-1351-7